U0899134

从持久战到双循环

适应和引领百年大变局的中国方略

赵昌文——著

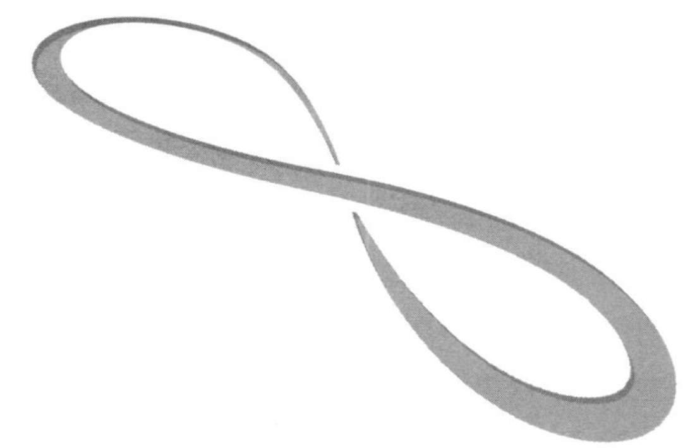

China's strategy to adapt to and lead the great changes unseen in a century

图书在版编目（CIP）数据

从持久战到双循环：适应和引领百年大变局的中国方略 / 赵昌文著. —北京：中国发展出版社，2021.11
ISBN 978-7-5177-1214-5

Ⅰ.①从… Ⅱ.①赵… Ⅲ.①中国经济—经济发展—研究 Ⅳ.①F124

中国版本图书馆CIP数据核字（2021）第024048号

书　　名：从持久战到双循环：适应和引领百年大变局的中国方略
著作责任者：赵昌文
出 版 发 行：中国发展出版社
联 系 地 址：北京经济技术开发区荣华中路22号亦城财富中心1号楼8层（100176）
标 准 书 号：ISBN 978-7-5177-1214-5
经　销　者：各地新华书店
印　刷　者：河北鑫兆源印刷有限公司
开　　本：710mm×1000mm 1/16
印　　张：20.5
字　　数：356千字
版　　次：2021年11月第1版
印　　次：2021年11月第1次印刷
定　　价：136.00元
责 任 编 辑：吴　佳
文 字 编 辑：龚　雪
联 系 电 话：（010）68990625 68990692
购 书 热 线：（010）68990682 68990686
网 络 订 购：http：//zgfzcbs.tmall.com
网 购 电 话：（010）68990639 88333349
本 社 网 址：http：//www.develpress.com
电 子 邮 件：15210957065@163.com

前　言

短期与长期、中国与世界，是中华民族伟大复兴进程中必须处理好的两对基本关系。这是由我国发展中遇到的很多问题是中长期的和我国作为追赶型超大规模经济体的属性所决定的。在经济领域，处理好短期与长期的关系，关键是战略上坚持持久战，稳中求进，“积小胜为大胜、以空间换时间”，在应对短期挑战中积蓄力量，维护经济长期向好趋势。处理好中国与世界的关系，关键是构建双循环新发展格局，依靠改革、开放和创新，在畅通国内大循环和促进国内国际双循环中统筹发展和安全，更好把握发展主动权。

战略上坚持持久战

2015年11月10日召开的中央财经领导小组[①]第十一次会议就明确提出“战略上坚持持久战”。2020年7月30日，中央政治局会议再次强调，当前经济形势仍然复杂严峻，不稳定性不确定性较大，我们遇到的很多问题是中长期的，必须从持久战的角度加以认识。全面理解持久战的战略内涵，有必要回溯到持久战的理论源头——毛泽东同志的《论持久战》及《中国革命战争的战略问题》，有必要从当前我国经济发展阶段、发展条件、发展目标和发展挑战的实际出发。

基于此，笔者认为持久战有认识层面和实践层面两个方面的内

① 现为中央财经委员会。

涵。把握其内涵，需要关注三个基本点。

一是时间上的持久性。在毛泽东同志的《论持久战》中，持久战与“速胜论”这种对抗日战争前景过度乐观的看法相对立。在这个意义上，经济层面的持久战与稳中求进工作总基调相一致，言持久必反冒进。中央指出“我们遇到的很多问题是中长期的”，强调的就是时间上的持久性，要求保持战略耐心，久久为功，避免出现冒进思想或急躁情绪。

二是持久的可行性和合意性。在《论持久战》中，持久战也与“亡国论”这种对抗日战争前景过度悲观的看法相对立。在这个意义上，持久战与经济领域各种形式的“崩溃论”相反，言持久必意味着最终目标的达成，言持久必有“时与势必有利于我”的有利条件和赢得“持久”的经济基础。我国是勇于改革且善于改革的体制革新型、超大规模经济体，既有韧性强、回旋余地大、有效应对短期冲击的经济基础，也有依靠改革和发展解决短期和中长期问题的制度优势，有能力实现并赢得“持久战”。

三是实现持久的战略战术安排。如果说时间上的持久性、持久的可行性及合意性主要是持久战认识层面或“怎么看”方面的内涵，那么实现持久的战略战术安排则是实践层面或“怎么办”方面的内涵。在《论持久战》中，毛泽东同志强调，“坐着不动，只有被灭亡，没有持久战，也没有最后胜利”[①]。在这个意义上，持久战不是简单地持之以恒，不是“等”“熬”“忍”，更不是静待形势自动向好或挑战自动消除，而是包含了一整套克服当前困难、争取形势长期向好的战略战术安排。其中，最为关键的是推动从短期严峻向长期向好转换的战略。短期严峻与长期向好实际上是相互矛盾的。若仅仅将长期作为每一个短期的简单相加，就不可能最终实现从短期严峻向长期向好的转化。要实现两者的统一，除了需要一个较长的时期，更需要坚持阶段论和战术上打好歼灭战。所谓阶段论，就是将“长期”进行阶段划分和区别对待，对不同阶段赋予不同的战略任务。所谓战术上打好歼灭战，就是

① 毛泽东选集第二版（第二卷）[M]. 北京：人民出版社，1991，第 478 页。

要集中力量解决短期内面临的问题，积小胜为大胜。

需要强调的是，本书所用的持久战不意味着军事意义上的“战争”，主要是解决经济问题、实现目标的一种战略。从2015年到现在，随着国内外环境的变化，持久战的适用范围明显拓宽。在外部环境不稳定性、不确定性渐趋增强的情况下，我们也需要坚持持久战战略，做好较长时间应对外部环境变化的思想准备和工作准备。

加快构建双循环新发展格局

世界百年未有之大变局的时代画卷正徐徐展开，并深刻塑造着我国发展环境、重要战略机遇期的内涵和条件。与此同时，作为超大规模经济体，我国在实现中华民族伟大复兴的过程中，本身就是国际经济格局调整与新一轮科技革命和产业变革的关键参与方，有条件对百年未有之大变局施加决定性影响。统筹世界百年未有之大变局和中华民族伟大复兴的战略全局，意味着要在推进中华民族伟大复兴的战略全局中增强适应和引领世界百年未有之大变局的能力，而通过适应和引领世界百年未有之大变局为中华民族伟大复兴营造更好的外部环境。从经济层面看，统筹两个全局的关键，在于构建以国内大循环为主体、国内国际双循环相互促进的新发展格局，在推进科技、经济自立自强和维护开放型世界经济过程中，形成以建设性、安全性和互利共赢为特征的中国与世界的关系。在我国已经成为超大规模经济体、具有内部可循环能力的基础上，构建双循环新发展格局，关键是形成和维护可持续的动力机制。

一是要推动更深层次改革。改革是解放和发展社会生产力的关键，是推动国家发展的根本动力。加快形成新发展格局，推动高质量发展，必须从国民经济各个部门、各个领域、各个地区、各个环节、各个层次全面畅通国内大循环；必须在全球坐标系中看待我国发展的比较优势和问题短板，实现国内大循环和国际大循环的相互促进。这就要求，必须拿出更大的勇气、更多的举措，以更深层次改革打通一切阻碍国内大循环和国内国际双循环的淤点堵点，特别是要加快推进有利于提高资源配置效率的改革，有利于提高发展质量和效益的改革，有利于调动各方面积极性的改革。在各项改革中，国有企业改革和金融改革具有特别重要的作用。第一项改革的关键是推进以管资本为主的国资国企改革，增强包括国有企业在内的微观主体的活力和竞争力。第二项改革的关键是推进金融与实体经济报酬结构再平衡和金融供给侧结构性改革，增强金融服务实体经济、服务双循环新发展格局和新工业革命的能力。

二是要推动更高水平开放。对外开放是基本国策，是改革开放以来我国经济持续快速发展的重要动力。加快形成新发展格局，推动高质量发展，必须坚持以高水平对外开放提高国内大循环的质量和效益，打造国际合作和竞争新优势；必须通过发挥内需潜力，更好利用国际国内两个市场、两种资源，实现更加强劲可持续的发展。这就要求，必须对标国际高标准市场体系，实施更大范围、更宽领域、更深层次的全面开放，推动规则、规制、管理、标准等制度型开放，在更高水平开放中实现发展与安全的统一。开放的关键在于以开放促改革和以开放促融合。以开放促改革，重点是增强与国际规则接轨的主动性，推动有助于国内改革的对外开放。以开放促融合，重点是通过共建“一带一路”、参与全球治理体系改革、积极扩大进口、加快双边和区域自贸协定谈判等建设世界开放型经济，在密切中国与世界联系并让世界分享中国发展成果的过程中，营造和维护我国发展的有利国际环境。

三是要推进更大力度创新。创新是引领发展的第一动力，是实现经济安全的根本保障。加快形成新发展格局，推动高质量发展，必须要大力提升自主创新能力，尽快突破关键核心技术，牢牢把握创新主动权、发展主动权，这是形成以国内大循环为主体的关键；必须通过科技创新在更高起点上、更大空间内推动比较优势的转换，在国内国际双循环相互促进中不断提升我国在全球产业链和价值链中的地位。这就要求，一定要把创新放在决定国家前途和命运的高度来认识和谋划，依靠创新转方式、调结构、惠民生、保安全。从长周期视角看，创新浪潮汇聚成工业革命或科技革命和产业变革，一个国家能否持续取得良好创新成果取决于是否能够抓住机遇深度参与甚至引领新一轮工业革命。在这个意义上，推进创新的核心在于营造面向新工业革命的制度环境和经济结构。

本书主要内容

本书收录的文章主要是党的十八大以来笔者的部分政策研究报告或政策导向型学术研究，主要聚焦持久战和双循环两个领域。需要说明的是，尽管双循环新发展格局是2020年才提出的，但这一格局所依赖的经济基础和动力机制却是包括笔者在内的众多研究者多年来聚焦研究的议题。本书共分四个部分，第一部分为持久战专题，探讨的是中长期经济增长问题；第二部分为新工业革命专题，探讨的是双循环新发展格局的创新动力；第三部分和第四部分分别为国企改革专题和金融改革专题，探讨的是双循环新发展格局的改革动力。

“持久战”部分共收录7篇文章。《后发优势、体制可改革性与政治—经济生态：关于持久战的一个分析框架》一文是《持久战新论》一书的第一章，发表于《国务院发展研究中心调查研究报告》2016年专刊45期（总1520期）。当时，中国经济增速持续下行，激发了国内外、社会各界的广泛讨论，出现并流行着关于中国经济前景的相互对立的两类错误观点：“经济崩溃论”和“经济反转论”。为反驳这两类错误观点并从经济学角度将“战略上坚持持久战”理论化，该文尝试构建了一个包括后发优势、体制可改革性和政治—经济生态等核心概念在内的关于持久战的分析框架。该文首先识别了决定长期经济增长的两个关键因素，即后发优势和体制可改革性，并据此划分了四类经济体，即革新型发展中经济体、革新型发达经济体、僵化型发展中经济体和僵化型发达经济体，四类经济体的长期增长绩效差异显著。在此基础上，进一步引入了政治—经济生态概念，以解释短期增长绩效的差异。基于这一框架，该文指出，对于一个经济增速持续下行的经济体而言，存在经济反转、长期衰退和持久战三种前景，分别对应于后发优势、体制可改革性和政治—经济生态的不同组合。中国是较强后发优势、较强体制可改革性和经济生态存在明显短板的组合，其前景应是持久战，而不是崩溃论和反转论。

《论稳中求进》一文成稿于2017年，其主要观点以“论坚持稳中求进工作总基调”为题于2017年11月8日在《学习时报》上发表。该文认为，稳中求进工作总基调与战略上坚持持久战是一致的，并从哲学视角分析了对稳中求进的理解。基于“后发优势、体制可改革性与政治—经济生态：关于持久战的一个分析框架”所构建的持久战分析框架，该文重点论述了稳中求进的经济基础和战略内涵。其中，经济基础主要包括有后发优势的支撑，有体制可改革性的保障，有大国优势的护航。战略内涵主要是指实现“稳”与“进”相统一所需要的战略战术安排，即战略上坚持持久战，战术上打好“歼灭战”，坚持阶段论。

《增速预期目标设定宜采用“留有余地”原则》一文发表于《国务院发展研究中心调查研究报告》2016年第161号（总5044号）。经济增速目标设定是战略上坚持持久战或坚持稳中求进工作总基调首先需要解决的重大问题。该文强调，关于增速目标设定争论的实质在于增速目标的设定原则是“取乎其上、得乎其中”，还是“留有余地”。该文梳理了改革开放以来历年增速目标、实际增速和上年实际增速数据，发现增速目标设定总体符合“留有余地”原则，具有三个经验性特征，即增速目标通常低于实际增速，通常低于上年实际增速，可以低于中长期增长目标所隐含的必要增长率。该文认为，参照历史经验并考虑到国际国内不确定性、集中力量调结构、对冲地方政府层层加码等因素，“十三五”期间，增速目标设定宜采用“留有余地”原则，可以低于上年实际增速，个别年份甚至可以低于6.5%这一必要增长率，但应做好舆论引导和说服工作。

《发挥超大规模的市场优势和内需潜力》一文2020年1月8日发表于《经济日报》，发表时题目为“打好超大规模市场优势这张‘王牌’”。超大规模市场优势和内需潜力是战略上坚持持久战的重要经济基础。该文论述了超大规模市场优势的具体内涵，即经济运行更具韧性、经济发展更具活力、经济更易形成和保持竞争优势，回答了超大规模的市场优势和内需潜力为什么可以支撑我国经济稳中向好、长期向好。同时，该文强调超大规模的市场优势和内需潜力是一种潜在优势，需要从调动“三个积极性”、推动技术“开放自立”、推进高水平开放等方面予以充分释放和发挥。

《GDP[①]总量近100万亿元和人均超过1万美元意味着什么》一文2020年3月12日发表于《人民日报》，发表时题目为《我国经济稳定发展的实力雄厚》。该文着眼于2019年我国经济发展取得的具有里程碑意义的成就，讨论其对我国经济持续健康发展的影响，即意味着我国在全球经济地位和系统重要性进一步增强；我国超大规模国内市场的吸引力进一步增强；我国更加接近完成工业化进程，步入到高收入国家行列。

《打好防范化解重大风险的主动战》一文2019年8月5日发表于《经济日报》。根据笔者构建的持久战分析框架，包括金融风险和产业风险在内的重大风险均属于破坏经济生态的“经济污染”，是维持经济长期向好需要着力解决的主要问题之一。换言之，持久战是在有效防范化解重大风险基础上才能实现的。该文强调，打好防范化解重大风险攻坚战需要坚持“积极防御”原则，“同风险赛跑”“要敢于亮剑，敢于揭开盖子”“早识别、早预警、早发现、早处置”；要调动一切可以调动的力量，即依靠干部、依靠人民、依靠改革、依靠开放。

《深刻认识我国已进入高质量发展阶段》一文2020年10月21日发表于《经济日报》。我国已进入高质量发展阶段，这是党中央根据国内外发展环境和条件出现的新变化而提出的一个新的重大判断。进入新发展阶段，必须坚持新发展理念，推动高质量发展，实现经济发展质量变革、效率变革、动力变革有着更加重要的现实紧迫性。要始终坚持把新发展理念作为推动高质量发展的指导思想；要始终坚持把提升产业链供应链的稳定性和竞争力作为推动高质量发展的关键主线；

① 国内生产总值。

要始终坚持把深层次改革和高水平开放作为推动高质量发展的根本动力；要始终坚持把推进国家治理体系和治理能力现代化作为推动高质量发展的长效机制。

“新工业革命”部分共收录了8篇报告和文章。《一定要抓住新工业革命的机遇》一文发表于《东北财经大学学报》，2019年第3期。从中华民族伟大复兴进程的历史视角看，推动持续创新的关键是抓住新工业革命的机遇，深度参与甚至引领新工业革命。该文强调，深度参与甚至引领新工业革命是建设社会主义现代化强国的必由之路，从历史经验、客观基础、信念及制度看，中国有必要、有底气也有能力抓住新工业革命的机遇。该文梳理了前三次工业革命引领国的历史经验，发现工业革命的策源地或引领国不一定是当时经济产业发展水平最高国家，但需要达到一定的产业技术门槛，我国技术产业基础已基本达到引领新工业革命的经验门槛值。该文建议，我国要成为新工业革命的引领国，就需要保持改革开放40多年以来的较强体制可改革性，就需要突破不合时宜的思想观念和利益固化的藩篱，通过持续地改革开放，创造并始终维持有益于新工业革命发生和扩散的适宜性制度环境。

《如何建立一个创新导向型的经济结构》一文发表于《财经问题研究》2017年第3期，并被《新华文摘》（2017年第11期）作为封面文章全文转载。该文从创新视角区分经济结构，将创新导向型经济结构界定为有利于创新要素配置到生产性活动而不是配置到非生产性活动的经济结构，识别了创新导向型经济的三要素，即创新导向型的社会报酬结构（即有利于企业家才能、人才、资本等创新要素配置到生产性活动的社会报酬结构），保持较强的企业纵向流动性，市场友好型国有经济或使国有资本具有“亲市场性”。该文建议推动金融与实体经济报酬结构再平衡，建立两者和谐共生的共容性金融体系；推动去资产泡沫，推动实体经济与房地产报酬结构再平衡；反垄断并发挥国内市场规模巨大的优势，努力维持企业纵向流动性；以去除政策性负担、推进以管资本为主的国资国企改革、推动国有经济布局战略性调整为重点，建设市场友好型国有经济。

《平台经济：一种新经济形态》一文的主要内容2019年8月14日发表于《学习时报》，发表时题目为《高度重视平台经济健康发展》。深度参与甚至引领新工业革命，要求经济产业范式适应新工业革命的需求。该文认为，平台经济作为一种新经济形态，已经成为新工业革命的标志性范式变迁，促进平台经济健康发展必须在发展和规制之间保持合理的平衡，既要大力促进平台经济的产业范式变迁，也要关注平台范式变迁的创造性破坏作用，着力营造审慎包容的监管环境，维持企业纵向流动性，营造包容性的社会政策环境。

《正确认识和应对新一轮信息革命的影响》一文2019年6月14日发表于《人民日报》。新一轮信息革命是新工业革命的核心特征。该文认为，新一代信息技术的创新发展给人类社会生产生活方式带来巨大而深刻的影响。其中，对生产方式的影响主要是推动产业范式变迁，即生产方式智能化、产业形态数字化和产业组织平台化，进而从微观和宏观层面极大地提升生产率和全社会资源配置效率，并为后发国家的经济追赶提供了动力。该文也指出了新一轮信息革命可能给经济社会带来的挑战。

《如何认识、理解和推动制造业高质量发展》一文发表于《国务院发展研究中心调查研究报告》2020年第137号（总5881号）。推动制造业高质量发展是参与新工业革命的必然要求。该文认为，制造业高质量发展是以新发展理念为引领，以提高制造业供给体系质量、更好满足消费升级的需求为目标，以提高效率效益为根本要求，以创新为根本动力，实现优质高效、平衡协调和可持续的发展。该文建议，推动制造业高质量发展，关键是加大体制机制改革力度，充分激发市场主体的创造性和能动性，提升产业治理能力；守住“三个底线”和瞄准“三个高线”，即守住发展方式不走回头路的底线，守住产业安全的底线，守住生态保护的底线；产品质量、环保、安全对标高标准，技术创新应用对标高标准，营商环境建设对标高标准。

《在全面贯彻新发展格局理论中推动制造业高质量发展》一文是笔者为国务院发展研究中心产业经济部2019年重点课题《迈向制造业

高质量发展之路》撰写的前言。该文认为，加快构建以国内大循环为主体、国内国际双循环相互促进的新发展格局，正是根据我国发展阶段、环境、条件变化作出的战略决策，是事关全局的系统性深层次变革。以新发展格局理论为指导，科学谋划和准确锚定制造业高质量发展的政策方向，对推动“十四五”及更长一个时期我国经济发展再迈上一个新的大台阶具有十分重要的意义。

《如何理解产业政策向普惠化和功能性转型》一文完成于2020年5月，时值中共中央、国务院印发《关于新时代加快完善社会主义市场经济体制的意见》。该文认为，产业政策是促进市场力量与政府力量的有机结合的重要工具。为适应新时代加快完善社会主义市场经济体制的要求，产业政策需要向普惠化和功能性转型。一是产业政策工具总量要减少，要强化对技术创新和结构升级的支持，加强产业政策和竞争政策协同。二是产业政策必须建立在竞争政策的基础性地位之上，要避免成为企业套利的工具甚至出现“劣币驱逐良币”的现象。三是产业政策一定是有生命周期的，要与时俱进地不断完善或者退出。

《以高质量能源支撑高质量发展》一文发表于《国务院发展研究中心调查研究报告择要》2019年第154号（总5654号）。能源革命从来都是工业革命的重要组成部分和重要驱动力。该文认为，着力打造高质量能源体系，实现从数量增长到质量跨越的重大转变，是中国新时代能源革命的根本目标；高质量能源体系的主要特征包括清洁低碳、经济高效和安全可靠三个方面；高质量能源体系不仅要考虑能源行业本身的发展，还要关注其为中国经济社会的高质量发展提供具有国际竞争力能源支撑的能力。该文建议，推动能源高质量发展要做到四个坚持，即坚持新能源加快发展和化石能源清洁利用双轮驱动，坚持需求侧节约优先和供给侧提高效率并重，坚持以体制机制改革为重点打破垄断强化竞争，坚持以构建“互联网+”智慧能源系统为核心提高能源安全保障水平。

“国资国企改革”部分共收录了5篇报告和文章。《尽快建立和完善“国家所有权”政策体系》一文是2011年底笔者担任国务院发展研究中心企业研究所所长时，借所里组织翻译的OECD（经济合作与发展组织）《公司治理：问责与透明度——国家所有权指南》中译本出版之际，在北京举办的“国家所有权政策与国企治理”研讨会的成果综述，发表于《国务院发展研究中心调查研究报告择要》2012年第13号（总1799号）。这次会议邀请了OECD的专家，还有全国人大以及国家发改委、财政部、国资委、商务部、证监会等有关部委的领导、专家和部分国企董事会的代表，就中国的“国家所有权”政策及国有企业的公司治理问题进行了探讨。基于相关讨论，该文总结了对深化国资国企改革有重要启示的共识和建议。

《法国、芬兰国资体制和国企分类管理的经验值得借鉴》一文是笔者于2012年春赴法国和芬兰考察调研的成果，发表于《国务院发展研究中心调查研究报告》2012年第84号（总4086号）。法国、芬兰是欧盟成员国中国有经济比重相对较高的两个国家，两国都依法设立了规范的国家所有权管理机构，对国有企业实施有效的分类管理，建立了比较完善的国有企业治理机制。该文介绍和总结了法国、芬兰的国资管理体制和国企分类管理的经验和做法，并就深化我国国资国企改革提出了六条建议：正确认识国有经济的地位和作用，加快营造公平、健全的商业环境，实行国有企业分类管理，构建市场化的选人用人机制，渐进推行股权多元化，促进国有资本优化配置。

《设计国企改革方案应注意的几个问题》一文发表于《国务院发展研究中心调查研究报告择要》2014年第22号（总2219号）。该文指出，要防止出现在基本框架不清情况下的“盲目抢跑”和“故意违章”，抓住混合所有制的关键和防范两个风险，把竞争性领域作为调整国有经济布局和实现资本化管理的突破口，进一步明确建立现代企业制度的重点。

《新一轮国资国企改革要抓主要矛盾》和《对下一步国资国企改革的一些看法》是《财经》和《上海国资》2014年对笔者的专访，主要介绍了十八届三中全会后笔者在参与国资国企改革和政策研究工作时就一些重大问题的思考，包括：国有资本的功能定位究竟是什么、为什么？国有经济在一个国家经济中的占比多高是合适的？如何理解以“管资本”为主全面深化国有企业改革？混合所有制经济应该怎么搞？企业的激励约束机制如何构建？

“金融改革与发展”部分共收录了5篇报告和文章。《从攫取到共容：一个新的金融改革分析框架》一文写作于2013～2015年，并发表于《国务院发展研究中心调查研究报告专刊》2015年第3期（总1406期）。这一时期关于金融改革的相关研究主要集中于金融服务实体经济效率不高等方面，对金融与实体经济失衡现象关注较少。该文则基于金融与实体经济失衡的观察，提出金融竞合观，尝试为金融改革提供一个新的分析框架。在该文中，金融竞合观将金融与实体经济视为一对矛盾，两者对立统一，除了相互依存的合作关系，还具有相互排斥的竞争性，具体体现在金融对生产要素、政策、利润和企业决策行为四个方面的竞争。基于金融竞合观，该文强调：当时金融与实体经济矛盾的主要方面在于两者的竞争性，金融已对实体经济产生“挤出效应”，已经体现出了明显的“攫取性”特征。金融改革的目标应确定为消除金融体系的“攫取性”，建立共容性金融体系。

《中国金融业：发展不足还是发展过度》一文发表于《国务院发展研究中心调查研究报告专刊》2015年第4期（总1407期）。该文基于金融竞合观框架，主要回答了“中国金融的发展状态是什么”这一基本问题。基于金融竞合观，该文强调“发展过度”与“发展不足”分属于两个不同的范畴或维度，可以并存；其中“发展过度”属于竞争性范畴，其对应的状态是“没有发展过度”，两者所描述的是金融负外部性的大小；“发展不足”属于合作性范畴，其对应状态是“没有发展不足”，两者所描述的是金融效率的高低；中国金融业既存在“发展不足”的问题，也存在“发展过度”的问题，但首先体现为“发展过度”。该文建议，中国金融改革不仅要着力于解决金融服务实体经济能力不足的问题，更要着力于改变金融与实体经济报酬结构失衡的格局，从根本上破除生产要素“脱实向虚”的机制，创造一个可以使创新要素更容易配置到生产性领域的创新环境。

《“攫取性”金融体系及其危害：基于金融竞合观的分析》一文发表于《国务院发展研究中心调查研究报告》2015年第58号（总4743

号）。该文基于金融竞合观框架，分析了“攫取性”金融体系对创新及经济增长的负向作用机制。该文识别了资源配置的两个环节：初次配置（即要素在金融与实体经济间的分配）和再配置（即金融体系可支配的资源在不同实体经济部门间的分配），指出“攫取性”金融体系下，初次配置存在严重扭曲，过多创新要素“脱实向虚”，被过度配置到金融业，即存在“虹吸效应”，而再配置又无法消除这种扭曲，从而使经济系统的资源配置效率下降。除此之外，“攫取性”金融体系还通过利益集团机制、侵蚀效应、公司金融机制和金融不稳定机制等渠道负向作用于创新及经济增长。

《关于推进金融业供给侧结构性改革的建议》一文发表于《国务院发展研究中心调查研究报告择要》2017年第23号（总2734号）。该文提出，金融服务实体经济效率不高和支持经济转型能力不足已对未来几年经济持续健康发展和全面建成小康社会目标构成严峻挑战，建议顺应金融业主要矛盾已经由总量不足转为金融与实体经济失衡和有效供给不足的趋势性变化，着力推进金融业供给侧结构性改革，以解决金融供给自身、金融与实体经济之间的重大结构失衡，增加金融有效供给，抑制“脱实向虚”，提高金融服务实体经济的效率和支持经济转型的能力。

《双循环战略需要创新友好型的金融体系》是作者在2020年9月12日召开的首届中国金融四十人“曲江论坛”上所作的主题演讲。该文指出，加快构建以国内大循环为主体、国内国际双循环相互促进的新发展格局是根据我国发展阶段、发展环境、发展条件变化做出的，适应和引领“十四五”和未来一个时期我国经济社会发展的重大战略决策，与近年来中央制定的其他经济发展战略和政策具有一脉相承的指导思想。双循环战略的核心内涵是在我国进入新发展阶段后，如何更好地贯彻落实新发展理念，统筹发展与安全的关系，加快构建新发展格局。双循环战略中，科技创新具有极端的重要性。科技创新需要创新友好型的金融体系：要构建有助于适应新一轮工业革命的技术金融范式；要构建解决好我国经济结构存在的实体经济内部供需失衡、金融和实体经济失衡、房地产和实体经济失衡问题的金融体制；要构建有助于激发微观市场主体创新活力和投融资需求的金融体系。

自2011年初告别学习、工作和生活了20年的四川成都，来到北京加入国务院发展研究中心以来已经十一年了，其间先后担任企业所所长和产业经济研究部部长。迄今我基本算是完成了从一个大学老师到政策研究人员的转型，也由此对自己所从事的工作有了越来越深刻的理解和认识。作为一个政策研究工作者，初心使命就是为党分忧、为国尽责、为民奉献，国家情怀和专业主义是政策研究工作者最重要的素质和能力。

今年5月，我走上了在国务院发展研究中心的又一个新岗位，担任中国国际发展知识中心（Center for International Knowledge on Development）主任。这个机构是2015年习近平主席在联合国发展峰会上宣布设立的，其宗旨是同各国一道研究和交流适合各自国情的发展理论和发展实践。对我来说，这又是一个新的挑战。借此机会，非常想对多年以来一直关心、帮助和支持我的各位领导、师长和朋友表达衷心感谢，“滴水之恩，当涌泉相报”。

本书的出版得到中宣部2017年文化名家暨“四个一批”人才工程项目的支持。本书编辑出版过程中，中国发展出版社原总编辑李慧莲女士、现任总编辑梁仰椿先生提供了大力支持，责任编辑吴佳女士尽心尽力、严谨认真；第十三届全国人大社会建设委员会主任委员，中共中央党校（国家行政学院）原常务副校（院）长何毅亭先生；国务院发展研究中心党组成员，副主任隆国强先生；北京大学新结构经济学研究院院长，北京大学国家发展研究院名誉院长林毅夫先生；第十三届全国政协经济委员会委员，中国投资有限责任公司原总经理，上海市原市委常委、常务副市长，中国证券监督管理委员会原副主席屠光绍先生欣然为本书写推荐语，在此一并表示深深的谢意。书中缺点错误在所难免，敬请各位读者批评指正！

2021年国庆日于北京世和园

目　录

第一部分　中长期经济增长

第三部分　国资国企改革

第四部分　金融改革与发展

第一部分

中长期经济增长

第一章　后发优势、体制可改革性与政治—经济生态

——关于持久战的一个分析框架[①]

我们借用“持久战”一词来概括中国经济前景，即长期向好但短期严峻。本文的目的是回答为什么中国经济前景是持久战，而不是崩溃论和反转论。首先，我们识别了决定长期经济增长的两个关键因素——后发优势和体制可改革性，并据此划分了四类经济体——革新型发展中经济体、革新型发达经济体、僵化型发展中经济体和僵化型发达经济体，不同经济体的长期增长绩效差异显著。其次，我们进一步引入了政治—经济生态，以解释短期增长绩效的差异。基于该框架，对于一个正在经历下行的经济体而言，存在经济反转、长期衰退和持久战三种前景，分别对应于后发优势、体制可改革性和政治—经济生态的不同组合。中国是较强后发优势、较强体制可改革性和经济生态欠佳的组合，其前景是持久战。

① 本文发表于《国务院发展研究中心调查研究报告》2016年专刊45期（总1520期），与朱鸿鸣合作。

“持久战”一词借用于毛泽东同志的论著《论持久战》。在本书中，“持久战”是对中国经济前景的一种形象概括，与经济崩溃论和经济反转论相对立。2010年以来，中国经济增速持续下行，国内外流行着两种关于中国经济前景的论调——中国经济崩溃论和经济反转论。前者极度悲观，认为中国经济将会陷入长期衰退甚至崩溃；后者则过于乐观，认为经济增速将很快触底反转并恢复至较高水平。

持久战既反对崩溃论，也反对反转论。一方面，持久战对中国经济长期前景持乐观态度，认为长期看中国经济前景向好，能够实现全面建成小康社会目标和成功跨越“中等收入陷阱”；另一方面，持久战对中国经济短期形势持谨慎态度，认为短期仍面临较大挑战。

本文构建了一个包含后发优势、体制可改革性和政治—经济生态等核心概念的分析框架，阐释为什么要以持久战的视角看待中国经济，即为什么中国经济长期向好而短期严峻。

一、引子：经济增长的秘密

经济增长是经济学的核心问题。正如诺贝尔经济学奖得主罗伯特·卢卡斯（Robert Lucas）所言，“一旦一个人开始思考经济增长问题，他就很难再去思考其他问题”。本文关于持久战分析框架的构建，其逻辑起点也是对经济增长的思考。

关于经济增长之谜，众多才华横溢的经济学家沿着两大研究传统，给出了不少极具思想穿透力的解答，对经济政策已经并仍在产生着深远的影响。

一派沿袭新古典主义经济学的框架[①]，认为技术进步或创新是经济增长的源泉（Solow，1957；Kuznets，1966；Romer，1986，1990；

① 不少经济史学家也认同技术进步在经济增长中的中心地位，如Landes（1969），Rosenberg（1982），Mokyr（1990）。

Lucas，1988）和经济增长的实质[①]。当前国内对创新的极大关注，强调经济发展方式要从要素驱动向创新驱动转变，就是这一思想的体现。

另一派则遵循新制度经济学的框架，认为制度或制度变迁才是经济增长的原因，才是经济绩效的决定性因素（诺斯和托马斯，1989；North，1990），而资本积累、技术进步等从生产函数中分解出的因素并不是增长的原因，仅仅是增长的本身（North，1971）[②]。国内流行的"制度重于技术"的观点（吴敬琏，2002）以及对"后发劣势"（杨小凯，2000）的关注，便是这一思想的体现。

那么，经济增长的原因到底是什么呢？考察改革开放以来的中国经济增长，可以发现，在"增长奇迹"的背后，既有技术进步的因素[③]，也有制度变革的因素[④]。其实，从其他主要经济体的发展史上，也可以很容易地观察到，技术进步和制度变迁均起到了重要作用。可见，对经济增长之谜的探索，需要更加全面的视角。

基于这一认识，本文试图综合新古典经济学和新制度经济学这两大研究传统，提出一个关于经济增长的新分析框架，以便解释为什么不同类型的经济体，以及处于不同发展阶段的同一经济体的增长绩效会出现如此巨大的差异，进而回答为什么是持久战——中国经济前景向好但短期挑战严峻，并得到如何实施持久战战略的启示。具体而言，我们希望基于这一框架对以下问题给出合理的解释。

---

① 以林毅夫（2012，2014）为代表的新结构经济学认为经济增长的实质就是技术、产业的不断升级及劳动生产率的不断提高。新结构经济学所坚持的基本框架仍是新古典经济学。

② 赫尔普曼（2007）也认为，与研发投入或物质及人力资本积累相比，制度是决定经济增长的更基本因素。

③ 全要素生产率是衡量技术进步对经济增长贡献的重要方法，大量文献基于对全要素生产率的测算，得出中国经济增长源于全要素生产率提高。比如，朱晓冬（Xiaodong Zhu，2012）认为，全要素生产率的增长是中国 1978 年以来最重要的增长源。又如，张健华和王鹏（2012）；李宾和曾志雄（2009），张少华和蒋伟杰（2014），刘世锦、刘培林和何建武（2015）发现，全要素生产率对中国经济增长具有显著贡献。尽管也有不少文献认为全要素生产率对中国经济增长贡献较低（郭庆旺和贾俊雪，2005），但考虑到发展中国家以引进技术为主，引进技术主要表现为资本品进口，技术进步已经包含在资本投入中（林毅夫，2014），全要素生产率低也不说明技术进步对中国经济增长的贡献就低。

④ 见高尚全（2016），张五常（2012），周其仁（2010），朱晓冬（Xiaodong Zhu，2012）。

改革开放40多年来，中国创造的年均增速9%以上经济奇迹的原因是什么？为什么经济发展水平比中国更低的国家，如撒哈拉以南的大多数非洲国家，其经济增长绩效很差，仍深陷“低收入陷阱”？

为什么大多数中等收入经济体，如拉美国家，在经济发展达到中等收入水平后，出现了长期停滞，深陷“中等收入陷阱”？而少数成功的追赶型经济体却在达到中等收入后，仍维持了足够的增长动能，最终成功迈入高收入经济体的行列？

为什么部分高收入经济体出现经济长期停滞，如日本经历了“失去的20年”且目前仍在“失去”，而部分高收入经济体却仍能够保持持续增长，如美国在“滞涨”后开启了新一轮增长周期？

二、后发优势

（一）技术进步与后发优势

新古典经济学认为，技术进步是经济增长的源泉，经济增长绩效或经济增速的高低主要取决于技术进步速度的快慢。因此，我们在分析框架中首先考虑技术进步。

技术进步速度与技术创新方式密切相关。技术创新方式可分为两类，一类是技术引进及模仿，另一类则是原始创新或自主创新。前者成本低，技术进步速度快；后者成本高，技术进步速度慢。技术创新方式与经济发展水平密切相关。以技术引进及模仿为主实现快速的技术进步，一般只适用于发展中经济体，因为它们与发达经济体之间存在较大的技术、产业差距。对于发达经济体而言，要么已处于技术、产业前沿，要么与技术、产业前沿的差距很小，只能主要采用自主创新的方式，技术进步速度相对较慢。

由于在技术、产业方面存在差距，发展中经济体反而可以通过技术引进和模仿实现相对较快甚至数倍于发达经济体的技术创新速度，从而具有更快的经济增长潜力。这种因技术差距而产生的经济增长潜力优势被称为后发优势（林毅夫，2003，2012）。技术进步速度的高低与是否具有后发优势及后发优势的大小密切相关。后发优势越强，技术进步的潜力越大；后发优势越弱，技术进步的潜力越小。于是，我们可以将分析框架中的技术进步维度转化为后发优势维度。

后发优势的强弱取决于技术与产业相对差距的大小。某一经济体，若与同期处于技术、产业前沿的经济体相比，其技术、产业差距越大，后发优势就越强；反之亦然。那么，如何度量一个经济体的技术与产业水平呢？购买力平价意义上的人均国内生产总值（GDP）是一个相对较好的指标（林毅夫，2012）。目前，美国正处于全球技术和产业前沿。对于某一经济体而言，可用其购买力平价意义上的人均GDP与美国人均GDP的差距来度量其后发优势的大小①。人均GDP越低，与美国人均GDP差异越大，后发优势就越强，在不考虑其他因素的情况下，其经济的潜在增速也应该越高；反之亦然。对于经历了高增长或正在经历高增长的发展中经济体而言，随着与世界技术、产业前沿差距或与美国人均GDP差距的缩小，后发优势也在不断减弱。

（二）后发优势、工业化与挤压式增长

成功追赶型经济体的发展经验，已经充分显示了后发优势的魔力。凭借适宜的制度安排和合理的发展战略，日本、韩国、中国台湾等以技术追赶模式实现快速发展的经济体充分释放了后发优势所蕴含的增长潜力，经历了超过20年的年均增速8%以上的“挤压式”增长，创造了举世瞩目的“东亚奇迹”。

让人疑惑的是，近年来国内关于中国后发优势及增长潜力的讨论中，不同学者却基于同样的“挤压式”增长经验得出了不同观点。

一种观点认为，根据日本、新加坡、韩国和中国台湾等经济体的

① 胡永泰（Woo，2012）基于麦迪森的数据（Angus Maddison）计算的追赶指数（Catch-Up Index，CUI）就是后发优势的一种度量。所谓追赶指数就是对美国的追赶程度，为某经济体人均GDP与美国人均GDP的比值。

经验，从2008年开始，中国仍有20年年均8%的增长潜力[①]。

另一种观点则认为，根据日本、韩国、德国等经济体的经验，中国经济增速将可能在“十二五”末、“十三五”初，即人均GDP达到11000国际元[②]左右时，下一个较大台阶[③]。

显然，这两种观点存在较为明显的差异。主要原因在于所采用的研究方法或判断标准不同。前者以相对差距来判断潜在增速，后者则借助门槛值水平。两者之间的显著差异并不意味着谁对谁错。相反，它们更多的是相互补充，各有侧重。相对差距决定了后发经济体引进、模仿和学习的空间，能较为合理地衡量后发优势的总量[④]。11000国际元门槛值则是度量后发优势释放节奏的经验性指标。

11000国际元门槛值的背后是工业化分析框架。刘世锦（2011）关注到一个重要的典型化事实：“高速增长期的典型结构，是工业加速增长，占GDP比重相应提高，成为经济增长的主导力量……当高速增长接

---

① 这种观点的代表是林毅夫（2014），他认为“按照1990年的不变价国际元计算，2008年中国人均GDP 6725元，为美国当年的21%，相当于日本1951年、新加坡1967年、中国台湾1975年、韩国1977年同美国人均GDP的差距水平。在这一差距水平上，日本维持了20年年均9.2%，新加坡维持了20年年均8.6%，中国台湾维持了20年年均8.3%，韩国维持了20年年均7.6%的增长。从后发优势的潜力来看，中国从2008年开始应该还有20年平均每年8%的增长潜力”。张军（2013）也持类似观点，他认为“实际上，中美之间的收入差距与日本20世纪50年代末、‘东亚四小龙’20世纪60年代末的情况大体相当，而它们后来都有20多年超过7%的增长，这样推算，中国经济追赶发达经济体的高增长潜力还应该可以持续20年左右”。

② 在本文中，国际元特指麦迪森数据库中的基于购买力平价的1990年不变价国际元。

③ 这种观点的代表是刘世锦（2011），他认为：“经济增长率通常在人均GDP达到11000国际元左右下台阶，从高速增长阶段过渡到中速增长阶段，增长率下降幅度为30% ~ 40%。日本在1946 ~ 1973年GDP年均增长率为9.4%，战后的高速增长保持了27年。到1973年，人均GDP达到11434国际元，之后增长率下台阶，1974 ~ 1992年GDP年均增长率降至3.7%，中速增长维持了18年。1993 ~ 2008年年均增长率进一步降至1.1%。韩国1946 ~ 1995年GDP年均增长率为8%，到1995年人均GDP达到11850国际元，此后增长率下台阶，1996 ~ 2008年GDP年均增长率降为4.6%。德国（当时为联邦德国）1947 ~ 1969年GDP年均增长率为7.9%。在1969年人均GDP达到10440国际元之后开始下台阶，1970 — 1979年GDP年均增长速度降至3.1%，进入中低速增长阶段。2015年左右，也就是“十二五”末、“十三五”初，中国将进入增长速度回落的时间窗口期，经济的潜在增长率将可能下一个较大台阶，由近些年的10%以上的增长率下调至7%左右”。

④ 以相对差距衡量也符合新古典经济学的相对收敛理论。

近尾声、增速开始下台阶时，经济结构也出现剧烈变化。其趋势是，工业比重趋稳并逐步下降，服务业取代工业成为经济增长的首要动力”。

从日本、韩国、中国台湾地区的经验看，其人均GDP达到11000国际元左右的时间与其工业增加值比重趋势性下降的年份恰好吻合（见表1-1）。后发优势的释放速度之所以与工业化阶段密切相关，原因在于在工业化快速推进时期，由于迂回生产的增加，分工越来越细，产业链越来越长，经济增长存在自我加速的倾向。但是，当进入工业化后期后，这一效应显著减弱，经济增速会自然放缓。

基于相对差距和11000国际元的不同结论提示我们，基于后发优势判断一段时期的潜在经济增速时，既要考虑相对差距所度量的后发优势总量，也要考虑工业化阶段对后发优势释放节奏的影响。对于总量相同的后发优势，不同的释放节奏意味着不同的潜在增速。

从日本、韩国、中国台湾等经济体的工业化进程看，在其人均GDP达到美国的21%时，有较强的后发优势，加之仍处于工业化快速推进期，后发优势的释放节奏较快，因此，仍享有了20年的8%左右或更高的高速增长期。而当其人均GDP达到11000国际元左右时，后发优势已明显减弱，各国人均GDP占美国的比重分别达到69%、48%和46%（见表1-1）；与此同时，工业增加值比重开始趋势性下降，释放节奏也变慢，从而经历了经济增速的显著回落。

表1-1　工业化与后发优势：总量与释放节奏

	追赶指数达到21%的年份及之后20年年均增速	人均GDP达到11000国际元左右的年份及之后数年的增速	工业增加值比重趋势性下降年份及当年追赶指数
日本	1951年（其后20年年均增速8.6%）	1973年（11434国际元）（1974—1992年年均增速3.7%）	1973年（追赶指数达到69%）
韩国	1977年（其后20年年均增速7.6%）	1995年（11850国际元）（1996—2008年年均增速4.6%）	1995年（追赶指数达到48%）
中国台湾	1975年（其后20年年均增速8.3%）	1991年（10577国际元）（1992—2008年年均增速4.1%）	1991年（追赶指数达到46%）

注：追赶指数是基于麦迪森数据库计算的按购买力平价度量的各经济体人均GDP与美国人均GDP的比值。

资料来源：林毅夫（2014），刘世锦（2011），麦迪森数据库，中国台湾统计年鉴2003。

与日本、韩国和中国台湾等经济体相同的是，中国人均GDP达到11000国际元时，工业增加值占GDP比重已经出现下滑。不同的则是，中国人均GDP与美国人均GDP差距更大。2015年，中国人均GDP为10568国际元，为同期美国的32%。综合这两个因素，中国未来经济虽然难以达到20年8%左右的增速，但增速回落幅度也应低于这些经济体达到11000国际元时的回落幅度。

（三）后发优势与企业家

后发优势发挥的主要机制是技术的引进和消化。这一过程中，企业家及其创新发挥着重要作用[①]。在本文中，除非特别说明，企业家是指熊彼特所指的企业家（熊彼特，1991；鲍莫尔等，2008），以创新、具有商业前景的创新为任务。显然，这与日常意义上的企业家——创办新企业或拥有企业的人——不同，可以把熊彼特所指的企业家称为“创新型企业家”。

一种观点认为，后发优势的发挥并不需要创新，企业家的作用更是无从谈起。这种观点混淆了技术创新与经济学意义上的创新。根据熊彼特（1991）的界定，创新就是建立一种新的生产函数，是把一种从来没有过的关于生产要素和生产条件的“新组合”引入生产体系；生产一种新的产品，采用一种新的生产方法，开辟一个新的市场，控制原材料的新供应来源，实现企业的新的组织都属于创新。企业家就是“把各项生产要素和资源引向新用途”。在这个意义上，引进技术、新产品、新的商业模式都是创新。通过技术的引进，企业家把生产要素和资源引向新用途，推动着生产率的提高。

此外，即便是技术创新意义上的创新，后发优势释放过程中也伴随着大量创新，也需要企业家发挥作用。比如，在引进技术的同时，

---

① 对于后发优势释放的前提条件，首先想到的可能是发展战略。林毅夫、蔡昉和李周等（2014），林毅夫（2012）已经让人信服地论证了后发优势的释放与发展战略之间的高度关联，即基于比较优势的发展战略有利于释放后发优势，而违背比较优势的发展战略则不利于后发优势的释放。不过，发展战略属于政策、制度范畴，暂不在此处讨论。

需要进行创新，以便使借鉴来的技术符合当地条件，如要素禀赋结构；需要通过创新来突破无法引进的个别关键技术环节（林毅夫，2012；林毅夫和任若恩，2007）。

（四）后发优势是一种潜力

新古典增长模型具有趋同或收敛性特征，即初始人均GDP水平越低，模型预测的增长率就越高。不过，收敛性并非在绝对意义上成立，而是在条件意义上成立，不是绝对收敛，而是条件收敛（赫尔普曼，2007；巴罗，2004；Barro & Sala-i-Martin，1992；巴罗和萨拉依马丁，2000），需要考虑不同经济体在储蓄倾向、政府政策等方面的差异。

新古典增长模型中，收敛性来自递减的资本收益（巴罗，2004）。成功的追赶型经济体之所以能够长时间维持快速增长，就在于后发优势所带来的持续、快速的技术创新使其在较长时期维持较高的资本收益。可见，后发优势是收敛性存在的内在机制。

不过，条件收敛也意味着后发优势所蕴含的技术进步速度及经济增速优势仅仅是一种潜力。毕竟，自第二次世界大战后，只有少数发展中经济体的人均收入水平与美国的差距缩小了超过10个百分点，甚至还有一些发展中经济体人均收入与美国相比减少10个百分点（林毅夫、蔡昉和李周，2014）。换言之，后发优势仅在条件意义上成立，要由潜力转变为实际，还需要满足一系列前提条件。这些前提条件中，最具根本性作用的就是制度。

三、体制可改革性

（一）最优制度安排与体制可改革性

尽管新古典经济增长模型与新制度经济学的观点存在显著差异，但两者也存在共通性。新古典经济增长模型的收敛是条件收敛。在众多的条件中，适宜的制度、政策是后发优势得以发挥的最重要、最根本的条件[①]，而制度恰恰是新制度经济学所强调的。它们认为，制度及制度变迁才是经济增长绩效的决定性因素。于是，在引入后发优势之后，还需要将制度引入分析框架。

制度是一个大家熟知并常用，但内涵却颇有争议的概念。本文中，除非特别说明，制度是指经济层面的制度。在当前中国的语境下，经济层面的制度主要是指经济体制。此外，本文所指的制度是广义上的制度，既包括游戏参与者的规则（North，1990），比如产权制度，也包括作为游戏参与者的组织及其所构成的结构[②]，比如所有制意义上的企业结构[③]，以及规模意义上的企业结构[④]。

从经济绩效视角看，任何经济体都应追求最优制度安排。对于发达经济体而言，可通过最优制度安排激励其持续创新，将技术和产业前沿不断向前推进。对于发展中经济体而言，可通过最优制度安排使其后发优势所蕴含的发展潜力得以充分发挥，不断缩小与全球技术和产业前沿的差距。

体制可改革性[⑤]是长期维持最优制度安排的前提。对于已拥有最优制度安排的经济体如此，对于尚未拥有最优制度安排的经济体亦如此。

一方面，只有体制具有可改革性，才能治理体制僵化及退化。由于利益集团、意识形态等方面的原因，任何一种体制都存在僵化甚至

---

① 在储蓄倾向、生育倾向、工作意愿、受教育程度、政府政策等前提条件中，政策更具根本性，可以影响储蓄倾向、生育倾向、工作意愿、教育程度等因素。

② North（1990）在界定制度的内涵时，区分了规则和组织，认为制度是指游戏的规则，并不包括组织，即游戏的参与者。赫尔普曼（2007）则对制度进行了广义的界定，认为制度是“规则、信念和组织的集合”。

③ 从历史纵向比较看，国有企业比重高的改革开放初期与国有企业比重已经大幅降低的当前相比，其制度结构是存在显著差异的。从横向比较看，国有企业比重高的东北地区与国有企业比重低的东南沿海地区相比，其制度结构也是存在显著差异的。换言之，70% 国企和 30% 非国企这种结构下的制度环境，与 30% 国企和 70% 民企结构下的制度环境存在显著差异。

④ 根据鲍莫尔等（2008），大企业主导型的经济体制和企业家型经济体制存在显著差异。此外，就技术创新而言，日本式的以大企业为主导、中小企业为依附的创新体制与美国的中小企业发挥重要引领作用的创新体制存在显著差异。

⑤ 体制可改革性与 North 的适应性效率类似。

退化的自然倾向。即便某经济体现有的制度已是最优制度安排，即便该制度独立于经济发展阶段，在所有发展阶段均为最优，利益集团等因素的影响也会使制度变迁不断偏离最优的制度安排①。这时，需要辅之以体制可改革性对其进行校准和纠偏。

另一方面，只有体制具有可改革性，体制才能与时俱进。对于一个经济体的不同发展阶段，经济发展环境迥异，与其相匹配的可以有效促进经济增长潜力释放的经济体制也自然存在差异。对一个时期经济发展有利的制度，对另一个时期则不尽然。比如，“英国在19世纪后期衰落的重要原因就是其面临新出现的技术时，制度调整不够迅速。促使日本和环太平洋地区的新兴工业化国家和地区在第二次世界大战后快速增长的经济和政治制度现在也已经不合时宜了”。（赫尔普曼，2007）

对于任何经济体而言，都不可能一劳永逸地实现最优制度安排。为了保持经济体制与发展阶段的适应性，使生产关系不断适应生产力发展的需要，需要不断进行改革②。而能否适时改革，使制度或政策不断适应变化了的新的发展环境（如技术环境），则取决于体制的可改革性。

因此，“从经济发展的角度来说，可改革性比改革本身更重要，唯有体制的可改革性才能确保改革体制的成功，一个体制一旦不可改革，就不能为其长期增长提供支持”（张军，2014）。一定程度上讲，改革甚至内生于体制可改革性，只要具备了体制可改革性，就能推动改革。为此，在本文的分析框架中，我们将制度维度转化为体制可改革性维度。

（二）体制可改革性的度量

需要澄清可能出现的对体制可改革性的两种误解。

① 拉詹和津加莱斯（2004）也指出，“最佳形式的资本主义非常不稳固。它很容易蜕变为一种既得利益所有、所治和所享的体制”，“即便在发达国家，自由市场经济的存在和延续也并不是一件自然而然的事情”。此处的资本主义就是指自由市场体制。

② 赫尔普曼（2007）指出，为了促进增长，制度也需要不断进行调整，尤其需要跟随技术变革同时进行调整。

第一种误解是将体制“可改革性”等同于“可调整性”。改革，“是社会主义制度的自我完善，在一定的范围内也发生了某种程度的革命性变革”[①]，“是为了建立一个机制来解决发展中的问题”[②]。可见，改革所隐含的体制、制度或政策变化是一种正向变化，以解决发展中的问题为目的，并有利于解决问题和提高经济发展绩效[③]。在这个意义上，体制可改革性的内涵类似于体制的纠错能力（周其仁，2013）。而制度调整则是一种不具有明确方向的变化，甚至有时候是作为一种权宜之计的妥协，可能是改革，能解决一些问题，也可能并不是改革甚至是反改革，不但不能解决问题，甚至还可能加剧问题。

第二种误解是将“可改革性”等同于“多变性”。一方面，体制具有相对固定的特征，多变性与体制的内涵本身是相悖的。另一方面，经济发展也要求制度及政策的稳定性和连续性，多变性与其说可能解决发展中的问题，不如说更可能制造更多的问题。

那么，如何评判一个经济体是否具有体制可改革性，或可改革性的强弱程度呢？与后发优势相对较容易度量不同，体制可改革性的度量并不容易。不过，仍然有两种方法可以去尝试。

第一种方法是通过观测一段时间内是否发生过具有实质性的、能促进经济发展的结构性改革来判断一个经济体的体制可改革性及其强弱。改革开放以来，中国推出了大量的实质性改革，推动了经济的快速增长。据此，可以判断中国的经济体制总体上保持了较强的可改革性。与之相反，日本近几十年来鲜有实质性的改革举措，经济陷入了“失去的20年”而且仍在继续，基本可以判断，日本这一时期的体制可改革性差。不过，这具有滞后性，是“事后诸葛亮”；况且，过去并不代表未来，过去具有体制可改革性并不代表现在和未来也一定会

① 邓小平文选（第三卷）[M]. 北京：人民出版社，1993，第 142 页。

② 朱镕基讲话实录（第一卷）[M]. 北京：人民出版社，2011，第 462 页。

③ 尽管改革开放之前，中国也对经济管理制度进行过调整，但真正意义上的经济社会体制改革则是在十一届三中全会以后发生的（吴敬琏，2010）。

具有体制可改革性。

值得进一步讨论的是，改革方式的不同，比如渐进式改革与“休克疗法”，会不会导致对体制可改革性的度量出现系统性偏差呢?

如果比较中国与俄罗斯及乌克兰等东欧经济体的体制可改革性，可以很明显地得出一个结论，即中国在改革开放以后保持了较强的体制可改革性，而俄罗斯及部分东欧经济体即使在“休克疗法”后却仍不太具有体制可改革性。对此，需要回答的一个问题是两者的差异是不是真的存在?毕竟，渐进式改革本身就意味着改革的分步、持续推进，因而可以在一个较长的时期内观测到实质性改革举措的陆续出台；而“休克疗法”，由于是激进的、“一蹴而就”式的改革，持续时间短，只能在改革实施之初观测到体制的可改革性。但是，我们认为，两者的体制可改革性是具有实质性差异的。只有在经济发展绩效视角下，讨论体制可改革性才有意义。比较某一时期体制可改革性的强弱，不能形式地看问题，而应把握实质，即不是仅仅看改革了什么，改革了多少，而要看这些改革是否能够真正推动经济发展。对于实施“休克疗法”的大多数经济体而言[①]，令人失望的经济发展绩效已经表明，经由“休克疗法”所建立的一套经济体制并不适合其发展阶段或国情。此时，唯有再次启动改革，以解决“休克疗法”所带来的问题，才称得上具有体制可改革性。遗憾的是，我们并没有观察到相应的改革[②]。

第二种方法是通过观测影响体制可改革性的两股相反力量——“体制僵化”与“体制革新”的力量——及其强弱对比来判断。正如后文将要讨论的，利益集团、民粹主义及狭隘民族主义等意识形态是导致体制僵化的力量，政治家、危机冲击和国家能力是导致体制革新

① 波兰等少数东欧国家的经济发展情况比较好，而且迄今一直保持了比较稳定的政治经济秩序，主要还在于并没有真正实施“休克疗法”。波兰对一些战略性行业和少数大企业、大金融机构一直保持了强有力的控制，并没有搞大规模的私有化。

② 与此相关的一个问题是，为什么“休克疗法”后丧失了体制可改革性?原因在于“休克疗法”人为地批量制造了一批实力强大的寡头或利益集团，大大增加了改革阻力，从而降低了体制的可改革性。

的力量。具体而言，可以观测利益集团的数量，民粹主义程度，以及是否有适宜政治家进行制度创新的政治—经济生态，等等。

（三）体制僵化还是体制革新

不同经济体在体制可改革性方面具有显著差异。一些经济体表现出了较强的体制可改革性。比如，改革开放以来的中国，赶超时期的日本、韩国和中国台湾地区，近一个多世纪以来的美国，第二次世界大战前后一段时间的欧洲大陆国家。相反，另一些经济体的体制可改革性则较弱，比如，深陷“中等收入陷阱”的拉美经济体。

不同经济体在体制可改革性的运动方向上也呈现出显著差异。一些经济体的体制可改革性经历了由强变弱的转换。比如，20世纪70年代后，日本的体制可改革性变弱，即便是经历了“失去的20年”，至今仍然难以推出实质性的结构性改革。另一些经济体则相反，其体制可改革性经历了由弱变强的转变。比如，改革开放前的中国总体而言体制可改革性较弱，但改革开放之后，体制可改革性则大幅增强。此外，还有少数经济体一直维持着较高的体制可改革性，如美国；另一些经济体的体制可改革性则一直较弱，如大多数撒哈拉以南非洲经济体。

分析不同经济体的体制可改革性及其运动方向的差异，可以发现，存在着完全相反的两股力量。一股力量导致体制僵化，可称之为改革阻力；另一股力量则推动体制革新，可称之为改革动力。当导致体制僵化的力量占据上风时，则体制的可改革性由强变弱，并最终导致一个经济体的体制不具可改革性甚至逐步僵化。当推动体制革新的力量处于优势地位时，则体制的可改革性由弱变强，从而具有较强的体制可改革性，并可能最终带来体制的革新。

（四）利益集团、意识形态与体制僵化

在导致体制僵化的力量中，利益集团和意识形态是两大核心。

首先是利益集团，更确切地讲，是分利集团或不具代表性的特殊

利益集团。由于具有广泛代表性的利益集团较少，大多数利益集团均为不具代表性的分利集团，因此，在本文中利益集团和分利集团通常换用。

利益集团理论（奥尔森，1999）告诉我们，利益集团内生于经济社会发展中。在一个稳定的社会中，随着时间的推移，会出现越来越多的利益集团。他们会通过游说活动争取立法等方式形成并固化有利于该集团利益的体制，延缓新技术的采用，阻碍资源的重新分配，降低社会效率和总收入。由此可见，由于利益集团的影响，体制本身具有僵化的内在倾向，体制可改革性会由强变弱。

值得注意的是，利益集团既包括强势利益集团，比如由大企业组成的卡特尔；也包括相对弱势的群体，比如老龄化社会中的老年人群体[①]，经济环境差时失业风险大的群体[②]。

其次是意识形态。此处，意识形态是指一种观念的集合，既包括政治观念，也包括经济观念，还包括社会心理及文化观念。一旦某一特定经济体制与意识形态相结合，该体制的可变革性将会大大减弱。

比如，受制于意识形态，尽管改革开放之前也做了不少制度调整，但中国当时的经济体制仍很僵化。1978年真理标准大讨论后，由于在相当程度上冲破了意识形态的束缚，中国经济体制的可改革性大大增强了。20世纪90年代初，改革一度减缓。得益于小平同志解除了市场经济姓“社”还是姓“资”这个最大的思想顾虑[③]，改革得以重启，体制可改革性大大增强。

又比如，伴随着“二战”后日本经济的成功，以终身雇用及年功序列制、主办银行制、产业政策为代表的战后经济体制在20世纪70年代后被上升到“日本模式”或“日本特色”的高度，这也是导致日本经济体制僵化的重要原因。

① 比如，日本医疗领域改革，就面临着老年人群体的阻力。

② 比如，欧元区的青年群体。2015 年，法国失业率为 10% 左右，但青年失业率高达 25%。2016 年 3 月，法国政府推出劳动法修改草案，但遭到以年轻人和学生为主体的人群的大规模游行示威。

③ 朱镕基讲话实录（第一卷）[M]. 北京：人民出版社，2011，第 460 页。

对于保持体制可改革性而言，有两种意识形态值得警惕。一是狭隘民族主义，二是民粹主义[①]。狭隘民族主义的问题在于通常会降低经济的开放性，限制竞争，进一步固化利益集团的利益格局。民粹主义的问题则在于容易将经济问题政治化，从而使经济体制改革面临更大的阻力。近年来，互联网上热议的关于教育、住房、医疗、就业等一些事件，正是这样一种体现。

（五）政治家、政治—经济生态与体制革新

在推动体制革新的力量中，政治家、危机冲击和国家能力是三大支柱。在这三者之中，政治家是最活跃、最具决定性的因素，是核心驱动力；危机冲击是政治家进行制度创新的催化剂[②]；国家能力则是传播、扩散制度创新的保障。

首先是政治家的存在或政治领域企业家精神（political entrepreuership）的有效发挥。政治家通常是指“在政治活动中对社会、国家、民族进步产生重大影响并做出卓越贡献的政治人物。他们往往顺应时代潮流，站在时代的前列，倡导革新”[③]。本文中，政治家的内涵与日常意义上的政治家有所差异，我们主要强调政治家在体制革新或制度创新上的职能。若将企业家界定为熊彼特所指的企业家，那么本文所指的政治家就是政治领域的企业家（罗德里克，2014），具有强烈的荣誉感和责任感，以利于经济增长的制度创新或体制革新为使命[④]。企业家的创新是整合各种生产要素，创造一种新的生产函数（熊彼

① 李剑阁（2015）认为中国要谨防民族主义和民粹主义带来的不改革甚至是改革倒退。刘鹤（2012）指出，危机后决策者面临民粹主义、民族主义和经济问题政治意识形态化三大挑战，并认为一旦大众福利预期得不到满足，民粹主义会带来蔑视权威、拒绝变革和仇视成功者的强烈氛围。吴敬琏（2009）认为旧体制和旧模式的支持者可能会利用民粹主义和民族主义煽情，阻挠改革。

② 也可以说，危机为政治家进行制度创新或改革提供机会窗口（Alston 等，2016）。

③ 引自《中国大百科辞典（三）》第 195 页。

④ 若将政治家严格界定为政治领域的“企业家”的话，当一个政治家并不是一种职业，通常也不是一种持久的状况，只有当期实际上推动制度创新或改革时，才是一个政治家。而当制度已建立并正常运行时，就像其他维持制度运行的干部一样，他也就丧失了政治家这种资格。参见熊彼特（1991）关于企业家的论述。

特，1991）；政治家的创新则是凝聚改革共识，整合各种改革力量，将僵化的体制革新为更符合经济发展需要的新体制。换言之，政治家泛指一切愿意并真正推动制度创新的政治领域的人物，是一个群体。只要推动了制度创新，村支书也可以是政治家；只要没有推动制度创新，总统、首相也不是政治家。

政治家是一个群体，有领袖政治家和一般政治家之分。两者分工不同，承担的职能存在显著差异，两者的共同作用推动着制度创新。领袖政治家通常在政治领域具有很高的权威，既有改革意愿，更有改革智慧，对改革方向、改革进程具有关键影响力[①]。他们负责为一般政治家的制度创新或改革实践创造一个适宜的宏观环境，引领制度创新。具体而言，主要有三项职能。

一是打开或创造改革空间，为一般政治家的制度创新创造宽松的政治环境及政治可行性。二是对一般政治家已经进行的制度创新予以肯定或追认，赋予其合法性并进行推广复制。三是建立制度创新的正向激励机制，推动一般政治家“不待扬鞭自奋蹄”。

比如，邓小平同志通过支持真理标准大讨论，打破了“两个凡是”的意识形态束缚，为改革开放的启动提供了政治可行性。在小岗村“大包干”引发激烈争论时，公开肯定了“大包干”的做法，从而推动了农村改革的全面推进。20世纪90年代初，又通过“南方谈话”解除了市场经济姓“社”还是姓“资”这个最大的思想顾虑，并营造了一个宽容改革失败的氛围——“看准了的，就大胆地试，大胆地闯”[②]。除了营造改革宏观环境，他们有时也着力亲自推动一些重大改革，比如分税制改革。

与领袖政治家相比，一般政治家的政治权威或政治地位较低。但是，他们是制度创新的实践主体，最熟悉现行制度的优缺点，最了解不同环境下或不同发展阶段的制度需求。在领袖政治家所营造的制度

① 在对本文初稿的讨论中，林毅夫教授提出政治企业家（即本文意义上的政治家）应具备有意愿、有威望、有智慧三个条件，缺一不可。

② 邓小平文选（第三卷）[M]. 北京：人民出版社，1993，第 372 页。

创新宏观环境下，受荣誉感、责任担当意识、晋升激励的驱动或受现实所迫，他们进行着制度创新的探索。

政治家的缺乏是体制僵化的关键原因，而大量政治家的存在并有效发挥作用则是体制革新的根本所在。在“失去的20年”期间，日本一直缺乏实质性的结构性改革。不少观察家认为，这是缺乏政治家的缘故。相反，中国之所以能够启动改革开放，并能够持续地向前推动改革，首要原因就在于有一个敢于担当、善于协调、勇于革新，以改革为己任的政治家群体的存在。

政治家的多寡以及能否有效发挥作用取决于是否有适合政治家创新的土壤，是否有制度创新友好型的政治—经济生态。对于一个经济体而言，一般政治家的涌现并非可遇而不可求的。在任何一个时期，都有大量具有政治家才能的人存在，他们具有协调各种复杂关系、凝聚改革共识、整合改革力量的能力，有敢为天下先的气魄。但是，他们是否将自己的主要精力放在对僵化体制进行革新上，并最终成为真正的政治家，则取决于政治—经济生态所决定的报酬结构（reward structure）或风险收益结构[①]。在制度创新友好型的政治—经济生态下，与不进行制度创新相比，推动制度创新的具有政治家才能的人更易获得声誉、晋升等方面的收益。那么，制度创新友好型的政治—经济生态应具备哪些条件呢？

首先，政治环境相对稳定。长期执政是政党及政治人物的基本诉求，执政党、官员过于频繁地更替会将其注意力聚焦在谋求连任上，不利于激励短期内难以见效甚至暂时有一定负面影响的制度创新。日本便是一个典型案例。1989年前后，日本执政党和首相的更替频率大幅提高，首相连任概率大幅下降（见表1–2）。可见，20世纪90年代前后的日本，面临着迥然不同的政治—经济生态。欧债危机后，希腊、西班牙、意大利等南欧国家难以推动实质性结构性改革，一个重要原因也在于执政党担心会损害选民的短期利益，进而导致执政党地位的丧失。

---

① 古今中外，虽都不乏“先天下之忧而忧，后天下之乐而乐”的政治人物，但基于政治—经济生态的风险报酬结构仍然是一般政治家的常规激励机制。

表1–2　日本首相更替情况

	1952—1989年	1989—2015年
首相数（人）	14	16
首相最长任职时间	7年8个月（佐藤荣作：1964年11月9日—1972年7月7日）	5年5个月（小泉纯一郎：2001年4月26日—2006年9月26日）
连任首相数（人）	8	5
执政党数（个）	3（自由党、民主党、自由民主党，其中1955—1989年均为自由民主党执政）	5（自由民主党、新党、新生党、社会党、民主党）

注：第二次世界大战后至1952年，日本在驻日盟军占领下；1952年4月28日，日本恢复主权。首相任中去世，代理首相不纳入统计；连任统计为一次；不连任可重复计。1955年自由党和民主党合并，成立自由民主党。

其次，制度创新环境相对宽松。这需要领袖政治家来营造。制度创新或改革是在试错的过程中实现的（华生等，2009），难免出现失误。改革环境宽松或改革的政治风险较小，有利于改善政治家进行制度创新的风险收益结构。反之，则会恶化制度创新的风险收益结构，在潜在收益未明显提升的情况下更是如此。中国在一定程度上正好提供了正反两方面的例子。在改革开放前20多年的时间里，改革环境相对宽松。“改革开放胆子要大一些，敢于试验，不能像小脚女人一样。看准了的，就大胆地试，大胆地闯”[①]就是当时的写照。得益于这种宽松的环境，中国改革全面推进，维持了较强的体制可改革性。近年来，针对社会上广泛关注的“改革空转”问题，的确有各方期望值过高的因素，不过，不少地方反映的改革环境趋紧，限制改革的“红线”过多可能也是重要原因。为此，十八届六中全会明确提出“建立容错纠错机制，宽容干部在工作中特别是改革创新中的失误”。

再次，腐败得到有效抑制。若腐败得不到抑制，官员可以通过设租、寻租而获取巨大的物质利益，就会使常规的官员激励机制严重失

① 邓小平文选（第三卷）[M]. 北京：人民出版社，1993，第372页。

灵，“进行制度创新—获得更好发展绩效—赢得更多晋升机会”路径对官员的吸引力会显著下降。

最后，要有发展导向型晋升机制，且经济增长不是信贷密集型增长（阿代尔·特纳，2016），不依赖于泡沫化。对于具有政治家才能的人，晋升是对其最好的奖励。这就要求官员激励机制整体上是发展导向型的，即发展绩效越好，越容易得到晋升。不过，发展导向型激励机制要能有效激励政治家的制度创新，还需要满足一个条件，即经济增长不依赖于信贷扩张及泡沫化。否则，如果经济增长为信贷密集型增长或依赖于泡沫化，在短期内甚至较长一段时间内，即使没有任何制度创新，也能取得较好甚至更好的经济增长绩效。

（六）危机冲击、国家能力与体制革新

危机冲击是推动体制革新的另一股力量。危机之所以能成为政治家推动制度创新的催化剂，主要有两方面原因。一方面，危机是对原有体制中僵化部分或不合理成分的一次总清算，能将僵化体制的弊端集中、完全地暴露于人们面前，有利于打破意识形态的桎梏，推动思想解放，形成改革共识。另一方面，则有利于削弱利益集团及其影响力，减轻改革阻力。从各国情况看，危机倒逼改革是常态。实际上，中国的改革许多是危机促成的（吴敬琏，2013；周其仁，2013）。十一届三中全会对改革开放的启动，20世纪80年代初的农村改革，20世纪90年代末的国有企业改革，21世纪初的金融体制改革，均与危机有关。美国20世纪30年代和80年代所进行的两次体制改革分别是“大萧条”和“滞涨”的产物，近年来的金融体制改革则是全球金融危机倒逼的结果。韩国1998年的结构性改革则是亚洲金融危机爆发和国际货币基金组织援助附带的苛刻条件所驱动的。第二次世界大战后德国、法国经济体制的重构，一个重要原因在于大多数利益集团在第二次世界大战中遭到削弱或废除。英国20世纪80年代改革的背景是第二次世界大战后英国由欧洲经济领袖衰落为再明显不过的落后者，其选

民对处境不满意（鲍莫尔等，2008，192页）[①]，在一定程度上也是危机导向型。

最后是国家能力。即便是有危机冲击以及政治家的存在，也不一定能够实现由体制的不具可改革性向较强可改革性的质变。要实现这一转变，通常需要一定的国家能力作为保障。国家能力首先意味着需要保持基本的政治稳定。除此之外，主要是指制定及实施法律和政策的能力（福山，2007）。不少撒哈拉以南非洲国家和拉美经济体，尽管面临危机的冲击，也不乏政治家，但由于国家能力弱，仍然不能革新其经济体制，以便更适应发展变化了的经济环境。

四、后发优势—体制可改革性框架

（一）经济体的四种类型

后发优势和体制可改革性是解释不同经济体长期增长绩效差异的两大关键因素。结合后发优势维度和体制可改革性维度[②]，我们可以构建一个简要的分析框架（见图1–1），用于解释不同类型经济体长期增长绩效的差异。由于新古典经济学的分析框架是条件收敛，而体制可改革性正是后发优势得以释放的关键条件，因此，“后发优势—体制可改革性”框架实际上是新古典经济学分析框架的一个特例。

根据“后发优势—体制可改革性”矩阵，可将所有经济体粗略划分为四种类型：僵化型发展中经济体、革新型发展中经济体、僵化型

---

① 鲍莫尔等（2008）补充道，欧洲大陆和日本之所以不能采取类似英国20世纪80年代那一套激进的改革，其原因恰恰是欧洲大陆和日本现在的情况比几十年前的英国要好得多。

② 后发优势与体制可改革性之间也具有一定关系。一方面，虽然体制可改革性并不决定是否具有后发优势及后发优势的大小，但后发优势能否得到释放，从潜力变为现实，则依赖于是否具有体制可改革性。另一方面，后发优势可能会影响体制可改革性。比如，对后发劣势的讨论（杨小凯，2000）则提示，后发优势与体制可改革性之间可能还存在着互斥关系。当两者之间表现为互斥关系时，后发优势便成为“后发劣势”。而之所以变成“后发劣势”，是因为在释放后发优势的过程中，形成强有力的利益集团，阻碍了体制革新。

发达经济体和革新型发达经济体。不同类型经济体具有不同的经济增长绩效。

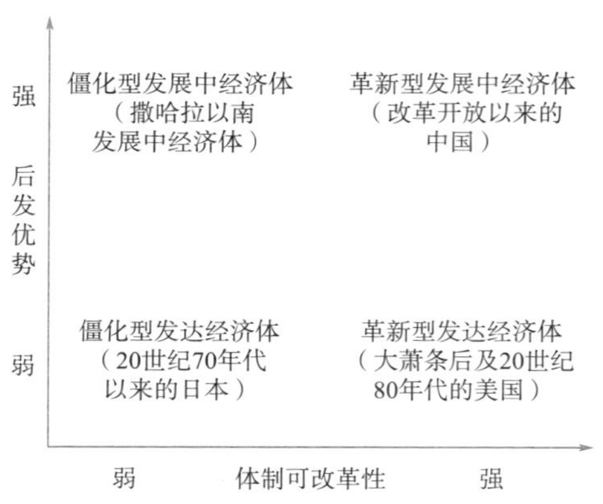

图1–1 “后发优势—体制可改革性”框架示意图

僵化型发展中经济体。这类经济体位于图1–1的左上角，与世界技术、产业前沿差距大或较大，后发优势强或较强，但体制僵化，缺乏可改革性。典型代表是撒哈拉以南的大多数发展中经济体以及仍深陷“中等收入陷阱”的拉美经济体。由于缺乏体制可改革性，这类经济体的体制不能有效适应其发展阶段或发展环境的变化，长期经济绩效差，即便个别年份可以获得高增长，其平均增速也较低，不仅难以显著缩小与发达经济体的差距，甚至还可能进一步拉大。

革新型发展中经济体。这类经济体位于图1–1的右上角，与世界技术、产业前沿差距大或较大，后发优势强或较强，同时具有较强的体制可改革性。典型代表是改革开放以来的中国、20世纪80年代末以来的越南、经济高速发展期的东亚“四小龙”。由于具有较强的体制可改革性，这类经济体可以不断革新其经济体制，以适应变化了的发展环境并充分发挥后发优势，快速推动技术创新和产业升级，长期经济绩效好，一般会经历持续较长时期的高速增长期，与发达经济体的差距将不断缩小。

僵化型及革新型发展中经济体的共同点在于作为发展中经济体，

具有较强后发优势，具有高速增长的潜力。不同点在于前者不具体制可改革性，不能通过制度的调整将后发优势的潜力转变为高速增长的现实；而后者具有体制可改革性，得以有适宜的制度保障后发优势的释放，获得高速增长。

僵化型发达经济体。这类经济体位于图1–1的左下角，已处于世界技术、产业前沿或离前沿差距很小，后发优势弱或已不具备后发优势，但体制僵化，可改革性弱。典型代表是20世纪70年代以来的日本、20世纪初至20世纪70年代期间的英国。由于体制可改革性弱，这类经济体的经济体制不能有效适应其发展阶段或发展环境的变化，长期经济绩效差，经济长期低迷，与处于领先地位的发达经济体之间的差距不断拉大。

革新型发达经济体。这类经济体位于图1–1的右下角，已处于世界技术、产业前沿或离前沿差距很小，后发优势弱或不具备后发优势；不过，仍具有较强的体制可改革性，典型代表是美国。由于具有较强的体制可改革性，这类经济体可以不断革新其经济体制，持续激发技术创新的动力，长期经济绩效好，持续保持领先地位，并与僵化型发达经济体之间拉大差距。

僵化型及革新型发达经济体的共同点在于作为发达经济体，后发优势弱或不具备后发优势。不同点在于前者不具体制可改革性，不能通过制度调整为经济增长提供支撑；后者具有体制可改革性，能维持相对较好的经济增速。

这四类经济体中，革新型发展中经济体的增速最高，并显著高于其他三类经济体；革新型发达经济体的增速高于僵化型发达经济体；僵化型发展中经济体的增速高于僵化型发达经济体。不过，僵化型发展中经济体与革新型发达经济体之间的增速高低则难以一概而论。

随着经济发展水平及体制可改革性的变化，同一经济体在不同时期可能会被划归为不同的经济体类型，在图1–2中体现为位置的移动。从可能性看，共有六种直接的变化模式。一是僵化型发展中经济体转变为革新型发展中经济体，由左上方位移至右上方，典型代表是

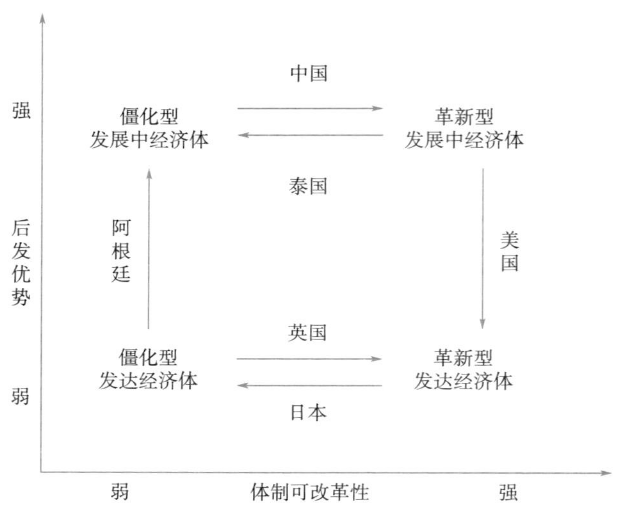

图1-2 经济体类型变化的六种模式

中国。二是革新型发展中经济体转变为革新型发达经济体，由右上方位移至右下方，典型代表是19世纪至20世纪初的美国。三是革新型发展中经济体转变为僵化型发展中经济体，由右上方位移至左上方，深陷“中等收入陷阱”的许多国家便是典型。四是僵化型发达经济体转变为僵化型发展中经济体，由左下方位移至左上方，典型代表是阿根廷。五是革新型发达经济体转变为僵化型发达经济体，由右下方位移至左下方，典型代表是20世纪80年代的日本。六是僵化型发达经济体转变为革新型发达经济体，由左下方位移至右下方，典型代表是20世纪80年代的英国。

（二）后发优势、体制可改革性与持久战

“后发优势—体制可改革性”矩阵为分析不同类型经济体的长期增长绩效提供了一个概念性框架。基于该框架，我们可以回答开篇提出的几个问题。

改革开放以来，中国之所以能创造经济奇迹，原因在于中国是革新型发展中经济体，既有较强的后发优势，又有较强的体制可改革

性，保障了改革的持续推进[①]和经济体制的不断优化，从而使后发优势得以集中且持续地释放[②]。与此相反，许多低收入国家之所以经济增长绩效差，深陷“低收入陷阱”，原因在于它们虽然具有很强的后发优势，但无法通过体制改革获得一套保障其后发优势充分释放的制度。陷入“中等收入陷阱”的经济体和成功迈入高收入行列的追赶型经济体相比，最大的差异就在于后者在整个赶超过程中较好地保持了体制可改革性，制度得以适时调整，使生产关系不断适应生产力发展的需要。高收入经济体内部的分化，比如20世纪90年代以后，日本与美国人均GDP的逐年拉大，也在于体制可改革性的差异。

这一框架既可以解释过去，也可以在一定程度上昭示未来。今后相当长一段时间内，中国仍然拥有较强的后发优势。只要继续维持体制的可改革性，为后发优势所蕴含的增长潜力的释放提供适宜的制度保障，中国仍能重启新一轮持续较快增长[③]，跨越“中等收入陷阱”，成功迈入高收入国家行列。

这一框架解释了“持久战”的第一个层面的内涵，即从中长期看，中国经济前景向好，不会陷入日本式L型增长，不会出现长期停滞。此外，该框架也部分解释了进行持久战的一些基本策略。比如，以发挥后发优势为基本原则，增强体制可改革性并努力推动改革。

不过，仅凭“后发优势—体制可改革性”框架，我们尚无法令人满意地阐释持久战的其他内涵。首先，这一框架是一个中长期分析框架，无法直接用于分析短期经济增长绩效，没有揭示当前中国经济存在的结构性问题，解释不了为什么过程将是持久而曲折的。其次，虽

① 郑永年（2013）认为中国模式的主要特点就是改革。

② 李伟（2014）认为后发优势是追赶型经济体可以长期保持较高经济增速的根本原因。朱晓冬（Xiaodong Zhu，2012）在解释中国与拉美及东欧经济体的经济改革对经济绩效的不同影响时，认为中国更具后发优势可能是中国经济绩效表现更好的主要原因。Kehoe 和 Ruhl（2010）在解释墨西哥经济改革的经济绩效远远低于中国时，也将中国更具后发优势作为主要原因。华生等（2009）认为中国 30 年的经济奇迹主要得益于利用了后发优势和相对比较优势。而一些文献（Wolf，2011）将改革开放前 30 年的中国经济增长归结为投资拉动型则是没有抓住中国经济奇迹的本质。

③ 当然，由于工业化阶段不同以及后发优势的总量差异，新一轮持续较快增长的平均增速会明显低于改革开放前 30 年的年均增速。

然这一框架告诉我们，通过体制改革释放后发优势是赢得持久战胜利的根本，但却无法进一步推导出具体的改革任务，无法回答是否还需要除改革外其他必不可少的政策举措。

五、政治—经济生态

为了更好地回答上述问题，我们引入一个新的关键词——政治—经济生态。在体制可改革性部分，我们已经对政治—经济生态有所涉及，强调了政治家作用的发挥、体制可改革性的维持对良好政治—经济生态的依赖。本部分引入政治—经济生态，重点讨论其对经济运行的直接影响。

（一）经济生态与经济污染

政治—经济生态既有经济生态的内涵，也包括经济生态和政治生态的联结部分。

首先，我们引入“经济生态”。经济生态是指经济主体以及能对其行为产生影响的外部环境所构成的统一体，既包括经济主体所处外部环境，也包括经济主体自身所构成的结构①。

从构词法看，经济生态借用的是生态学的概念，并不是一个典型的经济学术语，生僻甚至有些拗口②。为什么不用营商环境、制度环境或市场环境等常用术语取而代之呢？最主要的原因在于，无论是营商环境、制度环境还是市场环境，都难以完全代替经济生态所要表达的内涵。

关于营商环境，经济学家和政策制定者最熟悉的可能是世界银行开发的营商环境指标以及据此对全球主要国家的评价。在该指标体系

① 此处的外部环境是狭义上的环境。若将各经济主体所构成的经济结构也理解为某一经济体所面临的环境，那么可以认为经济生态就是经济主体所面临的外部环境。

② 从构词法看，政治生态与经济生态类似。目前，政治生态已经是一个接受度较高的术语，不妨通过类比政治生态来理解经济生态。

中，营商环境从开办企业、办理施工许可、获得电力、登记产权、获得信贷、保护少数投资者、纳税、跨境贸易、执行合同、办理破产和劳动力市场监管11个方面进行度量[①]。显然，经济生态与这个意义上的营商环境相比，内涵更丰富。比如，经济生态还包括盈利前景或预期，包括通胀、金融稳定性等宏观经济金融环境。

关于制度环境，我们可以根据制度的内涵来理解。制度通常被理解为游戏规则，由法律、规范、产权规则和社会传统等组成。相比之下，经济生态除了包括制度环境，还包括其他方面。比如，经济的成长性。在制度环境基本一致的情况下，一个有后发优势并正经历高增长的发展中经济体与一个已无后发优势、经济增长较慢的发达经济体相比，其经济生态也是存在重大差异的。又如，经济的泡沫化程度。若某经济体泡沫化程度严重，而另一经济体则相反，那么即便两者的制度环境相同，两个经济体各自面临的经济生态、经济主体的行为也有显著差异。

经济学意义上的市场环境[②]，是指市场体系及市场机制运行情况。根据党的十八届三中全会《中共中央关于全面深化改革若干重大问题的决定》，一个好的市场环境就是有一个统一开放、竞争有序的市场体系。很明显，经济生态的内涵也超出了市场环境的范畴。比如，经济生态包括货币环境。两个经济体，即便都具有统一开放、竞争有序的市场体系，如果货币环境存在重大差异，一个宽松，一个紧缩，则两者所面临的经济生态也是存在显著差异的。

与此同时，"经济生态"一词自身也具有不少优点。

首先，便于引入"经济污染"的概念。经济污染就是对经济生态的污染，是指经济运行中存在的危害经济良性循环和创新发展的主要问题。同样的问题是，与经济生态类似，经济污染也是较为生僻的术语。那么，为什么不采用更常用的表述——经济失衡，或经济运行中的结构性问题，或经济运行中存在的不平衡、不协调、不可持续

① 世界银行《2016 营商环境报告：衡量监管质量和有效性》。

② 这与管理学或营销学上的市场环境不同。

问题——来代替呢？一是目前已有文献使用过经济污染这个概念，用于描述阻滞经济正常运行的突出问题。比如，英国前金融服务局（FSA）主席阿代尔·特纳在讨论杠杆率过高或过度信贷创造时谈道“债务创造具有负的社会外部性，可以说债务是经济污染的一种形式”①。二是经济污染的表述相对而言更简练、形象，更能够让人理解当前中国经济存在的问题。

其次，经济生态暗含着易破坏而难恢复的特征。凡生态都具有脆弱性。百年成之不足，一旦毁之有余。河流、土壤、空气等自然界的污染，大抵如此，经济污染亦如此。污染可能在短时间之内形成，但对经济生态的破坏性是非常严重的。比如，受各种因素影响，资产泡沫、过度负债等经济污染容易并可在短时间之内产生，阻碍经济运行。但是，要治理资产泡沫和过度债务，则需要耗费很长的时间，并支付巨大的成本。

最后，经济生态是一个系统。如果经济系统的某一个环节或因素的变化对局部产生了较大影响，但对整个经济生态并未产生重大影响，那么可以不必特别关注；但是，若对整个经济生态产生了重大影响，则应高度重视。

（二）循环流转与经济发展

为了更好地理解经济生态的内涵，我们借用熊彼特经济发展理论（熊彼特，1991）所提供的概念性框架，做进一步区分。在熊彼特的框架中，经济增长概念实际上被划分为两类状态：“循环流转”和“经济发展”。其中，循环流转下的经济增长仅仅是数量上的变化，不存在创新。经济发展才是创新——对循环流转的中断——驱动的经济增长，可称之为创新发展。虽然“循环流转”并不能创造出具有质的飞跃的经济发展，不能带来创新驱动的经济发展，但也是发展的一

① 阿代尔·特纳.债务与魔鬼：货币、信贷和全球金融体系的重建[M].北京：中信出版社，2016，第165页。

个条件，使发展成为可能①。

借用熊彼特的理论框架，我们可以将经济生态分为两个层次。第一个层次是“循环流转”需要的经济生态，即经济自然循环和正常运行而不发生衰退甚至“大萧条”所需要的经济生态。第二个层次则是“经济发展”需要的经济生态，即经济持续较快增长所需要的经济生态。

这两类经济生态本质上是具有递进层次的。“循环流转”的经济生态是基础性经济生态，“经济发展”所需要的经济生态是更高层次的经济生态。换言之，一个经济生态，若缺乏“循环流转”所需的基本要素，或存在阻碍正常循环的经济污染，即便它具备某些创新所需的基本要素，也不是一个好的经济生态。因为在缺乏“循环流转”经济生态基本要素的情况下，整个经济体系已经无法正常运行，创新发展也根本无从谈起。

（三）好的经济生态与坏的经济生态

根据经济污染的多少或程度，可以将经济生态划分为好的经济生态和坏的经济生态。正如不存在没有任何污染物的自然生态一样，任何一个国家的优良生态环境尽管标准不同，但都允许一定限度下的污染物②；这个世界上也根本不存在没有任何经济污染的经济生态。一个经济生态的好坏，不在于是否存在经济污染，而取决于经济污染的多少及严重性。

因此，好的经济生态就是经济污染较少、污染程度较低的经济生态；而坏的经济生态则是经济污染较多、污染程度较高的经济生态。由于经济生态和经济污染均是基于经济增长视角的概念，我们也可以将好的经济生态理解为总体上有利于持续增长的经济生态；将坏的经济生态理解为抑制经济增长的经济生态。

发展中经济体与发达经济体对经济生态的要求存在一定差异。由

① 熊彼特．经济发展理论 [M]. 北京：商务印书馆，1991，第 71 页。

② 比如，根据中国《环境空气质量指数（AQI）技术规定（试行）》，只要空气质量指数低于 50（PM 2.5 日均浓度低于 35 微克 / 立方米），空气质量均为优。

于具有后发优势，发展中经济体的企业有更高的成长性，模仿创新的成本相对较低，可以获得更高的利润或收益率空间，其对经济生态的要求相对较低。此外，由于发展模式的差异，即发展中经济体更多依赖于模仿或后发优势的发挥，而发达经济体主要依靠自主创新，两者所需的经济生态也会存在显著差异。

（四）货币病、债务病、泡沫病及利润病

具体而言，我们可以通过识别几种主要的经济污染来界定坏的经济生态，其反面自然便是好的经济生态。基于对经济可持续增长所需要的基本要素的认识，需要重点关注的是如下几类经济污染。

1. 货币病

几乎所有的经济学家都不会否认，维持宏观经济的相对稳定是经济可持续增长的重要前提[①]。所谓宏观经济的稳定，主要是指价格水平的基本稳定，既不出现恶性通胀，也不出现通货紧缩。相反，便是货币病的状态。

欧文·费雪在研究美国大萧条时，将下降的价格水平或通货紧缩界定为货币病[②]。这种货币病的问题在于增加实际债务，导致或加剧下文所述的债务病。

恶性通货膨胀是另一种货币病，会扰乱经济运行中的价格信号，可能导致社会不安定因素，不利于经济持续增长。考虑到恶性通胀对经济生态的严重损害，以及与货币息息相关，可以认为，恶性通货膨胀也是一种货币病。

2. 债务病

所谓债务病，就是过度负债或太多的债务[③]，既体现为杠杆率高[④]，也体现为短期内到期债务多。前者主要是从信用风险角度来定义债务病，后者则是从流动性风险角度来定义债务病。无论是20世纪30

① 比如，世界银行经济增长委员会（2008）；鲍莫尔，利坦和施拉姆（2008）。

②③ 欧文·费雪．繁荣与萧条 [M]. 北京：商务印书馆，2014，第 28 页。

④ 杠杆率的一个常用计算公式是债务余额与 GDP 之比。

年代的大萧条[①]，20世纪90年代以来日本“失去的20年”[②]，还是2008年全球金融危机后世界经济长期疲软[③]，都揭示了过度负债或债务积压对经济正常运行或良性循环的破坏。

一方面，过度负债会增加企业破产的概率，削弱债务人的偿债能力，并可能诱发金融危机，导致金融体系不能正常运转以支持实体经济。另一方面，过度负债会使负债方因债务负担沉重，无法正常经营，企业行为会由利润最大化转向负债最小化[④]，甚至可能导致企业由于偿清债务无望而彻底丧失经营动力[⑤]。

如果出现债务病与通货紧缩意义上的货币病的叠加，即陷入“债务—通缩”循环，对于经济生态的破坏会更大。

3. 泡沫病

所谓泡沫病，就是指存在较为严重的经济泡沫。最受关注的泡沫主要是房地产泡沫和股市泡沫[⑥]。通常认为，若资产价格持续、系统性地向上偏离其内在价值或基本面，则存在泡沫。不过，由于内在价值受多种因素影响，难以测量，也有观点认为，“泡沫是很难确定的，除非它破了”。

本文对泡沫病的讨论基于经济增长视角，而经济增长绩效很大程度上取决于资源是配置到生产性活动（productive activity）还是非生产性活动（unproductive activity）[⑦]。因此，我们认为，若房地产、股票等资产投资的收益率，或某些非生产性行业的整体收益率显著高于实体经济或从事生产性活动[⑧]的回报，则存在泡沫和泡沫病。换言之，泡

① 欧文·费雪（2014）认为过度负债是萧条产生的重要因素。

② 辜朝明（2008）所讨论的日本所经历的资产负债表衰退，一个必要因素也是过度负债。

③ 阿代尔·特纳（2016）认为，全球金融危机爆发后全球经济持续疲软，杠杆率太高所导致的债务积压是主要原因。

④ 辜朝明 . 大衰退：如何在金融风暴中幸存和发展 [M]. 北京：东方出版社，2008.

⑤ 在互保联保风险严重的地区，一定程度上存在这种现象。

⑥ 其他资产，比如贵金属、艺术品，甚至郁金香和君子兰都可能出现资产泡沫，但由于该类资产市场的规模远远小于房地产市场和股票市场，通常不用重点关注这些资产的泡沫。

⑦ 见 Baumol（1990）。

⑧ 从行业视角看，非生产性活动包括律师行业和金融业，见 Kevin M. Murphy，Andrei Shleifer，Robert W. Vishny（1991）。

沫病既指资产泡沫，也指行业报酬结构的严重失衡。

泡沫病对于经济增长的破坏主要有两方面的机制。一方面，由于房地产、股票等资产的高收益率，非生产性行业的高回报，会出现明显的“虹吸效应”，使得包括企业家才能、资本、人才等各类创新要素“脱实向虚”，更多地倾向于配置到非生产性活动而不是生产性活动，不利于创新和经济可持续增长。另一方面，规模较大的泡沫，特别是有杠杆或债务支撑的泡沫，一旦破灭，将会诱发大规模金融风险。与此同时，资产泡沫破灭后幸存的经济主体，也很可能陷入债务积压状态，导致债务病。

4. 利润病

利润病的本义是指企业无利可图的一种情况，也称“萧条”[①]。本文中，利润病更多是指这样一种状态，即实体经济投资收益率的大幅下滑或经济体中存在相当比例的亏损企业。典型的利润病是实体经济收益率低，它与生产过剩或产能过剩相关。生产过剩导致产品价格下降，由于其他成本的黏性，从而使得企业效益大幅下滑。值得注意的是，一旦存在严重的生产过剩，容易陷入过剩循环，即生产过剩——削减生产——失业增加或收入下降——需求下降——生产过剩。货币病、债务病及泡沫病也会导致利润病。另一种特殊的利润病是僵尸企业的大量存在，它导致经济体中存在相当比例的亏损企业。

利润病的危害在于无法形成正向的盈利预期。对于企业而言，利润最大化是其投资或创新的原动力。在缺乏盈利预期的情况下，企业的投资及创新活动会受到严重抑制，甚至导致大量的资本撤出生产性领域，从而削弱经济增长的基础。

（五）经济生态与持久战

引入经济生态，是为了弥补“后发优势—体制可改革性”框架的不足，以便更好地解释持久战为什么在过程上具有长期性，在实践层

① 欧文·费雪．繁荣与萧条 [M]. 北京：商务印书馆，2014，第 7 页。

面需要一整套战略战术的支撑。

经济生态一旦遭到污染，短期内便难以修复。正所谓“病来如山倒，病去如抽丝”。无论是债务病、泡沫病、货币病还是利润病，短期内都难以根治。在存在较强后发优势和体制可改革性的前提下，严重经济污染的存在意味着在前景光明的同时，持久战的过程还具长期性和艰巨性。

经济生态的修复需要体制可改革性。经济污染通常有其制度根源。中国存在的产能过剩与财税体制、官员激励机制及环境保护体制所存在的缺陷相关，僵尸企业的大量存在与国有企业改革、国有银行改革和社会保障体系建设滞后相关。显然，维持体制可改革性，改革导致经济污染的制度或体制，是治理经济污染，优化经济生态的重要手段。一定程度上，维持体制可改革性，就是为了持续营造和维护一个良好的经济生态。不过，考虑到经济污染常常受短期宏观调控政策或诸如外部环境变化等其他因素的影响，制度改革并不能解决经济污染的全部，至少在一个较短的时间范围内如此。为此，除了改革，还需要有其他措施，比如“调整”和“调控”。

经济生态的修复或经济污染的有效治理，并不是只要给予充足的时间便可以自动达成的。实际上，在治理经济污染的过程中，若处理不当，不但不能得到有效治理，还可能陷入恶性循环，导致更严重的经济污染。比如，针对生产过剩或产能过剩的治理，可能陷入越治理过剩程度越严重的恶性循环[①]。再如，对于债务病的治理，如果经济主体均启动债务清偿模式，且伴随货币病（价格指数的下降），则很可能导致债务越清偿越多的情形，即债务—通缩循环[②]。此外，如果观察近年来的实际情况，若从债务病、泡沫病和利润病等经济污染的严重程度看，中国的经济生态也在一定程度上存在此类问题。

① 欧文·费雪（2014）和余永定（2016）分别阐释了生产过剩恶性循环的两种机制。其中，欧文·费雪（2014）阐释了“生产过剩—减少生产—失业增加及收入减少—需求降低—生产过剩”这一循环机制。余永定（2016）则阐释了“产能过剩—价格指数下降—利润降低—贷款减少—投资需求下降—产能过剩”这一循环机制。

② 见欧文·费雪（2014）。

总之，在存在较强后发优势和体制可改革性的前提下，经济污染治理的复杂性决定了持久战需要一整套主动的战略战术的安排，而非一味地“熬”。

（六）政治生态与政治污染

政治—经济生态既包括经济生态，也包括政治生态与经济生态的联结部分。良好的政治—经济生态也必然意味着需要一个良好的政治生态。那么，对于经济增长而言，什么是良好的政治生态，它应该具有哪些特征呢?

简单地讲，一是要有利于各类经济主体将注意力和资源更多地配置到生产性活动，而非寻租等非生产性活动中。换言之，要有廉洁从政的良好环境。二是要有利于维持体制可改革性，这意味着要有使干部“不待扬鞭自奋蹄”的正向激励机制。

与良好政治生态相对应的是不好的政治生态或存在比较严重污染的政治生态。毫无疑问，腐败是最需要关注的政治污染。无论是对于促进微观经济主体将注意力和资源更多配置到生产性活动中而言，还是对于维持体制可改革性而言，均是如此。在腐败蔓延的政治生态下，企业主倾向于以行贿、“打点关系”等方式来获取回报，致力于分配社会财富，而非努力通过创新等生产性活动创造财富。

除此之外，部分干部不作为也是需要关注的政治污染。它在一定程度上反映了正向激励机制的缺失或失效。前文已述，体制可改革性的维持和改革的不断推进，既需要领袖政治家为改革创造好的宏观环境，也需要一般政治家或具有政治家才能的广大干部在实践中的积极探索。换言之，“有为干部”是体制可改革性得以维持的微观基础。同时，“战略上坚持持久战”，贯彻执行的主体还是广大干部。可见，干部不作为对维持体制可改革性和持久战战略的有效实施都会产生影响。

为此，一方面，需要从严治党，坚定地进行反腐败；另一方面，需要重塑新的激励机制，有效治理“不作为”，净化政治环境，进而营造一个良好的政治—经济生态。

六、结论：反转、长期衰退还是持久战

至此，我们已经建立了一个包含后发优势、体制可改革性与政治—经济生态三个维度的分析框架。

其中，后发优势是客观存在的，它是发展潜力；体制可改革性和政治—经济生态在一定程度上则是可变的，它们决定了后发优势所蕴含潜力的释放。此外，体制可改革性在一定程度上决定于政治—经济生态。

借助这一框架，我们便可解释中国经济既不会实现快速反转，也不会陷入长期衰退，而是会经历一场前景向好但过程曲折的持久战。在我们的框架中，对于一个正在经历增速下行的经济体而言，其增长前景取决于三个因素：后发优势、体制可改革性和政治—经济生态。这三个因素的不同组合分别意味着不同的发展前景（见表1–3）。

表1–3　关于经济前景的三种可能性

经济前景	后发优势	体制可改革性	政治—经济生态
反转	强	强	好
长期衰退	弱	弱	坏
	强	弱	坏
持久战	强	强	坏

若同时具备较强后发优势、较强体制可改革性和良好政治—经济生态，当期的经济下行便是暂时的，经济可以在短期内实现“反转”并继续保持良好发展态势。在这种情景下，“反转论”是成立的。

若既没有多少后发优势，又不具备体制可改革性，政治—经济生态也差，那么，当期的经济下行便不是暂时的，而是会持续并陷入长期停滞。即便依靠短期大规模刺激政策实现“反转”，也仅仅是昙花

一现，不但不能改变长期衰退的最终命运，甚至还会导致长期衰退持续时间的延长或增长速度更慢。此外，即便具备很强后发优势，但若既缺乏体制可改革性，政治—经济生态又差，经济也会陷入长期衰退。在以上两种情形下，长期衰退的观点是成立的。

若同时具有较强后发优势和体制可改革性，但政治—经济生态较差，当期经济下行既不意味着短期内会“反转”，也不意味着将陷入长期衰退，而是会在经历一个阶段痛苦的调整期后，重启新一轮持续较快增长。

当前的中国仍具有较强的后发优势，且能够保持较强的体制可改革性，但短期政治—经济生态有待改善。这就决定了我们应在“战略上坚持持久战”，而不是希冀有一种“灵丹妙药”可以实现经济快速反转，也不应过分担心会陷入长期衰退。当然，值得警惕的是，若政治—经济生态长期得不到改善，体制可改革性便会丧失，那样的话，中国经济真的有陷入长期衰退的风险。

参考文献

［1］阿代尔·特纳.债务与魔鬼：货币、信贷和全球金融体系的重建［M］.北京：中信出版社，2016.

［2］丹尼·罗德里克.当观念超越利益：偏好、世界观与政策创新［J］.比较，2014（2）.

［3］道格拉斯·诺思.经济史中的结构与变迁［M］.上海：上海三联书店，1994.

［4］道格拉斯·诺思，罗伯特·托马斯.西方世界的兴起：新经济史［M］.北京：华夏出版社，1989.

［5］邓小平文选（第三卷）［M］.北京：人民出版社，1994.

［6］弗朗西斯·福山.国家构建：21世纪的国家治理与世界秩序［M］.北京：中国社会科学出版社，2007.

［7］辜朝明.大衰退：如何在金融风暴中幸存和发展［M］.北京：

东方出版社，2008.

［8］郭庆旺，贾俊雪.中国全要素生产率的估算：1979—2004［J］.经济研究，2005（6）：51-60.

［9］赫尔普曼.经济增长的秘密［M］.北京：中国人民大学出版社，2007.

［10］华生，罗小朋，张学军，边勇壮.改革开放三十年回顾中国奇迹的真正原因［J］.中国商界，2009（1）：22-25.

［11］拉古拉迈·拉詹，路易吉·津加莱斯.从资本家手中拯救资本主义［M］.北京：中信出版社，2004.

［12］李宾，曾志雄.中国全要素生产率变动的再测算：1978—2007年［J］.数量经济技术经济研究，2009（3）：3-15.

［13］李剑阁."两民主义"威胁改革［J］.英才，2015（8）8：118.

［14］李伟.适应新常态迈向新阶段［N］.人民日报，2014年12月29日。

［15］林毅夫.后发优势与后发劣势——与杨小凯教授商榷［J］.经济学（季刊），2003（7）：989-1004.

［16］林毅夫.新结构经济学：反思经济发展与政策的理论框架［M］.北京：北京大学出版社，2012.

［17］林毅夫.解读中国经济（增订版）第二版［M］.北京：北京大学出版社，2014.

［18］林毅夫，蔡昉，李周.中国的奇迹：发展战略与经济改革（增订版）［M］.上海：格致出版社，2014.

［19］林毅夫，任若恩.东亚经济增长模式相关争论的再探讨［J］.经济研究，2007（8）：4-12.

［20］刘鹤.两次全球大危机的比较研究［J］.比较，2012（5）.

［21］刘世锦.增长速度下台阶与发展方式转变［J］.经济学动态，2011（5）：3-9.

［22］刘世锦，刘培林，何建武.中国未来生产率提升潜力与经济

增长前景［J］. 管理世界，2015（3）：1–5.

［23］罗伯特·巴罗，哈维尔·萨拉伊马丁.经济增长［M］. 北京：中国社会科学出版社，2000.

［24］罗伯特·巴罗.经济增长的决定因素：跨国经验研究［M］. 北京：中国人民大学出版社，2004.

［25］曼库尔·奥尔森.国家兴衰探源：经济增长、滞胀与社会僵化［M］. 北京：商务印书馆，1999.

［26］欧文·费雪.繁荣与萧条［M］. 北京：商务印书馆，2004.

［27］威廉·鲍莫尔，罗伯特·利坦，卡尔·施拉姆.好的资本主义，坏的资本主义［M］. 北京：中信出版社，2008.

［28］吴敬琏.制度重于技术［M］. 北京：中国发展出版社，2002.

［29］吴敬琏.中国经济60年［J］. 财经，2009（20）.

［30］吴敬琏.当代中国经济改革教程［M］. 上海：远东出版社，2010.

［31］吴敬琏.中国改革的未来方向［J］. 商周刊，2013（18）：80–83.

［32］熊彼特.经济发展理论：对于利润、资本、信贷、利息和经济周期的考察［M］. 北京：商务印书馆，1991.

［33］余永定.余永定：我为什么主张出台新刺激政策［EB/OL］2016年2月9日.http：//economy.caixin.com/2016年02月09日/100908349.html

［34］张健华，王鹏.中国全要素生产率：基于分省份资本折旧率的再估计［J］. 管理世界，2012（10）：18–30.

［35］张军.危机、改革与中国的长期增长［N］. 东方早报，2013年5月7日。

［36］张军.重视经济体制的可改革性［N］.解放日报，2014年3月13日。

［37］张少华，蒋伟杰.中国全要素生产率的再测度与分解［J］. 统计研究，2014（3）：54–60.

［38］张五常.中国的经济制度［M］. 北京：中信出版社，2012.

［39］赵昌文，朱鸿鸣.从攫取到共容：金融改革的逻辑［M］.北京：中信出版社，2015.

［40］郑永年.利益逻辑与中国改革的困局［J］.领导文萃，2013（16）：25-29.

［41］周其仁.改革的逻辑［M］.北京：中信出版社，2013.

［42］周其仁.中国做对了什么：回望改革、面对未来［M］.北京：北京大学出版社，2010.

［43］朱镕基.朱镕基讲话实录（第一卷）［M］.正确处理改革、发展和稳定的关系，北京：人民出版社，2011年9月。

［44］Barro. Robert. J and Xavier Sala-i-Martin，1992，“Convergence”，Journal of Political Economy 100：223-258.

［45］Douglas North，1971，Institutional Change and American Economic Growth”，Cambridge University Press，1971，130-149.

［46］Kuznets，Simon，1966，“Modern Economic Growth”，New Haven：Yale University Press.

［47］Kehoe，Timothy J.，and Kim Ruhl，2010，“Why Have Economic Reforms in Mexico Not Generated Growth？”，Journal of Economic Literature，48（4）：1005-1027.

［48］Kevin M. Murphy，Andrei Shleifer，Robert W. Vishny，1991，“The Allocation ofTalent：Implications for Growth”，The Quarterly Journal of Economics Vol. CVI，PP503-530.

［49］Lee J. Alston，Marcus André Melo，Bernardo Mueller，Carlos Pereira，2016，“Conceptual Framework for Understanding Critical Transitions”，NBER Working Paper No. 22144，April.

［50］Mokyr，Joel，1990，“The Lever of Riches：Technological Creativity and Economic Progress”，New York：Oxford university press，Inc.

［51］Paul Romer，1986，“Increasing Returns and Long-Run Growth”，Journal of Political Economy，94（5）：1002-1037.

［52］Paul Romer，1990，“Endogenous Technological Change”，

Journal of Political Economy, 98（5）: 71-102.

[53] Robert Solow, 1957, “Technical Change and the Aggregate Production Function ”, Review of Economics & Statistics, 39（3）: 312-320.

[54] Robert Lucas, 1988, “On the Mechanics of Economic Development”, Journal of Monetary Economics, vol. 22, issue 1, pages 3-42.

[55] Rosenberg, N., 1982, “Inside the Black Box: Technology and Economics”, Cambridge University Press.

[56] William J Baumol , 1990, “Entrepreneurship: Productive, Unproductive, and Destructive”, Journal of Business Venturing, Vol.11（1）, PP3-22.

[57] Wing Thye Woo, 2012, “China meets the middle-income trap: the large potholes in the road to catching-up”, Journal of Chinese Economic and Business Studies, 10: 4, 313-336.

[58] Wolf, Martin, 2011, “How China Could Yet Fail Like Japan”, Financial Times, June 14.

[59] Xiaodong Zhu, 2012, “Understanding China’s Growth: Past, Present, and Future”, The Journal of Economic Perspectives, Vol. 26, No. 4, PP103-124.

[60] Douglass North, 1990, “Institutions, Institutional change, and Economic Performance”, Cambridge, Cambridge Press.

第二章　论稳中求进[①]

党的十九大报告提出，党的十八大以来的5年，是党和国家发展进程中极不平凡的5年。面对世界经济复苏乏力、局部冲突和动荡频发、全球性问题加剧的外部环境，面对我国经济发展进入新常态等一系列深刻变化，我们坚持稳中求进工作总基调，迎难而上，开拓进取，取得了改革开放和社会主义现代化建设的历史性成就。2017年12月18至20日召开的中央经济工作会议强调，中国经济取得今天举世瞩目的成绩，靠的就是“坚持正确工作策略和方法，稳中求进，保持战略定力、坚持底线思维，一步一个脚印向前迈进”，在“稳”住经济运行同时，在深化改革开放和调整结构上求“进”。“稳中求进工作总基调是治国理政的重要原则，要长期坚持”。2018年是决胜全面建成小康社会、实施“十三五”规划承上启下的关键一年。未来一个时期，中国还要按照现代化“两步走”战略，开启全面建设社会主义现代化国家新征程，任务艰巨、情况复杂，更需要冷静地看大局、明大势，坚持稳中求进工作总基调。

---

① 本文主要内容发表于《学习时报》，2017 年 11 月 8 日。

当前，社会上对于稳中求进工作总基调仍存在认识不到位、不准确、不全面的问题，特别是在“什么是稳中求进”“为什么要稳中求进”“为什么能稳中求进”等基本问题上，存在不少偏差甚至认知误区。在国际环境日趋复杂多变、经济社会领域中诸多矛盾叠加、风险隐患增多背景下，对稳中求进认识的不到位、不准确、不全面很容易导致贯彻落实中的不彻底、不坚定，可能会对全面建成小康社会和全面建设社会主义现代化国家“两步走”战略带来负面影响。为此，有必要从理论上系统地回答以上关于“稳中求进”的基本问题，全面、辩证地理解稳中求进的内涵，破除认识误区，为自觉坚持稳中求进这一治国理政的重要原则和经济工作的方法论夯实认识基础。

一、稳中求进的核心要义

“稳中求进”的概念最早是在2011年12月的中央经济工作会议上提出来的，其被定为2012年我国经济工作的总基调。此后中央有关文件多次使用了稳中求进的表述。按照其内在逻辑，可以从什么是稳、什么是进以及稳与进的关系等几个方面对中央文献关于稳中求进的论述进行理解。

首先，什么是稳？要稳什么？主要有稳住经济运行，稳定社会大局，经济政策要稳、运行环境要稳、社会预期要稳。

其次，什么是进？要进什么？主要有深化改革开放和调整结构；从化解当前突出矛盾入手，构建长效体制机制、重塑中长期经济增长动力；努力提高经济运行质量和效益。

最后，稳与进的关系是什么？主要有：（1）稳和进有机统一、相互促进。经济社会平稳才能为深化改革开放和经济结构调整创造稳定的宏观环境。要继续推进改革开放，为经济社会发展创造良好预期和新的动力。（2）稳是主基调，稳是大局，在稳的前提下要在关键领域有所进取，在把握好度的前提下奋发有为。（3）战略上要坚持稳中求进，搞好顶层设计，把握好节奏和力度，久久为功。战术上要抓落实、干实事，注重实效，步步为营，一仗接着一仗打。（4）稳是主基调，要在保持大局稳定的前提下谋进。稳中求进不是无所作为，不是强力维稳、机械求稳，而是要在把握好度的前提下有所作为，恰到好处，把握好平衡，把握好时机，把握好度。

除了经济工作，习近平总书记在谈到其他方面工作时，也使用过“稳中求进”的表述。如“要围绕实现党在新形势下的强军目标，贯彻新形势下军事战略方针，坚持稳中求进工作总基调，深入推进政治建军、改革强军、依法治军”[①]等。

习近平总书记的讲话和中央文献中关于稳中求进的论述，为我们深化认识和理解这一治国理政的重要原则和经济工作的方法论指明了方向，从而可以从总体上更好地把握稳中求进的核心要义。

进一步理解“稳中求进”，我们可以对其进行分解并分别进行考证，这样，至少可分为“稳”“进”和“求”三个基本元素。

从甲骨文的考证来看，“稳”字，由禾和急组成，其意为像禾苗生长一样，不知不觉，不急不躁；“进”（進）字的寓意，表示追鸟；“求”，索也。《现代汉语大词典》对“稳”的解释是，安定，固定。对“进”的解释是，向前或向上移动、发展，与“退”相对；对“求”的解释是，设法得到，求生，求成，求知，求索。

从哲学层面看，与稳相近的一个概念是平衡或和谐。平衡是一切客观存在的物体在变与不变的矛盾运动过程之中所形成的一种稳定状态；和谐是事物在发展变化中的一种有序状态。与进相近的一个概念是前进和上升，前进是指平面的、横向的进步与发展，上升则指的是立体的、纵向的进步与发展，有时候也用螺旋式前进或上升的表述，由此理解两者之间的差异并不是很大。

从经济学理论看，稳是一种均衡，是在一定条件下形成的市场均衡；进是一种非均衡，是从低水平均衡到更高水平均衡的一个过程。

关于“求”，毛泽东同志在《改造我们的学习》中曾经指出：“实事”就是客观存在着的一切事物，“是”就是客观事物的内部联

① 习近平春节前夕视察驻张家口部队 向全军指战员武警部队官兵民兵预备役人员致以新春祝福，《光明日报》，2017 年 1 月 26 日第 1 版。

系，即规律性，“求”就是我们去研究。[①]

当然，简单地咬文嚼字是不行的，我们必须完整地、系统地、全面地，而不是教条地、机械地、局部地理解“稳中求进”的内涵。

第一，理解稳中求进要有“时间逻辑”。这个时间，既不是无限的长，也不是非常的短。因为，从很长的一个时间周期看，稳是可以自然达成的，甚至不需要什么太多的努力。同样，在一个很短的时间内，强调稳中求进也是意义不大的，它并不能反映出从稳到进这样一个变化过程。

第二，理解稳中求进要有“空间逻辑”。这个空间，可以是全国，也可以是一个省、市或者更低层级，但绝不能简单地、机械地要求每一个行政单元都稳中求进，这是典型的教条主义。这个空间，可以是经济，也可以是社会甚至文化领域，但绝不能抽象地、笼统地要求这些领域的每一件事都稳中求进，这是典型的形式主义。

第三，理解稳中求进要有“辩证逻辑”。稳中求进是动态的、变化的，今天需要稳的事情和明天需要稳的事情可能并不一样，同样，今天需要进的方面和明天需要进的方面也许也不相同。最重要的，不能简单地切割，“稳”和“进”是辩证统一的，要作为一个整体来把握。稳中求进是一种和谐状态，是一种结构合理、力量平衡、秩序井然的动态平衡。

二、稳中求进的哲学及社会经济基础

稳中求进的哲学及社会经济基础，实际上讨论的是“为什么能够稳中求进”的问题。

（一）稳中求进的哲学基础

稳中求进是对马克思主义哲学认识论和方法论的巨大贡献。

一是稳中求进反映了量变和质变的关系。质量互变规律是唯物辩证

① 毛泽东选集第二版（第三卷）[M]. 北京：人民出版社，1991，第 801 页。

法的基本规律之一。它揭示了事物发展量变和质变的两种状态，以及由于事物内部矛盾所决定的由量变到质变，再到新的量变的过程。事物的发展，都是质变和量变的统一、连续性和阶段性的统一。稳中求进正是体现这一规律的原则和方法。正确理解这一关系，要坚持两个方面。一方面，如果没有建立在一定基础上的稳，就不可能有进的前提。“故不积跬步，无以至千里；不积小流，无以成江海”反映的就是这个道理。要坚持适度原则，要注意分寸，掌握火候；要重视量的积累，不可急于求成，揠苗助长；要在稳的过程中，利用好这样一个机会，解决当前的矛盾和问题，从而为更好、更可持续的进创造条件。另一方面，如果没有进，就不会有发展，就不能为新的量变开辟道路。要抢抓机遇，要有大胆改革突破的勇气和敢于破旧立新的精神。

二是稳中求进反映了认识与实践或知与行的关系。稳中求进，体现着认识与实践、知与行的关系。哪些需要稳，哪些需要进，是认识论，是知；如何稳，如何进，是实践论，是行。我们经常说，知易行难。其实，知也是不易的，特别是当我们遇到过去从来不曾遇到的新情况、新问题的时候，怎么了？怎么看？都是摆在我们面前的问题。知是发现事物的本质，认识现象背后的规律。孙中山先生曾经讲过，“行之非艰，而知之惟艰”，若果有了“真知”的指导，“则行之决无所难”①。尽管如此，行自然也不易，“怎么干”经常考验着决策者的智慧和能力。知与行都是执政能力。一路走来，中国共产党的执政能力，正是体现在对社会主义建设规律、共产党执政规律、人类社会发展规律深刻认识和不断践行的基础上。稳中求进中的求，就是引领，稳需要引领，进需要引领，从稳到进更需要引领，而引领是需要能力的。

三是稳中求进反映了重点与两点的关系。重点与两点就是既要同时看到主要矛盾和次要矛盾、矛盾的主要方面和次要方面之间的辩证关系，也要分清主次，抓住主要矛盾和矛盾的主要方面。稳与进的关

① “孙文学说”序言，孙中山选集 [M]. 北京：人民出版社，1956，第 18 页。

系是一种求实思维，体现在各种约束条件下争取最好的结果，这就是抓主要矛盾和矛盾的主要方面，就是重点论；稳与进的关系是一种战略思维，反映了对人类社会发展规律的深刻总结，也是应对未来发展中各种不确定性的一种审慎安排，这就是辩证法，是两点论。但是，这里的重点与两点，不同于过去，而是对传统发展观的一种扬弃。中国特色社会主义进入新时代，情况不同，问题不同，要求也不同。“高质量发展”需要有新的指导思想和战略安排。我们知道，自行车骑得越慢，平衡越难，稳定越难，停下来更是会倒下去。高速增长期，很多矛盾和问题都会被掩盖，或者相对容易化解，但进入新常态以后，速度降下来了，各种关系就更加难以处理，平衡就更加难以保持。我们不能用0.5的思维方式去治理一个2.0的世界。

四是稳中求进反映了底线与愿景的关系。底线是我们现在愿意并且能够承受的代价，愿景是我们对于未来的追求和向往。从底线思维看，稳，首先是社会有序。古今中外，一个折腾的社会是无法推动发展的，稳首先要求“不折腾”。今天的中国，作为一个致力于和平崛起的大国，必须争取和平的国际环境和稳定的国内环境，集中精力做好自己的事情。从愿景看，我们希望中国经济持续稳定发展，社会和谐稳定，也愿意“为解决人类问题贡献中国智慧和中国方案”，促进“建设持久和平、普遍安全、共同繁荣、开放包容、清洁美丽的世界”。所以，稳中求进体现着波普尔乐观主义的哲学思想，既有“前途是光明的”的基本判断，同时也有“道路是曲折的”的理性认识。只有这样，中国特色社会主义现代化国家建设的巨轮才能乘风破浪、行稳致远。

五是稳中求进反映了手段与目标的关系。稳与进互为手段与目标。进要建立在稳的基础上，稳是手段，进是目标；稳要建立在进的基础上，进是手段，稳是目标。一直以来，我们不断地在思考和探索改革、发展与稳定的关系，经常在问，谁是手段？谁是目标？其实，背后的道理是一样的。发展是硬道理，是解决所有问题的关键；改革是动力，是社会主义制度的自我完善；稳定是前提，发展和改革必须要有稳定的政治和社会环境，否则，一切无从谈起。它们之间互为目标、互为手段。我们需要做的是，保持改革、发展和稳定在动态中的相互协调和相互促进，这就是坚持稳中求进的工作总基调。

（二）稳中求进的社会经济基础

虽然稳中求进有更加丰富的内涵，但在经济上至少有一个目标是能“稳住经济运行”。一直以来，有一种错误观点——中国经济“硬着陆论”——认为，中国很难稳住经济运行，不能稳中求进。在2017年以来中国经济稳中向好的情况下，“硬着陆论”仍在一定范围内流行，根源在于忽视了中国的三大核心优势，即后发优势、体制可改革性优势和大国优势。纵观全球经济发展史，经济可持续发展总体上靠技术进步和制度革新的双轮驱动。后发优势将在一个较长时期内构成中国技术进步和产业升级源源不断的潜力。体制可改革性优势为制度革新提供最重要的保障，使后发优势所蕴含的潜力得以释放。大国优势则意味着较强抗风险能力，充足的“试错”空间，为发挥后发优势和体制可改革性优势创造条件。

一是稳中求进有后发优势的支撑。中国已成为全球第二大经济体，但仍属于发展中经济体。从购买力平价看，2015年中国人均GDP为10563国际元（麦迪森国际元，1990年不变价），为美国同期水平的32%。从现价美元看，2016年中国人均GDP为8167美元，刚超过美国同期水平的1/7。人均GDP的巨大差距意味着中国的技术、产业平均水平与世界技术、产业前沿仍有明显差距，仍具较强后发优势并蕴含了较大增长空间。即便世界技术、产业前沿拓展速度显著降低，后发优势的存在也可以保障中国具有保持相对较快技术进步速度的潜力。关于后发优势能否有效支撑稳中求进，可能会有两种不同的看法。第一种观点认为，后发优势仅仅是一种潜力，有谁能够保证它一定会释放出来呢？而且，比中国更具后发优势的撒哈拉以南经济体的发展绩效并不好。这种观点的错误在于忽略了中国的体制可改革性优势，忽视了中国全面深化改革和对外开放的决心、能力和智慧。最近，我在非洲一些国家的调研更加强化了已有的认识，一个国家政党、政府是否具有稳定强大的执政能力、与时俱进的创新能力是其发展的先决性条件，中国的全面深化改革和构建开放型经济新体制将可以确保未来相当长一个时期后发优势所蕴含的潜力不断释放。第二种观点认为，与成功追赶型的较小型经济体不同，超大经济体后发优势的释放会受制于全球需求空间，中国块头太大，国际市场难以容纳后发优势的充分释放。这种观点的错误在于，既没有认识到大国本身的内需可以构成巨大支撑；也没有认识到中国正致力于推动全球包容性增长。以共商、共建、共享为原则，以开放包容为特征，以互利共赢为追求的“一带一路”倡议正是中国希望通过促进全球增长特别是发展中经济体的共同发展来实现自身发展的集中体现。

二是稳中求进有体制可改革性优势的保障。流水不腐、户枢不蠹。制度唯有不断革新才能适应经济发展的需要。一方面，受特定利益群体的影响，任何一种制度本身都可能存在蜕化的自然倾向。另一方面，有益于过往发展阶段的制度不一定能够适应新的变化了的环境。与世界主要经济体相比，中国在体制可改革性方面表现出了明显优势。首先，中国具有强烈的改革意识。改革没有完成时，只有进行时，这在全体中国人的脑海中打下深深烙印。其次，政治生态的净化为改革提供了好的环境。改革的探索或实施需要有为干部，需要政治领域的企业家。反腐的深入推进，风清气正的从政环境的营造，有利于将领导干部的精力吸引到推动制度创新上，有利于形成改革者上、不改革者下的良好氛围。最后，当前遇到的矛盾和挑战也有利于进一步凝聚改革共识。古今中外的改革实践表明，改革共识较难形成的重要原因之一是受到不当观念的束缚。这些根深蒂固的观念，只有通过实践的演进和现实的教育才能得以打破。随着经济发展进入新常态，影响我国经济社会发展的体制机制因素的弊端越来越充分地展现在人们面前，改革的必要性和方向也就不言自明了。

三是稳中求进有大国优势的护航。首先，大国抗风险能力较强。由于经济体量大，内部市场大，在外部冲击下，通常具有更大的回旋余地，经济波动性相对较小。只要宏观经济政策不出现重大失误，中国完全能够应对和承受各类风险冲击。其次，大国有利于释放后发优势。后发优势释放不是对国外技术和商业模式的简单照搬，也伴随着大量的创新。总体而言，大国的创新生态相对较好。庞大的经济规模及其伴随的多样性，为初创企业挑战现有的大企业留下了更大的空间，保障了较强的企业纵向流动性，即创新型企业从小变大的可能性。最后，大国在体制可改革性方面更具优势。当改革本身蕴含较大风险时，大国的幅员辽阔为改革试点提供了广阔的"试错"空间，有利于通过试点总结经验，控制风险，降低成本。党的十一届三中全会以来，中国之所以保持了较强的体制可改革性，正是由于充分利用了大国优势，通过地方或局部改革试点实现了对改革风险及成本的有效管理。此外，一定程度上讲，地区经济绩效的差异也是制度或制度环境之间的差异。这有利于识别"好的制度"（有利于经济持续增长的制度）和"不好的制度"（不利于经济持续增长的制度），从而推动"不好的制度"的改革。

三、稳中求进的实践要求

稳中求进工作总基调是习近平新时代中国特色社会主义思想的重要组成部分，是治国理政的重要原则，也是做好经济工作的方法论。过去5年，党和国家事业之所以取得历史性成就，主要原因就在于"我们坚持稳中求进工作总基调，迎难而上，开拓进取"。虽然一段时间以来，有人认为稳中求进工作总基调已过时，不用再提了，但中央进一步明确，稳中求进工作总基调是治国理政的重要原则，要长期坚持。那么，实践中我们如何才能自觉坚持、真正做到稳中求进呢？

（一）自觉坚持稳中求进工作总基调要抓主要矛盾和矛盾的主要方面

自觉坚持稳中求进工作总基调，首先要在千头万绪的工作中明确"稳"什么、"进"什么。这就需要识别和抓住主要矛盾和矛盾的主要方面，根据世情国情变化及时把握主要矛盾、矛盾的主要方面的运动与变化。

未来3年是全面建成小康社会的决胜期，最重要的任务是确保全面建成小康社会目标如期实现。在过去5年历史性成就基础上，只要未来3年不发生经济硬着陆和重大社会风险，全面建成小康社会目标必将如期实现。因此，当务之急是防范化解重大风险，守住不发生系统性风险的底线。这就是决胜期“稳”的内涵，稳的主攻方向。为此，坚持稳中求进工作总基调就需要调动地方政府、金融管理部门、金融机构、国资管理部门、司法体系等各方力量防控金融风险和地方政府债务；完善促进房地产市场平稳健康发展的长效机制，保持房地产市场调控政策连续性和稳定性；加强基本民生保障，及时化解社会矛盾。

我国社会主要矛盾已经转化为人民日益增长的美好生活需要与不平衡、不充分的发展之间的矛盾，我国经济已经转向高质量发展阶段，推动高质量发展是当前和今后一个时期确定发展思路、制定经济政策、实施宏观调控的根本要求。这是把握“进”的主攻方向的根本遵循。当前制约转向高质量发展，影响平衡、充分发展的因素主要是三个重大结构性失衡，即实体经济内部供需结构失衡、金融与实体经济失衡、房地产与实体经济失衡。三大失衡阻滞了正常的经济循环，降低了经济内在活力，累积了金融风险和社会风险。为此，“进”就是要在推动实体经济内部供需结构再平衡、金融与实体经济再平衡、房地产与实体经济再平衡方面的“进”；就是要在供给侧结构性改革，清理僵尸企业、推动结构调整、增加有效供给方面的“进”；就是要在抑制资金空转、要素脱实向虚、提升金融有效供给能力方面的“进”；就是要在建立多主体供给、多渠道保障、租购并举的住房制度，促进金融与房地产良性循环，抑制房地产泡沫化方面的“进”。

（二）自觉坚持稳中求进工作总基调要有一整套战略战术安排

自觉坚持稳中求进工作总基调，难点在于怎样“稳”、怎样“进”、怎样处理好“稳”与“进”的关系。这需要一整套战略战术安排，来确保实现“稳”和推动“进”以及两者的矛盾统一。这套战略战术安排，核心就是保持战略定力、坚持底线思维，一步一个脚印向前迈进，就是“战略上坚持持久战、战术上打好歼灭战”。

一是战略上坚持持久战。在战略上，“稳”主要是保持战略定力，要反对冲动蛮干、急于求成，要懂得过犹不及的道理，持中守正把握好工作的节奏和力度。老一辈经济学家马洪在总结中华人民共和国成立后经济工作经验教训时谈到“20多年来我们的几次大的折腾，都是和这种速成论有关的……这种速成论，特别是领导人员中的这种思想，对我们的经济工作所起的危害作用，实在太大了，应该作为沉痛的教训，引以为戒”。站在我国经济由高速增长阶段转向高质量发展阶段的历史方位，更是要摆脱速度情结，要认识到速度高一点低一点并不是判断经济发展成绩、全面建成小康社会成效的根本标准，关键是要高质量、可持续发展，关键是要解决好人民群众真正关心的困难和问题。为此，在防风险任务重、结构调整难度大的背景下，需要以退为进、退一步进两步，适度降低对增速目标的要求，为防风险、调结构、促改革留出更大的腾挪余地。

二是要在战术上坚持歼灭战。在战术上，“进”主要是要打歼灭战，坚持“伤其十指不如断其一指”，在治理三大失衡方面有实质性突破，而非仅仅有所抑制或减缓。具体而言，需要在识别出“牵一发而动全身”的关键环节，集中财政、税收、金融、改革、舆论、社会等各方面的力量，集中力量打好攻坚战，要避免四面出击、分兵把口、顾此失彼、陷于被动。为保证集中力量，还需要在考核体系上予以保障。以经济领域为例，在推进去产能、清理僵尸企业、去杠杆过程中，要保证集中力量打歼灭战，就需要放宽短期内对增速目标的考核。

三是坚持阶段论。稳与进是一对矛盾，要确保两者统一，以稳求进，以进促稳，关键是有时间逻辑和阶段思维，在一个时期内而非每个时刻求得两者辩证统一。在经济工作领域，阶段论就是：阶段划分，区别对待；以短期换长期，以速度换效益。其中，阶段划分、区别对待是前提，短期换长期是目的，速度换效益是路径。所谓“阶段划分、区别对待”，是指根据经济工作中主要矛盾和次要矛盾，矛盾主要方面与次要方面的变化，将一个时期划分为不同战略阶段，并赋予其不同的战略目标和战术安排。“以短期换长期”是指以各个政策目标的短期不平衡换取长期平衡。“以速度换效益”是指降低增速目标，赢得调整或治理经济污染的空间，提升增长质量和可持续性，推动高质量发展。

（三）自觉坚持稳中求进工作总基调需要有为干部

坚持稳中求进工作总基调，根本依靠是广大有为干部。一分部署、九分落实。政治路线确定之后，干部就是决定的因素。要使党政干部在工作中自觉坚持稳中求进工作总基调，需要有思想、能力和体制机制方面的保障。

一是要使干部树立牢固的稳中求进思想意识。在不少干部仍然存在根深蒂固的速度情结、只希望和习惯于“进”的情况下，要坚持稳中求进，首先需要做大量说服工作。毛泽东同志当年在论述战略退却的困难时，曾谈到“在干部和人民还没有经验时……说服干部和人民的问题是一个十分困难的问题”，其中，“主要的和首要的任务，是说服干部”[①]。当前，说服干部，使其自觉践行稳中求进，就是要坚定不移用习近平新时代中国特色社会主义思想武装全党，引导干部群众把思想和行动统一到十九大精神上来，统一到推动实现高质量发展上来。

二是需要干部有必要的本领。在实践中，“稳”与“进”最终会落实到具体领域、具体工作中，如何把握好力度和节奏，如何解决长期想解决而没有解决的难题，想办而没有办成的大事，都考验着广大党政干部的能力和担当。不少干部之所以不习惯稳中求进，一味求进，实际上就是本领不足和本领落后以及缺乏担当精神的体现，担心难以应对好短期内的不“进”或不快“进”可能带来的问题，从而缺乏长远视角、全局视野和战略定力。为此，在政治过硬前提下，需着

① 毛泽东选集第二版（第一卷）[M]. 北京：人民出版社，1991，第 213 页。

力增强广大有为干部的学习本领、政治领导本领、改革创新本领、科学发展本领、依法执政本领、群众工作本领、狠抓落实本领、驾驭风险本领。

三是要优化党政干部干事创业的体制机制。稳中求进是干出来的，不是说出来的，需要发挥党政干部的主观能动性和创造性。当前，改革进入深水区、调整进入阵痛期，剩下的都是难啃的“硬骨头”。在贯彻稳中求进过程中，必然涉及大量的权衡和抉择，难免出现失误和偏差。为此，需要完善党政干部干事创业的容错纠错机制，使党政干部卸下思想包袱，轻装上阵，敢突破、敢改革、敢创新、敢稳中求进、敢以退为进。

参考文献

［1］马洪.经济结构与经济管理［M］. 北京：人民出版社，1984.

［2］毛泽东选集第二版（第二卷）［M］. 北京：人民出版社，1991.

［3］“改造我们的学习”.《毛泽东选集》第二版（第三卷）［M］. 北京：人民出版社，1991.

［4］赵昌文.论坚持稳中求进工作总基调［N］. 学习时报，2017年11月6日。

第三章　增速预期目标设定宜采用“留有余地”原则①

当前关于增速预期目标存在不少争论。争论的实质在于增速目标的确定原则是“取乎其上、得乎其中”还是“留有余地”。本文认为，考虑到国际国内不确定因素、集中力量调结构和对冲地方政府层层加码等因素，宜采用“留有余地”原则。历史经验也支持这一认识。基于对改革开放以来增速目标、实际增速和上年实际增速数据的梳理，我们发现，增速目标的设定有三个经验性特征：增速目标通常低于实际增速；通常低于上年实际增速；可以低于中长期增长目标所隐含的必要增长率。“十三五”期间，需要妥善处理好稳增长与调结构、促改革及防风险的关系，增速目标的设定可以“留有余地”，可以低于上年实际增速，个别年份甚至可以低于6.5%这一必要增长率，但应做好舆论引导和说服工作。

---

① 本文发表于《国务院发展研究中心调查研究报告》2016年第161号（总5044号），与朱鸿鸣合作。

一、当前关于增速预期目标的争论

党的十八届五中全会重申了到2020年国内生产总值和城乡居民人均收入比2010年翻一番的目标。在经济持续下行且下行压力仍然较大，经济运行中的结构性矛盾进一步凸显的情况下，增速预期目标再次成为学术界和政策研究中争议的热点话题。

当前，关于增速预期目标的争论主要集中在两个方面。

第一个争论焦点是设定短期增速目标的必要性。有观点认为，这完全没有必要。理由是市场化国家均不设经济增长目标（蔡洪滨，2014）。同时，经济增速是结果，增速目标一旦确定便具有约束性，可能误导政策和扭曲政府行为，进一步恶化结构性矛盾。

我们认为，设定增速目标至少在目前还有必要性。一是当前中国经济工作的主逻辑是“增速为纲”，即先确定增速目标，经济政策及其他指标则是在此给定的条件下设计或确定的[①]，短期之内不可能完全抛弃。二是确定年度增速目标也是当前中国经济“新兴+转轨”的阶段性特征的反映。所谓新兴，就是从经济发展阶段看，中国仍为新兴经济体或发展中经济体，发展才是硬道理，发展仍是解决中国所有问题的关键[②]。所谓转轨，就是从经济体制看，政府的规划仍在经济生活中占据显著位置。

第二个争论焦点便是如何合理设定增速目标。具体而言，就是未来几年的增速目标可否低于6.5%。这一争论的背后主要是关于潜在增速是多少以及如何看待潜在增速方面的分歧。

一是潜在增速是多少。由于测算方法的不同，不同文献（蔡昉，2015；白重恩和张琼，2015；陈昌盛和何建武，2015）对潜在经济增

① 党的十八大确定2020年经济增长目标，“十三五”规划纲要重申这一目标，国务院政府工作报告确定年度增长目标均是典型体现。

② 党的十八大报告提出，“以经济建设为中心是兴国之要，发展仍是解决中国所有问题的关键”，党的十八届三中全会《中共中央关于全面深化改革若干重大问题的决定》也认为，“坚持发展仍是解决中国所有问题的关键这个重大战略判断”。

速的测算结果存在一定差异[①]。不过，总体而言，还是有一定共识，即潜在增速在6.5%左右（余永定，2016）。

二是如何看待潜在增速与增速预期目标的关系。潜在增速是指中长期平均增速的可能性。一种观点认为，可以通过改革提升潜在增长率，应将潜在增速作为增速目标的下限。另一种观点则认为，潜在增速仅仅是一种可能性，需要通过努力才能达到，且是中长期的平均增速，因此，短期增速目标既可以高于也可以低于潜在增速。

二、“留有余地”原则与“取乎其上、得乎其中”原则

（一）当前争议的实质是增速目标的确定原则

考虑到中国的“新兴+转轨”特征，以及主流观点关于潜在增速的分歧并不算太大，关于短期增速目标争议的实质是如何看待潜在增速和增速预期目标的关系。关于潜在增速与增速预期目标关系的分歧，实际上就是增速目标确定原则的分歧，即坚持“取乎其上、得乎其中”还是采用“留有余地”的原则。

“取乎其上、得乎其中”原则意味着增速目标不得低于潜在增速，潜在增速是增速预期目标的下限。由于2020年翻番目标所倒推的年均必要增长率为6.5%，6.5%便是这一原则下的增速预期目标底线。“留有余地”原则则意味着增速目标可以低于潜在增速。换言之，在“十三五”期间，个别年份的增速预期目标可以低于6.5%。

（二）“取乎其上、得乎其中”原则的利弊

“取乎其上、得乎其中”原则的接受度很高。这有两方面的原因。一方面，它符合国人的思维习惯，是个人目标设定的基本准则；另一方面，设定较高的目标，通过努力即便实际的增速最后低于增速目标，但

① 关于“十三五”期间的潜在增速，蔡昉（2015）的测算结果为6.2%，陈昌盛和何建武（2015）的测算结果为6.6%，白重恩和张琼（2015）的测算结果为6.65%。

也能达到可接受的水平，似乎更有利于确保2020年翻番目标的实现。

但是，这一原则的弊端也非常明显。由于增速预期目标并不完全是“预期性指标”，而是“约束性指标”，一旦确定，便有较强的刚性。若发生未曾预料到的情况，便无退路。在经济下行压力大且结构调整任务艰巨的情况下，如果拼命达到增速目标，则会贻误结构调整机会，导致增长质量和效益的下降，并催生新的风险；而如果未能达到目标，即便取得了“得乎其中”的效果，也同样会带来各方面信心的动摇。可见，这一原则并不适用于增速目标的确定，至少在当前结构调整任务重、经济下行压力大的情形下不适用。

（三）“留有余地”原则的利弊

“留有余地”原则的弊端主要体现在可能影响短期信心。经济下行背景下，“留有余地”原则一般意味着增速目标的下调，不能明显体现政府通过宏观调控“熨平”周期的动机。若缺乏正确舆论引导，若不针对干部与群众做大量有效的说服工作，很可能加剧公众关于经济持续下行的预期，对于短期内引导正向预期构成挑战。

不过，“留有余地”原则也有其显著优势。一方面，有助于应对国际国内的不确定因素，有助于为改革和结构调整创造空间，将主要精力引导至调整经济结构和提高增长质量和效益上，避免经济结构进一步扭曲和风险进一步累积。另一方面，还有利于对冲地方的层层加码行为。在地方政府竞争的体制机制下，层层加码——“加码”确定一个更高的增速目标——不可避免。比较近5年全国增速目标和地方增速目标，可以发现以下两个基本特征。首先，无论是以均值还是中位数衡量的各省份增速平均目标，均显著高于全国增速目标。2012～2016年，各省份增速目标的中位数为11.0%、11.0%、10.0%、8.0%和7.5%，分别比同期全国GDP增速目标高3.5个百分点、3.5个百分点、2.5个百分点、1个百分点和0.75个百分点。其次，在2015年之前，各省份最低增速目标均不低于全国增速目标。2015年和2016年，除山西和东北三省，其他省份增速目标均不低于全国增速目标（见表3-1）。

表3-1　2012年以来全国及地方增速目标（%）

年份	全国增速目标	地方增速目标			
		均值	中位数	最低值	最高值
2012	7.50	11.06	11.00	8.00	14.00
2013	7.50	10.61	11.00	7.50	14.00
2014	7.50	9.68	10.00	7.50	12.50
2015	7.00	8.23	8.00	6.00	12.00
2016	6.75	7.77	7.50	6.00	10.00

注：

①政府工作报告对增速目标的表述通常有四类：点目标，即某一增速（8%）；准点目标，即某一增速左右（8%左右）；区间目标，即确定增速的上下限（7.5%~8.5%）；准区间目标，即在某一增速之上（8%以上）。对于点目标、准点目标和准区间目标，在进行数据处理时，我们均取该增速数值；对于区间目标，我们取上下限的平均值。

②2015年，上海市未确定增速目标。

资料来源：历年国务院政府工作报告，历年各省份政府工作报告。

三、历史经验表明增速目标确定需要“留有余地”

从改革开放近40年来的具体实践看，增速目标确定原则总体上呈现出明显的“留有余地”特征，而非“取乎其上、得乎其中”。

我们整理了截至2012年改革开放以来披露了当年增速目标的国务院政府工作报告，得出了22个数据样本（见表3-2）。基于这些数据，我们发现，对于短期增速目标的确定均是留有余地的。具体而言，增速目标、实际增速和上年实际增速及中长期增长目标所隐含的必要增长率四者之间的关系具有以下三个方面的经验特征。

一是增速目标通常低于实际增速。除1981年、1990年和1998年，其余19个年份的增速目标均低于实际增速。在这22个年份里，预期增速目标平均比当期实际增速低2.0个百分点，其中1992年两者相差高达6.8个百分点。

表3-2 历年增速目标、实际增速、上年实际增速及必要增长率（%）

年份	1981	1982	1990	1991	1992	1993	1994	1995
增速目标	5.5	4.0	5.0	4.5	6.0	8.0	9.0	8—9
实际增速	4.6	8.7	5.0	7.0	12.8	13.4	11.8	10.2
上年实际增速	7.2	4.6	3.9	5.0	7.0	12.8	13.4	11.8
必要增长率	7.2	7.2	5.4	5.4	—	—	—	—
年份	1996	1997	1998	1999	2003	2004	2005	2006
增速目标	8.0	8.0	8.0	7.0	7.0	7.0	8.0	8.0
实际增速	9.7	8.8	7.8	7.1	9.1	9.5	9.9	10.7
上年实际增速	10.2	9.7	8.8	7.8	8.0	9.1	9.5	9.9
年份	2007	2008	2009	2010	2011	2012		
增速目标	8.0	8.0	8.0	8.0	8.0	7.5		
实际增速	11.4	9.0	8.7	10.3	9.2	7.8		
上年实际增速	10.7	11.4	9.0	8.7	10.3	9.2		

注：

①实际增速为国务院政府工作报告所披露的实际增速，对于国务院政府工作报告未披露上年实际增速数据，本表以国民经济与社会发展统计公报的相关数据补充。由于统计数据的修订，本表的实际增速与国家统计局最新公布的历年增速可能存在一定差异。

②1981年、1982年增速为工农业生产总值增速，1990—1992年增速为国民生产总值增速，1993—2014年增速为国内生产总值增速。

③为了量化增速目标，当增速目标采用某一数值左右的表述时，我们取该数值为当期增速目标；当增速目标为某一具体区间时，在计算时我们取该区间上限和下限的平均值。

④虽然1981年增速目标最终调整至3.7%，为了保持口径一致，本表采用1981年国务院政府工作报告的表述（5.5%）。

资料来源：历年国务院政府工作报告、国民经济与社会发展统计公报。

二是增速目标通常低于上年实际增速。除1990年，其余21个年份的增速目标均低于上一年实际增速，平均低1.8个百分点。其中，1993年两者相差高达4.8个百分点。

三是增速目标和实际增速均可低于必要增长率。1981年、1982年、1990年和1991年增速目标分别比当期必要增长率[①]低1.7个、3.2

① 要实现在20世纪末较1980年翻两番的目标，1981年和1982年的年均必要增长率为7.2%。根据1990年国务院政府工作报告，要在20世纪末实现翻两番目标，20世纪90年代的年均必要增长率为5.4%。

个、0.4个和0.9个百分点。1981年、1990年和1991年实际增速分别比同期必要增长率低2.6个、1.5个和0.4个百分点。

四、政策建议

在当前经济调整、产能过剩严重、杠杆率持续攀升、房价快速上涨的背景下，更需要妥善处理好“稳增长”与“调结构”“促改革”及“防风险”的关系。结合历史经验，我们认为，增速预期目标的设定原则宜采用“留有余地”原则而非“取乎其上、得乎其中”原则。

考虑到中央已经明确提出“战略上坚持持久战、战术上打好歼灭战”，借鉴年度增速目标设定的历史经验，增速目标的设定可“留有余地”，可以低于上年实际增速，也可以低于6.5%这一必要增长率。若采取“留有余地”原则设定增速目标，应高度重视做好舆论引导和大量说服工作。

参考文献

［1］白重恩，张琼.中国经济增长前景［J］.新金融评论，2015（6）.

［2］蔡昉.增长潜能+改革红利［N］. 人民日报，2015年8月5日。

［3］蔡洪滨.市场化国家不定经济增长目标［J］.英才，2014（5）.

［4］刘世锦.中国经济增长十年展望（2015—2024）——攀登效率高地［M］//陈昌盛，何建武.10年展望——新常态下质量效益导向的增长.北京：中信出版社，2015.

［5］玛雅.家国大义［M］//余永定.中国的经济发展与经济安全——专访余永定.北京：北京古籍出版社，2015.

第四章　发挥超大规模的市场优势和内需潜力[①]

2019年中央经济工作会议指出，我国经济稳中向好、长期向好的基本趋势没有改变。除了有党的坚强领导和中国特色社会主义制度的显著优势，有改革开放以来积累的雄厚物质技术基础，有庞大的人力资本和人才资源，还强调了“有超大规模的市场优势和内需潜力”。如何理解超大规模的市场优势和内需潜力？为什么超大规模的市场优势和内需潜力是支撑我国经济稳中向好、长期向好的重要因素？如何发挥好超大规模的市场优势和内需潜力？

① 本文发表于《经济日报》，2020 年 1 月 8 日，与朱鸿鸣合作，本次出版时有适当调整。

所谓超大规模的市场优势和内需潜力，是指规模庞大、供求多元、创新活跃、拉动力强的内需市场。超大规模的市场优势和内需潜力是超大规模经济体的主要特征之一。近年来类似的提法是“强大国内市场”。《2019年国务院政府工作报告》进一步对“促进形成强大国内市场，持续释放内需潜力”作出具体部署。超大规模的市场优势和内需潜力，与强大国内市场本质上是一致的，均强调巨大的市场也是一种资源，而且是一种与其他物质资源具有同等重要性的稀缺资源；巨大的市场也是一种优势，而且是一种与其他生产要素具有同等重要性的比较优势。当然，这种资源和优势只是一种潜力，需要通过多种政策去引导、培育和激发，才能释放出其巨大的能量。

我国并不是一直就拥有超大规模的市场优势和内需潜力的。改革开放以来，由于我国经济的快速发展以及随之而来的城乡居民收入水平的持续提高，超大规模的市场优势和内需潜力才逐步形成和显现出来。特别是2008年国际金融危机后，我国经济总量跃居世界第二，经济增长动力逐步从过去依赖较大规模的出口转向以国内有效投资和消费为主，内需成为经济增长的稳定器和动力源。

一、为什么超大规模的市场优势和内需潜力是支撑我国经济稳中向好、长期向好的重要因素

（一）超大规模的市场优势和内需潜力决定了我国经济运行更具韧性

如果说小规模经济体的市场是“小池塘”，那么我国所拥有的超大规模市场就是“海洋”。两者的差别在于规模性和多样性，“大海”规模更大、多样性更强，从而更具韧性，能经受住“狂风骤雨”。一方面，庞大的市场规模使我国有吸收外部冲击的腾挪余地，有能力通过内部分摊的方式降低冲击强度。中美经贸摩擦以来，出口部门面临的压力一定程度上正是通过强大国内市场吸收和分摊的。同时，市场大更易形成完整产业体系和产业配套，有利于稳定产业链。

另一方面，多样性即产业、区域发展异步性也可以带来韧性。我国产业门类齐全、各地处于不同发展阶段、支柱产业不尽相同，“黑了南方有北方”，内外部冲击难以形成区域和产业的共振效应，经济发展稳定性更强。此外，超大规模的市场优势有利于稳定中国与世界的经贸关系。当前全球经济增长持续放缓，大规模市场更是宝贵的稀缺资源，可以对全球可持续、包容性增长发挥正外溢性，从而推动我国在持续扩大对外开放过程中构建人类命运共同体，有助于我国和全球更好应对外部冲击。

（二）超大规模的市场优势和内需潜力决定了我国经济发展更有活力

经济发展好不好，关键看经济是否具有活力。海阔凭鱼跃，“大海”的经济活力更强。首先，巨大市场空间意味着更多的创新场景、更低的创新成本和更高的创新收益。强大国内市场，超过4亿人的中等收入群体、8亿多的网民，为各类新技术、新业态、新模式创造了理想试验场，能让新技术、新产品迅速产业化和规模化，试错成本可以被快速摊薄，创新的潜在收益大。其次，巨大市场空间意味着更好的竞争生态和创新创业生态。小经济体企业格局、产业生态和经济结构容易固化，而超大规模经济体内部的企业纵向流动性更强，大企业垄断市场的难度更大，新创企业和中小企业拥有难得的成长空间和市场机会，小企业成长为大企业的可能性更高，企业的纵向流动性更强。此外，巨大人力资源总量孕育强大的创新能力和创新活力。2009年以来，我国科学家和工程师总人数一直高于美国，研发人员规模稳居世界首位。地方竞争也有利于保持经济活力。

（三）超大规模的市场优势和内需潜力决定了我国经济更易形成和保持竞争优势

现代经济越来越具有规模报酬递增型特征，超大规模的市场优势更有利于形成和保持竞争优势。首先，有利于在新一轮科技革命和产业变革中形成先发优势。规模性意味着可以更好分摊新型基础设施和战略性前瞻性技术投入成本，更快推进基础设施建设、更早布局相关技术，抢占制高点，赢得先机。比如，在4G成本没有完全回收的背景下，由于超大规模市场优势确保了商业可持续，我国推动5G商用的节奏也必将快于很多国家。从经济史看，历次工业革命的引领者都是当时拥有超大规模市场优势的超大规模经济体。其次，有利于更好发挥规模效应，形成竞争优势。我国所拥有的大规模要素供给、大规模市场容量，有助于更好发挥规模经济、范围经济和网络经济效应，使相关企业、行业拥有经济规模带来的效率优势，并快速地转化为成本优势和竞争优势。比如，包括纺织服装、钢铁、光伏风电等许多行业，已发展成为全球最具竞争力的行业。

二、超大规模的市场优势和内需潜力只是一种潜在优势，必须坚持“做好自己的事”才可以发挥出来

（一）充分认识优势，保持战略定力

超大规模市场优势和内需潜力以及超大规模经济体的其他属性为我国经济发展创造了诸多有利条件。结合社会主义制度优势，这一属性意味着我国在推动经济高质量发展中，既有利于集中力量办大事，也有利于分散风险；既有利于保持活力，也有利于保持韧性；既有利于充分利用后发优势，也有利于形成先发优势；既有利于提升政府作用的有效性，也有利于拓宽市场机制发挥作用的范围；既有利于更好发挥国内潜力，也有利于更好地利用国际资源。同时，超大规模经济体属性也意味着我国的经济追赶进程难以“一帆风顺”。当前，这种挑战已经充分显现。我们要充分认识到，应对国际环境的挑战是我国成为超大规模经济体并迈向社会主义现代化强国进程中绕不开、躲不过的坎。只要我们充分发挥超大规模经济体优势，就可以在激发活力、确保韧性中赢得竞争优势，就可以把握未来，赢得主动。

（二）利用好外部压力，实现技术的“开放自立”

尽管当前“卡脖子”风险凸显，但超大规模市场优势，为我们实现技术的“开放自立”提供了经济基础。多年以来，我们“卡脖子”风险的累积，一定程度上是技术“开放—依赖”发展模式的结果，即市场开放和技术依赖。这既有人才缺乏、体制约束、投入不足等原因，也离不开全球化分工的“马太效应”形成分工锁定的大背景。解决“卡脖子”风险，就是要从“开放—依赖”走向“开放—自立”。当前的外部压力恰恰为我们实现“开放—自立”，真正解决“卡脖子”风险做了最好的“思想动员”，提供了难得的、能够抓住的“机会窗口”。要用好国内强大市场的优势，加大核心技术的资源投入和统筹协调，加大力度创造首台（套）、首批次应用场景，争取在如5G和6G等少数战略性领域取得突破，形成在关键技术上与发达国家间互相制衡的局面，并在新一轮科技革命和产业变革中抢占先机。

（三）调动三个积极性，增强经济活力

一是调动地方积极性。调动地方积极性，是超大规模经济体激发制度活力、提升制度质量、保持制度竞争优势的重要手段。当前，要适应各地处于不同发展阶段的客观实际，赋予地方政府更多改革创新和政策突破的自主权；加快建立容错机制，激励一大批“既政治过硬，也本领高强”的党政干部更好发挥政府作用；调整优化央地财政关系。

二是调动创新创业企业积极性。主要是维护好“大海”应该有的“鱼翔浅底，万类霜天竞自由”的“大海”生态。要着力打破包括行政垄断在内的各种垄断，真正确立竞争政策的基础性地位，不断改善营商环境，维持企业纵向流动性和创新友好型的市场环境。

三是调动各类人才的积极性。在新一轮科技革命和产业变革背景下，必须紧紧依靠企业家和科技人员。要通过深化科技体制改革进一步弘扬科学家精神，激发广大科技人员的创造活力；要大力弘扬企业

家精神，保护企业家权益，营造鼓励创新、宽容失败的文化和社会氛围，为各类企业家的创新创业创造更加健康的环境。

（四）抓住主要矛盾，加快建立适应国内最终需求的供给体系

当前国民经济供需循环中存在的突出问题是供给体系不匹配、不安全和质量不高。不匹配是指与生产需求相关的供给体系仍不太适应新一轮科技革命和产业变革下的生产需求，人才供给、技术供给、金融供给等均存在短板。不安全是指大量关键核心技术和产业生态的供给依赖于国外供给，供给体系自立性不强。质量不高是指国内供给体系，在满足国内生产生活需求方面在质量、多样性、稳定性方面还存在缺陷。要发挥超大规模的市场优势和内需潜力，发挥需求的牵引作用，形成超大规模市场与供给能力提升之间的良性循环，在提升供需匹配性、供应链安全性和供给质量进程中加快建立适应国内最终需求的供给体系。

（五）推进高水平开放，在构建人类命运共同体中实现共同发展

我国过去40年的发展得益于改革开放，“发展起来的中国如何与世界相处”？答案是，不仅不能封闭起来搞建设、谋发展，相反，应该实行更加开放的制度和政策。只有更大力度和更高水平的开放，才能发挥超大规模市场优势和内需潜力，才能在构建人类命运共同体中实现发展。进一步推进高水平开放，重点在于：一是促进从市场开放转向制度开放，加快形成与先进国际贸易、投资规则相适应的制度政策体系和监管模式，增强塑造国际经贸规则的能力，为我国争取良好的外部环境；二是以推进中美经贸关系向前发展，加强对欧、对日和对东盟合作，推动高质量共建“一带一路”为重点，推进人类命运共同体建设，为促进全球包容性发展主动创造发展空间，实现共同发展；三是以开放促开放，防止所谓的经济技术脱钩，要坚定维护全球化和多边贸易体制，继续主动向世界开放市场，扎紧中国与全球的经济、技术纽带，巩固和维护全球供应链、产业链和创新链的韧性和活力。

第五章　GDP 总量近 100 万亿元和人均超过 1 万美元意味着什么[①]

2019年，面对国内外风险挑战明显上升的复杂局面，我国经济社会保持持续健康发展，“十三五”规划主要指标进度符合预期，全面建成小康社会取得新的重大进展。国内生产总值达99.1万亿元，接近100万亿元人民币。从人均看，按平均汇率折算，达到10276美元，突破1万美元的大关。我国经济已进入总量100万亿元和人均1万美元的新阶段（以下简称“100和1”）。这在我国经济发展史上具有重要里程碑意义，也为未来实现现代化建设“两步走”战略目标奠定了坚实基础。

① 本文发表于《人民日报》，2020 年 3 月 12 日，本次出版时有适当调整。

一、表明我国全面建成小康社会的目标将会如期实现

（一）到2020年全面建成小康社会，实现第一个百年奋斗目标，是我们党向人民、向历史作出的庄严承诺

虽然随着中国特色社会主义事业的不断进步发展，“小康社会”的内涵也越来越丰富，但经济总量和人均水平始终是基础性、关键性指标。1982年中国共产党第十二次全国代表大会提出到20世纪末，在不断提高经济效益的前提下，力争使全国工农业的年总产值翻两番，即由1980年的7100亿元增加到2000年的2.8万亿元左右；2012年党的十八大提出，经济持续健康发展，转变经济发展方式取得重大进展，实现国内生产总值和城乡居民人均收入比2020年翻一番。

（二）我国经济总量和人均收入水平在发展中不断上台阶

回顾过去的发展历程，我国经济总量在1986年突破1万亿元，1991年突破2万亿元，1995年突破6万亿元，2000年突破10万亿元，2006年突破20万亿元，2012年突破50万亿元①。党的十八大以来，由于我国经济保持持续较快增长，2012～2018年的平均增长率为7.0%，在全球主要经济体中居于领先地位。如果2019年增长6.1%，只要2020年增长5%左右就足以完成规划目标②。

2010年以来，我国城乡居民人均收入也保持了较快增长，并有望实现翻一番的目标。由于2013年起，国家统计局开展了城乡一体化住户收支与生活状况调查，与2013年前的分城镇和农村住户调查的调查范围、调查方法、指标口径有所不同，因此2013年前后的数据不能直接比较。分时间段看，2010～2012年，城镇居民人均可支配收入和农村居民人均纯收入分别年均增长9.0%和11.0%，而同期GDP年均增速为

① 人民网，《我国经济稳定发展的实力雄厚》。

② 2018 年我国 GDP 总量 91.9281 万亿元（第四次经济普查后的数据），比 2010 年已经累计增长了 92.1%(假设 2010 年的 GDP 总量没有调整，且 GDP 缩减指数也不作调整)。

8.7%，这一期间人均收入增速快于GDP增速。2013～2018年，城乡居民人均可支配收入年均增长7.1%，也快于同期GDP年均增长6.9%的增速[①]，由于近年来国民收入分配整体上更加向居民部门倾斜，因此，在国内生产总值翻一番目标能够完成的情况下，达到城乡居民人均收入翻一番的目标也是没有问题的。需要特别一提的是，在城乡居民收入稳定增长的基础上，2013～2018年，我国农村贫困人口累计减少8000多万，贫困发生率下降至1.7%，是全球最早实现联合国千年发展目标中减贫目标的发展中国家，对全球减贫贡献率超过70%[②]。

二、表明我国的全球经济地位和系统重要性进一步增强

（一）我国经济在全球的占比持续上升，与美国的差距不断缩小

2018年，全球GDP总规模达到84.93万亿美元[③]，我国为13.37万亿美元，占全球总量的15.7%。2019年，由于我国经济增速高于全球平均水平，而且人民币对美元汇率波动幅度不大，这一占比将进一步上升。从改革开放以来看，1978年我国GDP占全球的1.74%，2000年占3.59%，2010年上升到9.18%，一跃成为世界第二大经济体，此后平均每年约提高0.82个百分点。GDP规模接近100万亿元人民币，意味着我国和美国的差距进一步缩小。2018年，美国GDP达到20.58万亿美元，从2010年以来的8年间，我国相对于美国的规模从40.46%提高到64.96%，平均每年提高3.06个百分点[④]。根据国际货币基金组织的测算，2019年我国经济规模占全球的比重将进一步提升至16.3%，与美国

① 国家统计局尚未根据第四次经济普查对 2013–2013 年的经济增速进行调整，此处引入调整前的增速。

② 中国政府网，《国家统计局：2018 年全国农村贫困人口减少 1386 万人》。

③ 世行统计的 2018 年全球 GDP 为 85.9 万亿美元，但其中中国的 GDP 仍按照第四次经济普查前的数据计算，这里采用了中国普查后的 GDP 数据并对全球 GDP 进行了相应调整。

④ 本章数据如未另行标注，均为作者整理测算。

经济规模之比将提升至65.95%[①]。经济实力对比的深刻变化，有利于提升我国参与和完善全球经济治理的能力，构建公正高效的全球经济治理格局，维护世界经济稳定大局。

伴随我国经济总量上升，各省经济规模也不断扩大，一些省市即便在全球比较中也具有重要地位。比如，2018年，广东省地区生产总值为1.47万亿美元，已超过排名全球第13的澳大利亚，江苏省和山东省地区生产总值分别为1.40万亿美元和1.16万亿美元，与全球排名第14位的西班牙和第16位的印度尼西亚经济规模相当。

（二）GDP总量稳定增长使我国能够持续对全球经济增长作出重要贡献

2008年国际金融危机以来，我国连续多年对世界经济增长贡献率超过30%，成为世界经济增长的主要稳定器和动力源。2018年，我国经济增长对全球的贡献达到33.39%，超过美国的20.19%（均按美元计价的名义GDP计算），2011～2018年，我国对全球增长的贡献年均为27.4%，也超过了美国的21.6%。2019年，中国经济增长对世界经济增长的贡献率预计将达30%左右，中国经济与世界经济“一荣俱荣，一损俱损”的关系进一步显现。

三、表明我国超大规模国内市场的吸引力进一步增强

（一）不断扩大的国内市场有利于增强与世界的黏合力

国内生产总值接近百万亿元意味着我国国内市场规模进一步扩大，强大的国内市场有利于推动经济的稳定增长，还会进一步增强对全球其他经济体的吸引力。我国并不是一直就拥有超大规模的市场优势和内需潜力的。改革开放以来，由于经济的快速发展以及随之而来

① 见国际货币基金组织（IMF）发布的《世界经济展望》报告。

的城乡居民收入水平的持续提高，内需市场的巨大潜力才逐步形成和显现出来。特别是2008年国际金融危机后，经济增长动力逐步从过去依赖较大规模的出口转向以国内有效投资和消费为主，内需才真正成为经济增长的稳定器和动力源。从未来发展看，这一过程仍将持续深化，还有非常大的增长空间。2010年时，我国最终消费仅为美国的23.15%，其后的8年里平均每年提高2.59个百分点。2018年，我国最终消费占GDP的比重为53.35%，最终消费规模为7.41万亿美元，是全球第二大消费市场。虽然只占美国最终消费规模的43.86%，但近年来增长较快，未来增长潜力巨大。不断扩大的国内消费市场，使我国具有吸收外部冲击的腾挪余地，更易形成完整的产业体系和产业配套，为各类新技术、新业态、新模式创造了理想试验场，有利于进一步增强经济的韧性、活力和可持续性，还有利于通过深化开放合作不断增强对跨国公司的吸引力，增强与世界的黏合力，巩固全球供应链、产业链和创新链。

（二）人均国内生产总值超过1万美元意味着消费升级进入新阶段

随着我国居民收入水平不断提高，其消费水平持续改善、消费结构不断升级。国际经验表明，一个国家人均国内生产总值达到11000国际元（麦迪森1990年国际元）时，是消费结构持续升级的关键时期。从恩格尔系数看，根据联合国粮农组织的标准，59%以上为贫困，50%～59%为温饱，低于30%为最富裕。2018年，我国购买力平价意义上的人均国内生产总值已突破11000国际元，2019年将持续上升。1978年时我国城镇居民恩格尔系数高达57.5%，接近60%的收入都要用于食品消费。到2000年，城镇居民恩格尔系数为39.4%，首次降低到40%以下；到2015年首次下降到30%以下，为29.7%；到2018年时已降至27.7%，农村居民恩格尔系数也降低到30.1%。与恩格尔系数下降相对应，居民的消费结构持续升级。例如，2018年与2013年相比，我国城乡居民对“交通通信”的消费比重提高1.2个百分点，对“教育文化娱乐”和“医疗保健”的消费比重分别提高了0.6和1.6个百分点。

四、表明我国更加接近完成工业化进程，步入高收入国家行列

（一）我国有望在“十四五”后基本完成工业化进入后工业化阶段

在我国经济总量保持稳定增长的同时，人均国内生产总值的提高意味着我国工业化进程的深化与发展，并有望在“十四五”后基本完成工业化，进入后工业化阶段。按照工业化的一般经验和理论，各国的经济发展阶段大致可分为工业化前期、工业化阶段和后工业化阶段，其中工业化阶段又可细分为工业化初期、中期和后期。后工业化阶段一般意味着经济已经充分发展，现代化水平较高，整体上进入以服务业为主的高收入社会。不少学术研究表明，我国在2012年前后已进入工业化后期。从人均国内生产总值、三次产业结构、制造业增加值占比、城市化率、农业就业占比等核心指标观察，除了农业就业占比，其余指标都显示我国已进入工业化后期。需要指出的是，工业化后期不是后工业化时期。工业化后期表明我们并未完成工业化，而后工业化则意味着已经完成了工业化。迄今为止，真正完成工业化过程成为工业化国家或者完全进入后工业化社会的只有三十多个经济体。第二次世界大战后，由工业化后期顺利完成工业化的经济体中，时间最长的达16年，最短的只有5年，多数在8～10年。按照这一经验，我国已大致接近完成工业化进程。根据我们的测算，2018年完成工业化的人均GDP标准大约为1.36万美元，我们与此只有约3600美元的差距，预计在“十四五”后就有望实现总体上基本完成工业化的目标。当然，我们必须清楚两点：一是总体上实现工业化并不意味着每一个地区都同步完成了工业化，我国中西部不少地区仍处于工业化的中期甚至更早的阶段；二是即使完成了工业化进入后工业化社会，服务业成为经济中占比更高的产业，但作为一个超大规模经济体，其制造业和工业在整个经济结构中的比重在相当长的一个阶段也会高于现有工业化国家的平均水平。一个国家制造业和工业在经济结构中的比重，既有客观经济规律的

作用，也受战略和政策的影响。

（二）人均国内生产总值超过1万美元，表明我国正稳步迈向高收入国家的目标

2018年世界银行统计的全球219个经济体中，人均国内生产总值超过1万美元，且人口在500万人以上的经济体只有37个，其中有27个是OECD国家，其余10个经济体是中国台湾、中国香港、沙特、阿联酋、新加坡、哈萨克斯坦、罗马尼亚、马来西亚、阿根廷和俄罗斯。按照世界银行2018年的标准，人均国民总收入（人均GNI）低于995美元为低收入国家，在996美元至3895美元之间为中等偏下收入国家，在3896美元至12055美元之间为中等偏上收入国家，而人均GNI高于12055美元即为高收入国家。我国1978年时的人均GNI只有200美元，直到1998年才跨越低收入门槛进入中等偏下收入国家行列，2010年进入中等偏上收入国家行列，人均GNI超过1万美元（2018年我国人均GDP为9770.8美元，人均GNI为9460美元，2019年只要增长5.7%即可达到1万美元），距现有的高收入国家门槛只有2000多美元的差距。按照正常的发展速度，“十四五”期间达到这一标准、进入高收入国家行列问题不大。但我们必须看到，即使我们跨越了这个所谓的“中等收入陷阱”，仍然是一个较低水平的高收入国家。2018年，全球公认的二十多个发达国家中人均GNI最低都达到或超过了2.5万美元，是高收入国家底线的2倍。我国人均GNI只有美国的1/6，日本的1/4，差距仍然非常大。对于我国这样一个人口接近14亿、国土面积960多万平方公里的国家来说，超大规模经济体的属性很明显。一方面是总量很大，另一方面是发展不平衡、不充分的特征仍然十分突出，地区之间、城乡之间差距很大。因此，作为世界上最大的发展中国家，在实现现代化并迈向发达国家的道路上还有很长的一段路要走。如何把我国相对于发达国家的后发优势和相对于大多数发展中国家的先发优势有机结合起来，保持未来经济的长期持续稳定增长，是需要我们不断努力探索的任务。

第六章　打好防范化解重大风险的主动战[①]

当今世界正处于百年未有之大变局，深刻认识和准确把握外部环境的深刻变化和我国改革发展稳定面临的新情况新问题新挑战，坚持底线思维，增强忧患意识，提高防控能力，打好防范化解重大风险的主动战，是保持经济持续健康发展和社会大局稳定，决胜全面建成小康社会、夺取新时代中国特色社会主义伟大胜利、实现中华民族伟大复兴中国梦的重要基础和前提。

① 本文发表于《经济日报》，2019 年 8 月 5 日，本次出版时有适当调整。

一、打好防范化解重大风险的主动战是适应我国内外部条件变化的前提

古人云，“居安思危，思则有备，有备无患”。意思是，即使身处安乐的环境中也要警惕可能突然到来的危险。用今天的话讲，就是要防范风险。风险是什么？风险就是发生我们原本不希望发生的事件的概率或可能性。在经济学中，通常指经济活动收益或成本的不确定性。

党的十九大报告中，防范化解重大风险被摆在打好三大攻坚战的首位。2019年初，习近平总书记在省部级主要领导干部坚持底线思维着力防范化解重大风险专题研讨班开班式上发表的重要讲话中强调，深刻认识和准确把握外部环境的深刻变化和我国改革发展稳定面临的新情况新问题新挑战，坚持底线思维，增强忧患意识，提高防控能力，着力防范化解重大风险①。为什么要不断强调防范化解重大风险呢？

（一）我国经济发展的内在矛盾和外部环境发生了显著变化

改革开放40多年来，我们进入了一个新的发展阶段，在经济稳中向好、社会总体稳定的同时，各种风险挑战也不断显现。从经济方面看，2013年中央提出我国经济正处于“三期叠加”的特定阶段，即增长速度换挡期、结构调整阵痛期和前期刺激政策消化期；2014年提出“经济发展新常态”，这是我国经济向形态更高级、分工更优化、结构更合理的阶段演进的必经过程；2015年提出我国经济运行的主要矛盾在供给侧，必须坚持以供给侧结构性改革为主线不动摇。近年来，中央更加明确强调要把推动高质量发展作为当前和今后一段时间确定发展思路、制定经济政策、实施宏观调控的根本要求，要坚持深化供给侧结构性改革“巩固、增强、提升、畅通”的八字方针。上述一系列重大判断和重大政策正是顺应我国经济发展内在矛盾的根本变化而提出的。

---

① 习近平在省部级主要领导干部坚持底线思维着力防范化解重大风险专题研讨班开班式上的重要讲话，《光明日报》，2019 年 1 月 22 日第 1 版。

与此同时，近年来我国的外部环境也发生了显著变化。当今世界正经历新一轮大发展大变革大调整，大国战略博弈全面加剧，国际体系和国际秩序深度调整，不确定不稳定因素明显增多，我们对来自外部环境的风险挑战必须保持高度警惕。尤其是2017年新一届美国政府上任以来，外部环境发生变化。对此，我们既要保持战略定力，推动我国经济发展沿着正确方向前进；又要增强忧患意识，未雨绸缪，精准研判、妥善应对经济领域可能出现的重大风险。

（二）内因是变化的根据，外因是变化的条件

从战略上讲，对于一个超大规模经济体，做好自己的事情是应对一切外部不确定性或者风险的前提。做好自己的事情，就要把握大局大势，保持战略定力，增强必胜信心。虽然国际形势日趋错综复杂，但经济全球化是不可逆转的历史大势，其发展是不以人的意志为转移的，我国仍处于可以大有作为的战略机遇期；虽然经济运行稳中有变、变中有忧，但也有诸多的“不变”。我国有近14亿人口的巨大内需市场，有改革开放以来持续高速发展积累的雄厚物质技术基础，有巨大的发展韧性、潜力和回旋余地。中国经济是一片大海，而不是一个小池塘；狂风骤雨可以掀翻小池塘，但不能掀翻大海。一句话，打好防范化解重大风险攻坚战就是“做好自己的事”。打好防范化解重大风险的主动战，习近平总书记明确提出，既要高度警惕“黑天鹅”事件，也要防范“灰犀牛”事件；既要有防范风险的先手，也要有应对和化解风险挑战的高招；既要打好防范和抵御风险的有准备之战，也要打好化险为夷、转危为机的战略主动战。①

二、打好防范化解重大风险的主动战要抓主要矛盾

打好防范化解重大风险的主动战，并不是没有重点，相反一定要

① 习近平在省部级主要领导干部坚持底线思维着力防范化解重大风险专题研讨班开班式上的重要讲话，《光明日报》，2019年1月22日第1版。

抓主要矛盾。政治、意识形态、经济、科技、社会、外部环境、党的建设等领域都有其主要矛盾。就经济领域来说，当前尤其要抓好防范化解科技产业领域的风险和金融领域的风险。

（一）要高度重视科技产业领域的风险

科技产业领域的风险主要有两个。一个是“卡脖子”领域风险，另一个是产业链外移风险。关于“卡脖子”的领域，2018年7月，《科技日报》专题报道了我国亟待攻克的核心技术，包括光刻机、芯片、操作系统、航空发动机短舱、触觉传感器、真空蒸镀机、手机射频器件、iCLIP技术、重型燃气轮机、激光雷达、适航标准、高端电容电阻、核心工业软件、ITO靶材、航空钢材、铣刀、高端轴承钢等35项核心技术。这35项技术不仅包括核心技术、关键零部件，也包括了需要长期积累的工业基础；有些是完全空白，如果不能从国外购买，直接就能够卡住脖子的，也有些是有可替代的零部件或材料，但精度、稳定性达不到，可能导致工业水平大幅倒退的。其实，“卡脖子”的问题非常复杂，要从多个方面看待。一方面，在经济全球化不断加深的背景下，全球产业分工体系使世界上几乎每一个国家尤其是主要科技和工业强国都成了全球供应链、产业链体系上的一环，几乎没有一个国家需要和能够生产所有的重要设备、关键零部件、基础软件等。换言之，每一个国家都有可能被“卡脖子”。另一方面，作为一个制度与现有发达经济体不同的发展中大国，按照底线思维原则，我们也需要在一些关键产业领域有把控力。首先是有科技和工业发展水平的总体差距。我国仍然是一个发展中国家，尚未完成工业化，改革开放40多年来我国的科技创新能力有很大的提高，但总体上仍有不小的上升空间。其次，也有过去一些政策应对失当的问题。我们在高端工业软件方面亟待提高，与政策方面的偏差不无关系。工业软件不同于普通网络应用软件，而是工业流程和技术的程序化、模块化，承载着大量工业Know-how（技术诀窍），需要强大的工业机理模型和庞大技术数据作支撑，需要长期的工业积累和投入。美国在很多新兴前沿领域技术领先，对工业软件也保持了长期较大的投入，特别是其军民融合的模式发挥了重要作用。应用场景缺乏是我国包括工业软件在内的不少从0到1的创新难以成功的重要原因。

关于产业外移，主要是近年来随着用工、土地等综合成本的上升，劳动密集型产业出现了向东南亚等国家地区转移的趋势。中美经贸摩擦升级后，很多企业因为出口存在不确定性，加速将工厂迁往海外。产业一定程度的外移并不见得就是坏事，出去了的企业还是中国的资本，如果能够更好地生存发展，就是保存了有生力量，以后还可以再回来。况且，资本总是要寻找可以依附的资产载体，在外需下降和防范化解重大风险的背景下，资本流出总比生产资本金融化或进入房地产要好。但是，毕竟产业链背后是就业，过快的产业转移必然会带来短期的就业压力。而且，一旦重要产业链转移出去，我们就丧失了产业升级的基础，丧失了我们的关键优势。所以，也要从战略上对我国产业转移的新情况、新特点进行全面系统的研究，审慎地对待产业转移。

（二）要守住不发生系统性金融风险的底线

关于金融风险，党的十九大明确提出，要守住不发生系统性金融风险的底线，坚决打好防范化解包括金融风险在内的重大风险攻坚战。过去两年，防控金融风险取得初步成效，但防控金融风险既是攻坚战，也是一场持久战。当前，防范化解金融风险主线仍然是结构性去杠杆，特别要关注以下三个问题。

一是关于去杠杆的政策组合。就不同类型金融政策之间的组合而言，货币政策、宏观审慎政策和微观审慎监管构成三支柱金融政策框架。要注意不同政策之间的“动”“静”搭配。货币政策和宏观审慎政策具有逆周期调节的功能，应强调“动”和灵活性，适时预调微调，以适应经济周期和金融周期变化。其中，货币政策的逆周期是逆经济周期，主要职责是稳增长和防通缩，避免因价格水平下降和实际债务上升而陷入“债务通缩陷阱”，避免因经济失速而陷入信用自我紧缩循环。宏观审慎政策的逆周期是逆金融周期，主要职责是抑泡沫——抑制信贷泡沫和抑制房地产泡沫。微观审慎监管应强调“静”和稳定性，注重保持定力，以维护行业秩序和防范道德风险，避免与货币政策形成叠加，同时弥补宏观审慎政策跟进可能不及时的风险。比如，在货币政策放松的背景下，若住房金融宏观审慎政策未能及时建立和完善，就必须依赖微观审慎监管发挥作用。在宏观政策逆周期成为共识的背景下，要特别注意避免微观审慎监管也陷入逆周期误区。

二是关于三角形支撑框架。这个概念是2018年10月20日国务院金融稳定发展委员会防范化解金融风险第十次专题会议上提出的。三个角分别是实施稳健中性货币政策、增强微观主体活力和发挥好资本市场功能。增强微观主体活力比较好理解，因为金融一定程度上就是实体经济的镜像反映，微观主体活力强，盈利能力提升，才能防风险。德国企业部门杠杆率低，很大程度上在于企业的平均盈利水平高。这里主要讲一下发挥资本市场功能。在去杠杆背景下，千万要避免把发挥资本市场功能简单理解为让股票市场在短期内尽量多地提供股权融资。否则，很容易滋生大量金融风险。2015年发生的股市异常波动以及2018年爆发的股权质押融资问题已经揭示了相关风险。让股票市场在短期内尽量多提供股权融资还是“股权—债权融资”的外源融资视角，应该代之以“内源—外源融资”的视角，将其与增强微观主体活力结合起来，也就是要通过建立一个规范、有活力、有韧性的资本市场，发挥股票市场在提升微观主体活力、支持创新性企业、推动经济转型方面的比较优势，增强实体经济的盈利能力，通过提升经济效率促进去杠杆；发挥股票市场在强化金融体系内部竞争、优化金融结构和支撑金融供给侧结构性改革方面的作用，通过提升金融效率促进去杠杆。

三是关于金融供给侧结构性改革。依靠改革、依靠发展来防风险，在防范化解金融风险领域同样适用，因此要继续推动金融供给侧结构性改革。我们对供给侧结构性改革的认识有一个不断深化的过程。2018年中央经济工作会议提出的“巩固、增强、提升、畅通”八字方针就是对于供给侧结构性改革的最新认识，金融供给侧结构性改革，在优化金融结构的基础上，也可对照八字方针来赋予其新的含义。

三、打好防范化解重大风险的主动战要有科学的方法论

打好防范化解重大风险的主动战是一个系统工程，需要科学的方法论指导。

（一）坚持习近平总书记提出的思维方法

习近平总书记关于治国理政的一系列重要论述中所蕴含的战略思维、历史思维、辩证思维、创新思维、法治思维和底线思维，是防范化解重大风险的基本遵循。所谓战略思维，就是要常观大势，常思大局，要把防范化解重大风险放在实现现代化“两步走”目标背景下，放在经济转型期或“三期叠加”背景下，放在新一轮科技革命和产业变革背景下进行思考。所谓历史思维，就是要认识到发展中国特色社会主义是一项长期的、艰巨的历史任务，要把防风险放到这一历史进程中考虑，要求解“历史周期律”，要利用好前车之鉴。比如，外部风险方面，中华人民共和国成立以来至少有过两次应对外部冲击的正反两方面经验，一次是1960年。中苏关系恶化，苏方撕毁合同并撤走所有专家，当时我国国民经济已受到破坏。另一次是1997年，我国成功应对亚洲金融危机，化解巨额不良资产的经验值得充分总结和借鉴。所谓辩证思维，就是要善于从纷繁复杂的矛盾中把握规律，抓住主要矛盾和矛盾的主要方面；就是要居安思危，转危为机，在风险中看到机遇。近期《外商投资法》的审议通过等改革开放进程的加速，都是辩证思维的体现。所谓创新思维，就是要根据实际情况，在多种约束条件下找到解决问题最好的办法。所谓法治思维，就是要以规则来防范风险，发挥制度在防风险中的战斗力。防范化解风险过程就是一个建章立制的过程，也是一个践行法治的过程。比如，债务风险处置，就需要靠法律，就需要通过法律来营造一个好的信用环境，从一定程度上讲，好的法律环境就意味着低的金融风险。法治是一个四位一体的概念，立法、司法、执法和守法，需要多方推动。所谓底线思维，就是要守住不发生系统性风险的底线。各种风险都要防控，但重点要防控全局性风险。如“木桶原理”一样，木桶

能够装多少水是由最短的木板决定的，但能不能装水却是由底板决定的。我们既要补齐短板，更要注重加固底板。具体到外部环境风险，底线就是核心利益。

（二）要制定正确的防范化解风险的战略战术

在当前纷繁复杂的背景下，正确的战略战术关键是“积极防御”。积极防御与消极防御相对应。消极防御实际上是假防御，只有积极防御才是真防御，才是为了最终实现反攻和进攻目标的防御。习近平总书记强调“早识别、早预警、早发现、早处置”[①]，强调“既要有防范风险的先手，也要有应对和化解风险挑战的高招；既要打好防范和抵御风险的有准备之战，也要打好化险为夷、转危为机的战略主动战”[②]，都说明了必须以高度的责任心、求实的精神积极主动防范化解重大风险。

（三）防范化解重大风险要调动一切可以调动的力量

可以概括为“四个依靠”，即依靠干部、依靠人民、依靠改革、依靠开放。政治路线确定之后，干部就是决定的因素。防范化解重大风险是啃硬骨头，需要依靠一批具有全局意识、领导能力、斗争精神并能真刀真枪地干的领导干部。风险来自市场、企业和金融机构，涉及千千万万的人民群众，要善于引导群众、组织群众，善于整合各方力量、科学排兵布阵，有效予以处理。很多风险的源头都在于体制性障碍，防范化解重大风险只治标不治本是不行的，要有长效机制。比如，科技产业风险，单靠增加投入是不够的，主要还在于通过改革完善体制机制，全面建立国家创新体系。发展是解决一切问题的基础。既不能停下来解决风险问题，也不能为了发展漠视风险，导致小风险积累成大问题，要平衡好保持稳定发展与防范化解风险的关系，在发展中解决矛盾，消除隐患。

---

① 习近平在全国金融工作会议上的讲话，《光明日报》，2017 年 7 月 16 日 第 1 版。

② 习近平在省部级主要领导干部坚持底线思维着力防范化解重大风险专题研讨班开班式上的重要讲话，《光明日报》，2019 年 1 月 22 日第 1 版。

第七章　深刻认识我国已进入高质量发展阶段[①]

近期召开的中央政治局会议指出，我国已进入高质量发展阶段，这是中央根据国内外发展环境和条件出现的新变化而做出的一个新的重大判断。如果说党的十九大提出“我国经济已由高速增长阶段转向高质量发展阶段，正处在转变发展方式、优化经济结构、转换增长动力的攻关期”已经明确了我国经济的发展方向和目标是“高质量发展”的话，那么，从“转向”到“进入”则标志着推动高质量发展，实现经济发展质量变革、效率变革、动力变革有着更加重要的现实紧迫性。

① 本文发表于《经济日报》，2020 年 10 月 21 日，本次出版时有适当调整。

一、推动高质量发展是应对一切不稳定性和不确定性的根本出路

当今世界正经历百年未有之大变局，虽然和平与发展仍然是时代主题，但国际环境日趋复杂，不稳定性、不确定性明显增强。特别是一段时间以来经济全球化遭遇逆流，一些国家保护主义和单边主义盛行，地缘政治风险上升，全球新冠肺炎疫情带来世界经济深度衰退，国际贸易和投资大幅萎缩，国际金融市场动荡，国际交往受限，我们必须在一个更加不稳定、不确定的世界中谋求发展。与此同时，我国经济仍处在转变发展方式、优化经济结构、转换增长动力的攻关期，经济发展前景向好，但也面临着结构性、体制性、周期性问题相互交织所带来的困难和挑战，加上新冠肺炎疫情冲击，目前经济运行面临较大压力。

应对各种不稳定性、不确定性，克服困难、化解挑战、对冲压力，关键要善于在危机中育新机、于变局中开新局，发挥好多方面优势和条件，做好自己的事。发挥好多方面优势和条件不同于发挥多方面优势和条件，做好自己的事不同于做自己的事，这里的关键是“好”字。那么，什么是好呢？好就是必须做正确的事和正确地做事，好就是高质量发展。

（一）高质量发展，就是能够更好满足人民日益增长的美好生活需要的发展

高质量发展是体现新发展理念的发展，是创新成为第一动力、协调成为内生特点、绿色成为普遍形态、开放成为必由之路、共享成为根本目的的发展。需要强调的是，在新发展格局理论下，我们要更加重视统筹发展与安全。安全和发展是一体之两翼、驱动之双轮，安全是发展的保障，发展是安全的目的。推动创新发展、协调发展、绿色发展、开放发展、共享发展，前提都是国家安全。新发展格局理论在

实现更高质量、更有效率、更加公平、更可持续的发展基础上，强调了“更为安全”的发展要求；在实现发展规模、速度、质量、结构、效益相统一的基础上，强调了“安全”的目标，这标志着“安全”已成为新发展理念的重要内容，同样安全也成为高质量发展的前提和基础。

（二）高质量发展，可以从不同层次、不同维度进行认识和评价

从宏观看，就是要不存在重大结构性失衡，正常的产业循环、市场循环和经济社会循环得以顺畅进行；产业和技术前沿边界能够持续向前推进，经济增长的效率源泉主要来自创新而不仅仅是规模扩张；资源和环境的负外部性尽可能低；国民收入分配结构公平合理；经济金融风险总体可控，在关键核心技术“卡脖子”问题上能守住底线；发展战略、经济政策和宏观调控主要服从推进高质量发展这一主线。从中观看，就是要充分发挥各地区的比较优势，保持一个动态均衡并不断优化升级的产业结构、区域结构；地区、行业的协同和一体化发展程度较高，生产要素的错配而带来的效率损失控制在较低水平；建立起一个能够不断满足国内最终消费需求的高水平供给体系。从微观看，就是要创造一个能够最大限度激发微观主体活力和激励相容的营商环境，建设高标准市场体系，完善公平竞争制度，使市场真正在资源配置中发挥决定性作用，更好发挥政府作用，使一切有利于社会生产力发展的力量源泉充分涌流。

（三）高质量发展，就是要发挥好我国发展多方面的优势和条件

应该看到，我国经济潜力足、韧性强、回旋空间大、政策工具多的基本特点没有变。一是我国拥有包括4亿多中等收入群体在内的14亿人口所形成的规模庞大、供求多元、创新活跃、拉动力强的内需市场。2019年，我国人均国内生产总值超过1万美元，国际经验表明，这一水平正是消费结构变革和升级最快的时期。二是我国具有全球最完整、规模最大的工业体系、强大的生产能力、完善的配套能力，拥有

1亿多市场主体和1.7亿多受过高等教育或拥有各类专业技能的人才，加之需求多元和广阔市场空间，有利于新技术快速大规模应用和迭代升级，经济更具活力。三是我国经济增长动力已逐步从过去依赖较大规模的出口转向以国内有效投资和消费为主，内需成为经济增长的稳定器。“十三五”以来，经常项目顺差同国内生产总值之比持续低于2%，2018年一度降至0.2%。四是我国疫情防控取得重大战略成果，经济发展呈现稳定转好态势，并形成了“生命至上、举国同心、舍生忘死、尊重科学、命运与共”的伟大抗疫精神，制度优势显著、治理效能提升等有利于高质量发展的优势和条件进一步凸显。

二、“我国已进入高质量发展阶段”标志着一切战略和政策的出发点都必须适应高质量发展的要求

“十四五”时期，是我国全面建成小康社会、实现第一个百年奋斗目标之后，乘势而上开启全面建设社会主义现代化国家新征程、向第二个百年奋斗目标进军的第一个5年。适应高质量发展的要求，需要在战略规划、政策制定等方面进行一系列改革和创新。

（一）要始终坚持把新发展理念作为推动高质量发展的指导思想

创新、协调、绿色、开放和共享的新发展理念既是抽象的，更是具体的，要抓好主要任务。创新发展方面，要始终坚持抓创新就是抓发展，谋创新就是谋未来。下大力气提升自主创新和原始创新能力，尽快突破关键核心技术背后的重大科学问题；创造有利于科技成果转化、新技术快速应用和迭代升级的生态环境。协调发展方面，要始终坚持正确处理发展中的重大关系。以一体化的思路和举措打破影响生产要素自由流动、优化配置的各种体制政策障碍，把各地区之间发展不平衡转化为利用好各自的比较优势，实现更合理分工，凝聚更强大的合力。绿色发展方面，要始终坚持生态文明理念和人与自然和谐发展。生产、生活方式要控制在自然资源、生态环境可承受范围内，实

现人与自然的良性循环；建设绿色基础设施，构建绿色生产体系，积极促进绿色消费，逐步改变大量消耗资源能源的出口依赖型生产方式。开放发展方面，要始终坚持发展更高层次的开放型经济。以高水平开放打造国际合作和竞争新优势，推动完善更加公平合理的国际经济治理体系。共享发展方面，要始终坚持发展为了人民、发展依靠人民、发展成果由人民共享。既要不断把"蛋糕"做大，又要不断把做大的"蛋糕"分好，不断提高人民生活水平并缩小收入分配差距，实现人民对美好生活的向往。

（二）要始终坚持把提升产业链、供应链的稳定性和竞争力作为推动高质量发展的关键主线

高质量发展需要提高供给体系质量，显著增强我国经济创新力和竞争力。这就需要以增强自主创新能力、突破关键核心技术为核心，抓住成本、技术等影响产业链、供应链稳定性和竞争力的主要因素，实施产业基础再造和产业链提升工程，将创新主动权、发展主动权牢牢掌握在自己手中。降低制度性交易成本，深化金融、电力、石油天然气、铁路等领域改革，降低实体经济成本。着力补齐软性基础设施方面的短板。发挥好新型举国体制优势，加强科技创新和技术攻关，强化关键环节、关键领域、关键产品保障能力。依托我国超大规模市场和完备产业体系，创造有利于新技术快速大规模应用和迭代升级的独特优势，加速科技成果向现实生产力转化，提升产业链水平，维护产业链安全。发挥数字经济优势，加快产业数字化、智能化转型，巩固传统产业优势，强化优势产业领先地位，抓紧布局战略性新兴产业、未来产业，提高产业链、供应链稳定性和竞争力。加强国际协调，在开放竞争合作中共同维护国际产业链、供应链安全稳定。

（三）要始终坚持把深层次改革和高水平开放作为推动高质量发展的根本动力

改革是解放和发展社会生产力的关键，是推动国家发展的根本动

力。对外开放是基本国策，是改革开放以来我国经济持续快速发展的重要动力。这就要求我们必须拿出更大的勇气、更多的举措，加快推进有利于提高资源配置效率、有利于提高发展质量和效益以及有利于调动各方面积极性的改革，必须对标国际高标准市场体系，实施更大范围、更宽领域、更深层次的全面开放，完善市场化、法治化、国际化营商环境。强化竞争政策的基础性地位，全面实施市场准入负面清单制度和公平竞争审查制度，以开放、服务、创新、高效的发展环境吸引人才、资本、技术等各种要素以及企业和产业集聚。坚决打破部门分割、地区封锁、行业垄断并加强政策协同，加快建设统一开放、竞争有序的高标准市场体系，实现劳动、资本、土地、知识、技术、管理、数据等生产要素价格市场决定、流动自主有序、配置高效公平。牢牢扭住供给侧结构性改革这个战略方向，打通生产、分配、流通、消费各个环节内部和相互之间的梗阻，消除制度、技术、成本等方面的制约因素，提升供给体系对国内需求的适配性。推动规则、规制、管理、标准等制度型开放，在更高水平开放中实现发展与安全的统一。加快形成全方位、多层次、多元化的开放合作格局。

（四）要始终坚持把推进国家治理体系和治理能力现代化作为推动高质量发展的长效机制

推进国家治理体系和治理能力现代化既是全面深化改革的总目标，也是高质量发展的根本保障。我们已经在国家治理体系和治理能力上积累了许多宝贵的经验，我国的制度和治理体系也具有多方面的显著优势，但适应高质量发展的要求，仍需要继续完善和发展。要建立既有科学性又有操作性的高质量发展政绩考核体系。坚持质量第一、效率和效益优先，把质量提高、民生改善、社会进步、生态效益等指标和实绩作为重要考核内容。加快构建绿色GDP统计等高质量发展统计体系，建立健全地方政府债务责任追究制。要进一步推动构建适应社会主义市场经济体制的亲清政商关系。完善容错纠错机制，激励各级领导干部光明磊落地同企业交往，政策制定要多听企业家意见和建议。培育激发企业家精神的法治环境、市场环境和社会环境，引导企业家追求卓越，勇于创新，带领企业战胜当前的困难，努力成为新时代推动高质量发展的生力军。进一步处理好政府与市场的关系，既充分发挥市场在资源配置中的决定性作用，又能更好发挥政府作用。从完善宏观政策、产业政策、微观政策、改革政策、社会政策等多个方面健全更高质量发展的政策体系，特别是推动产业政策向普惠化和功能性转型，加强产业政策和竞争政策协同，避免政策成为企业套利的工具或者不能及时调整甚至退出。依法治国是推动高质量发展的重要保障，要强化法律的保障作用，让好的制度和政策能够长期得到执行。

第二部分 新工业革命

第八章　一定要抓住新工业革命的机遇①

党的十九大作出了实现中华民族伟大复兴中国梦的"两步走"战略设计，明确到21世纪中叶建成富强民主文明和谐美丽的社会主义现代化强国的战略目标，并强调实现"两个一百年"奋斗目标、实现中华民族伟大复兴的中国梦，必须坚持解放和发展社会生产力。站在社会主义现代化强国建设的历史长河中，解放和发展社会生产力，就是要深度参与甚至引领新一轮工业革命，在新工业革命中创造和释放生产力。从历史经验、客观基础、信念及制度看，中国有必要、有底气、也有能力抓住新工业革命的机遇，为社会主义现代化强国建设打下坚实基础。

---

① 本文发表于《东北财经大学学报》，2019 年第 3 期。

一、深度参与甚至引领新工业革命是建设社会主义现代化强国的必由之路

按照关键投入品、主导技术及产业、对生产生活方式的影响等标准，世界经济史上至少已经发生了三次工业革命。三次工业革命分别是18世纪60年代开始的第一次工业革命、19世纪70年代开始的第二次工业革命和20世纪四五十年代开始的第三次工业革命。目前，比较一致的认识是，新一轮科技革命和产业变革正在孕育兴起，但却有不同的表述。美国麻省理工学院的埃里克·布莱恩约弗森教授等提出了第二次机器革命，杰米·里夫金提出了第三次工业革命，达沃斯论坛的创始人克劳斯·施瓦布提出了第四次工业革命，经济合作与发展组织（OECD）发布了《下一轮生产革命》的报告，还有其他表述，如美国的工业互联网、德国的工业4.0。本文采用的是二十国集团领导人杭州峰会公报中提出的“新工业革命”概念，并在更广泛的意义上使用这一提法。

历史上的三次工业革命，释放了巨大的生产力，对人类社会的生产生活方式产生了革命性影响。马克思和恩格斯在《共产党宣言》中谈到，资产阶级在它的不到一百年的阶级统治中所创造的生产力，比过去一切世代创造的全部生产力还要多，还要大。这描述的就是第一次工业革命所释放的巨大能量。同时，工业革命还对全球政治经济格局产生了深远影响。近代以来的大国崛起史，就是一部工业革命引领史。第一次工业革命之前，英国经济总量落后于法国，1700年，英国经济总量仅为法国的54.8%。第一次工业革命催生或壮大了纺织、冶金、交通运输（铁路）等行业，推动了英国从手工向机器大生产过渡，改变了英国经济总量长期落后于法国的局面，到1820年，英国经济总量已超过法国，人均GDP更是达到法国的1.5倍。这一领先随后持续了一个半世纪左右。第二次工业革命催生或壮大了钢铁、汽车、电气、石油化工等产业，使美国和德国超过英国。美国经济总量在1872年超越英国，人均GDP在1901年首次超过英国。1870年，德国经济总量为英国

的72.0%，1908年德国经济总量首次超过英国。第三次工业革命则使美国持续保持了全球最大经济体的地位。第三次工业革命催生或壮大了计算机、航空航天、信息技术等产业，使美国成功应对了苏联、日本和欧洲的经济竞争，维持了全球最大经济体地位。由此可见，每一次工业革命都为后发国家的赶超发展提供了历史性机遇。

历史经验告诉我们，我国要建成社会主义现代化强国，实现中华民族伟大复兴的中国梦，也需要深度参与甚至引领一次新的工业革命。中国是一个有十几亿人口的大国，经济总量已经位居世界第二，但人均GDP（购买力平价，GK国际元）仅为美国的1/3左右。作为一个发展中国家，要弥补这一差距，首先需要发挥后发优势，充分利用现有市场空间。但是，随着相对差距的缩小和我国进入工业化后期，后发优势的释放节奏已有明显下降，这正是近年来我国经济增速放缓的重要原因。此外，逆全球化、贸易及投资保护主义升温，大国经济摩擦增多，可利用的全球市场空间和技术转移空间受到限制。在这一背景下，更需要深度参与新一轮工业革命，释放出新工业革命蕴含的巨大生产力，创造新的巨大市场空间并以此实现中国经济的持续健康发展。

二、新工业革命的本质就是技术进步驱动下的产业范式变迁

这里所指的范式变迁，是库恩意义上的范式，是Perez“技术—经济”意义上的范式的变迁。一言以蔽之，就是技术变革驱动下的产业及企业发展常识法则的变化。举例而言，电商平台相对于传统的批发零售实体店，就是批发零售业的范式变迁；智能机对功能机的替代就是手机产业的范式变迁；移动支付对传统的银行小额支付的部分替代就是支付行业的范式变迁。在上述这些范式变迁中，原有的企业发展常识法则被新的常识法则所替代。范式变迁是一个相对陌生的词，对应到产业领域，可以理解为技术路线的革命性变化、商业模式的突破性创新。这是关乎新时代中国产业转型升级及现代化的一个具有根本性意义的议题。

（一）如何促进范式变迁

中国产业范式变迁的突破问题主要是市场机制发挥决定性作用的结果。至于在哪个领域率先突破，哪个企业率先突破，则是企业家们在创新和竞争中出现的既不可预见又在意料之中的结果。

第一，要建立一个创新导向型的经济结构。这个经济结构主要是Baumol报酬结构意义上的经济结构。在市场配置资源的背景下，报酬结构决定要素配置。企业家才能、人才和资本等创新要素配置的逻辑是，哪里更容易赚钱，就往哪里配置要素。创新导向型经济结构意味着报酬结构是有利于使资源要素向生产性活动而不是向非生产性活动配置，有利于向创新性活动而不是向非创新性活动配置。具体而言，就是不要有严重的资产泡沫，不要产生金融和实体经济、金融和房地产报酬结构失衡。除报酬结构意义上的经济结构，创新导向型经济结构也包括国有经济和民营经济意义上的结构。这里并不强调国有经济和民营经济谁的创新效率就一定比谁高，而是说两者要有公平竞争的平台。具体而言，要求有一个市场友好型的国有经济。当然，促进范式变迁还应该摆脱另一种极端思维，即凯恩斯所说的那样，成为“一些已故经济学家的奴隶”。对于一个国家而言，特别是对追赶型经济体而言，政府在一些情况下也可以是整个创新链条中私人部门积极且重要的合作伙伴。中国的产业政策一定是需要改革的，而且总体上需要收缩，让市场在资源配置中起决定性作用一定要确立竞争政策的基础性地位，但无论从国际还是国内环境看，产业政策完全退出历史舞台的时机尚未到来。

第二，要有对基础研究和应用基础研究的大力投入。范式变迁的根本性力量还是在于技术变迁。在一定程度上可以说，范式变迁就是技术变迁的函数，而技术变迁又是有效研发投入的函数。在发挥应用创新和商业模式创新优势的同时，也要加大基础研究和应用基础研究的投入。2018年美国制裁中兴通讯事件表明，特别是战略性产业领域的关键核心技术，必须要有从基础架构到最终产品的系统能力。而且，这些领域的投入产出规律是“大投入，大产出”“小投入，没产出”。只有在关键技术、核心技术上的突破或技术积累，才能增加发生范式变迁的潜在可能性，提高国外发生范式变迁后中国跟进的速度。

（二）要关注范式变迁的破坏性作用

范式变迁是一种创造性破坏。中国在拥抱其“创造性”所带来的巨大收益的同时，也要做好应对其“破坏性”的挑战。比如，在这一轮平台经济的范式变迁下，已经出现利润高度集中于少数平台企业的弊端。一方面，在降低就业和恶化收入分配结构方面的效应已经有所显现；另一方面，新创企业的生存空间受到挤压，企业纵向流动性有下降的隐患。如何规制平台经济，成为必须面对的迫切的时代课题。又如，范式变迁对金融体系稳定产生持续性冲击。如果范式变迁主要由新企业引入，而不是主要由现有企业转型升级所带来，或者现有企业难以跟进范式变迁，由于存量信贷资源已经配置到旧有企业，这将意味着短期内对金融体系的严重冲击。当然，若如此，这本身也是金融服务实体经济效率不高的体现。以电商平台对实体批发零售企业的替代为例，这个过程中就产生了大量的不良贷款。2017年末，批发零售业不良贷款率在所有行业中最高，达到4.7%。2018年6月末，工商银行、建设银行和农业银行批发零售业不良贷款率虽然有所下降，但仍高达9.0%、7.4%和10.3%。[①]

（三）新工业革命就是要促进范式变迁

新工业革命，简单地说就是新一轮科技革命和产业变革，其本质就是范式变迁。可以说，哪个国家能够更有效地推进范式变迁，就更有机会在新工业革命中占据有利地位，就能更好地利用新工业革命所

① 根据《中国银行业监督管理委员会2017年报》，2017年末，批发零售业不良贷款率在所有行业中最高，达到4.7%。根据工商银行、建设银行、农业银行年报，2018年6月末三家银行批发零售业不良贷款率虽然有所下降，但仍高达9.0%、7.4%和10.3%。

蕴含的巨大生产力。建设新工业革命伙伴关系，关键在于促进伙伴国家产业发展的范式变迁。中国曾经错失了第一次和第二次工业革命的机遇，但有幸抓住了部分第三次工业革命的机遇（20世纪70年代以来，以信息技术为核心的科技革命与产业变革在时间上是重叠的），这也是中国能够取得今天的发展成就的重要原因之一。

当前，正在兴起的这场新工业革命，以新一代信息技术为核心，以新能源、新材料、生物技术等为代表的新兴技术簇群的突破发展和协同应用为核心，以人、机器和资源间的智能互联以及制造业数字化、网络化、智能化和服务化为特征，为中国充分利用现代科技实现产业链、价值链的升级和国际竞争力的提升提供了机遇。同时，也会带来一些新的挑战。从这个意义上讲，产业范式的变迁将决定中国的未来。

三、我国已具备深度参与新工业革命的经济产业基础

新工业革命已经初见端倪，我国经济也进入了新时代，社会生产力水平总体上显著提高。与过去两百多年来屡屡错过工业革命不同，中国当前已基本具备了深度参与甚至引领新工业革命的基础。

（一）我国已基本达到引领新工业革命的产业技术门槛

根据前三次工业革命的经验，工业革命的策源地或引领国不一定是当时经济产业发展水平最高的国家，也一定不是经济产业基础薄弱的国家，需要达到一定的产业技术门槛。在第二次工业革命之初，英国是最领先的国家，但第二次工业革命的引领国不是英国，而是发展水平不如英国的德国和美国。不过，当时的德国和美国并非经济技术薄弱的国家，其产业技术水平已经达到较高水平。追赶指数，即人均GDP（按购买力平价衡量）与领先国家人均GDP之比，是衡量经济产业发展水平的较好指标。根据麦迪森数据库，1870年德国和美国的追赶指数（德国、美国人均GDP与英国人均GDP之比）分别达到57.6%和76.6%。若将1870年德国和美国的追赶指数，作为工业革命引领国须达到的产业技术门槛的经验

值，中国已基本具备引领新工业革命的基础。2015年，我国前五大创新区域（深圳、北京、上海、广州、杭州）人口与德国基本相当，追赶指数（人均GDP与美国人均GDP之比）达到75.9%，与第二次工业革命之初美国的追赶指数接近。我国人均GDP前七大省份人口规模接近于美国，追赶指数为54.5%，与第二次工业革命之初德国的追赶指数接近（见表8-1）。与此同时，中国在新工业革命可能孕育的部分领域，如数字经济领域，已经具备一定优势。

作为制造业大国，2000年中国制造业增加值4050亿美元，和德国相当，是日本的40%，美国的25%。2006年，接近9000亿美元，追上日本。2010年，达到1.9万亿美元，赶上美国（见图8-1）。

表8-1　2015年中国与美、德、日人均GDP的比较

	人口（千人）	GDP（1990国际元，百万）	人均GDP（1990国际元）	追赶指数（%）
美国	322018	10658669	33100	100
中国	1369493	14473391	10568	31.9
中国（深圳、北京、杭州、上海、广州）	66257	1600040	24149	75.9
中国（人均GDP前七大省份）	259980	4693679	18054	54.5
中国（人均GDP前八大省份）	368470	6232723	16926	51.1
日本	126920	2902536	22869	69.1
德国	80854	1805627	22332	67.5

注：第4、5行人均GDP数据根据其现价人均GDP水平占中国全国平均水平之比匡算。

数据来源：Maddison数据库，作者计算。

值得说明的是，工业革命可以由不同国家共同引领，比如第二次工业革命。我国引领新工业革命并不排除与其他国家的共同引领。

（二）我国具有有利于新工业革命潜力释放的广阔市场空间

中国是超大规模经济体，具有庞大的经济体量和市场规模，可以

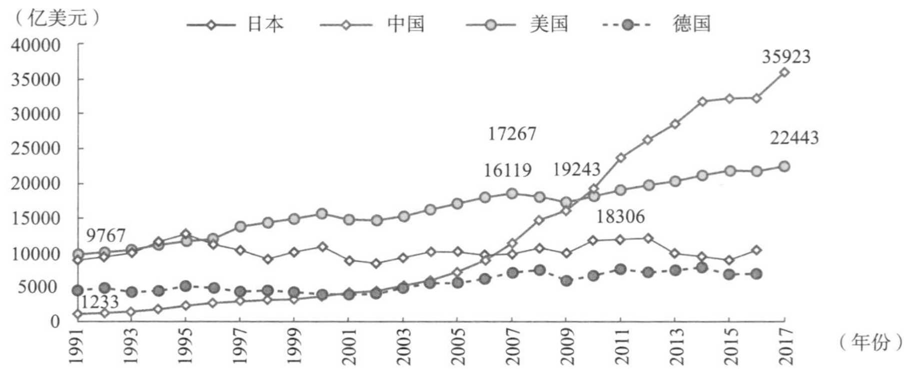

图8–1　中国制造业增加值及其与美国、德国和日本的比较

注：1991年制造业增加值中国为1233亿美元，美国为9767亿美元；2009年中国为16119亿美元，美国为17267亿美元；2010年中国首次超过了美国，中国为19243亿美元，美国为18306亿美元。

数据来源：作者绘制。

为新工业革命提供两方面的驱动力。一是需求引领。《共产党宣言》在描述18世纪后期至19世纪上半叶的“工业生产的革命”时，谈到“市场总是在扩大，需求总是在增加，甚至工厂手工业也不再能满足需要了。于是，蒸汽和机器引起了工业生产的革命”。与此类似，中国庞大的国内需求也将为新工业革命提供需求条件，诱导新技术的扩散和新产业的发展。二是供给驱动。企业家及创新型企业是工业革命的关键驱动力。比如，第一次工业革命中的理查德·阿克莱特、约书亚·韦奇伍德、马修·博尔顿，第二次工业革命中的约翰·洛克菲勒、安德鲁·卡内基、亨利·福特、奥古斯特·蒂森，第三次工业革命中的小托马斯·沃森、安迪·葛洛夫、罗伯特·诺伊斯、史蒂夫·乔布斯，都曾在创新和推动新兴产业发展中发挥先锋作用。在新工业革命中，企业家及创新型企业仍将继续发挥重要作用。可以说，谁能更有效地发挥企业家和创新型企业的作用，谁就可能在新工业革命中取得领先地位。有效发挥企业家和创新型企业的作用，有赖于维持较强的企业纵向流动性。新工业革命需要范式跃迁式创新，需要更多发挥新创企业的创造性破坏作用。只有维持足够的企业纵向流动性，使新创企业能够成长为大企业，从而取代或对既有大企业构成竞争，才能有效地促进创新和新兴产业发展。庞大的市场空间就是维持较高企业纵向流动性的重要保障，并给予了创新型企业成长的空间。

（三）我们具有深度参与新工业革命的足够信念

在过往的三次工业革命中，可以发现追求国家富强的信念在工业革命中也发挥着重要作用。党的十九大确立了习近平新时代中国特色社会主义思想，明确坚持和发展中国特色社会主义，“总任务是实现社会主义现代化和中华民族伟大复兴，在全面建成小康社会的基础上，分两步走在21世纪中叶建成富强民主文明和谐美丽的社会主义现代化强国”。随着习近平新时代中国特色社会主义思想深入人心，随着越来越多的人认识到只有深度参与甚至引领新工业革命才能实现中华民族伟大复兴的中国梦，建成社会主义现代化强国的使命就会迸发出坚强的信念。

四、中国推进新工业革命面临一系列重大挑战

新工业革命在不少领域削弱了中国传统的比较优势，带来了新的挑战和压力。

（一）数字技术和人工智能的发展使得劳动力数量和劳动力成本的重要性降低

后发经济体传统工业化模式的核心在于发挥劳动力比较优势，劳动力数量红利是追赶型国家能否实现赶超的关键因素之一。从现有的发展趋势看，将来的企业不得不管理好两类员工：一类是人类员工，另一类是机器人员工。由于技术进步带来的机器人员工的成本不断下降，会导致机器人在生产过程中的大规模使用，而人类员工的成本下降是有限的，既有劳动力的再生产作为下限，也有收入不断增长的内在要求。2012年以来，中国的劳动力数量开始下降，成本快速上升，即使这样，一段时期内与已经完成工业化的发达国家相比较仍然具有

明显优势。但是，生产的数字化、智能化和网络化在一定程度上加快了中国传统制造业部门成本优势的下降速度，强化了发达国家原本在研发和设计等方面的相对竞争力，并由此对我国产业向价值链中高端的升级带来直接影响。当然，这种影响是系统性的，每一个后发经济体都不可能例外。对于印度等拥有巨大人口资源的国家来说，其劳动力数量的潜在价值正在逐步变小，甚至实现其“人口红利”的机会窗口正变得越来越小。

（二）智能制造和个性化定制将使许多行业规模经济和范围经济变得不明显

我国的产业竞争力除了要素成本，还有一个重要的方面是由于更大的生产规模而带来的低平均成本，这在传统的大规模流水线作业中尤为明显。由于企业信息技术的快速进步及其广泛应用，特别是制造业互联网化造成的小批量个性化定制，使得传统规模经济和范围经济的重要性正在变小，至于大批量定制生产（Mass Customization Production），更是改变了传统意义上对规模经济和范围经济的理解，正如约瑟夫·派恩在《大规模定制：企业竞争的新前沿》一书中写道：“产品品种的多样化和定制化急剧增加，而不相应增加成本。”

（三）当地化、分散化的生产方式可能得到迅速发展，中国的世界制造中心地位可能受到威胁

数字化、智能化和网络化使得工业产品的生产可以更加接近终极消费者，产品的制造和生产成本在总成本中的比重上升而流通成本下降，传统的生产制造中心正遇到越来越大的挑战，“工业民主化”正在从企业内部的决策管理转变成为更大范围的产品生产布局调整。这无疑对中国等制造中心是一个巨大的挑战。

（四）中国产业发展基础不牢特别是原始创新不够

首先，关键核心技术、零部件和设备仍严重依赖进口。工信部对

全国30多家大型企业130多种关键基础材料的调研显示：32%的关键材料仍为空白，52%依赖进口；绝大多数计算机和服务器通用处理器95%的高端专用芯片，70%以上智能终端处理器以及绝大多数存储芯片依赖进口；高档数控机床、高档装备仪器、运载火箭、大飞机、航空发动机、汽车等关键件精加工生产线上逾95%制造及检测设备依赖进口。其次，绝大多数产业领域的劳动生产率不高。制造业部门的平均劳动生产率只有美国、韩国等国家的1/8到1/10，不仅低于发达国家，甚至低于一些发展中国家（见图8-2）。

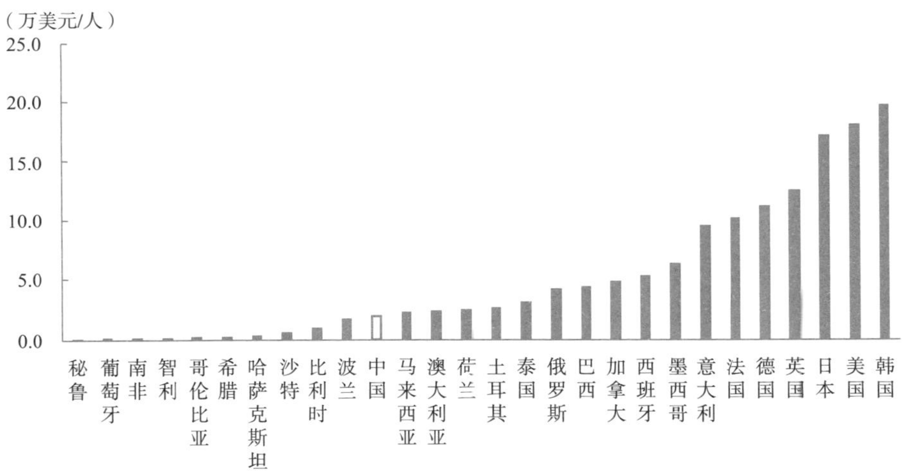

图8-2　2014年各国高技术制造业劳均产值的比较

数据来源：作者绘制。

（五）中美经贸摩擦造成我国经济运行环境的不确定性

近年来，中美之间发生的经贸摩擦已经给双方和全球经济带来了很大的影响。中美之间的经贸摩擦，名义上是贸易逆差问题，实际上是产业竞争力问题。美国面对正在快速追赶的中国经济，所采取的包括加征关税、实体清单等一系列措施，根本目的还是要打压我国战略性产业部门向价值链中高端升级。由于在总体经济实力等重要指标上仍然有明显差距，双边贸易规模、结构极不平衡，关键技术和核心零部件对美依存度较高，双方的经贸摩擦一定时期内会对我国的产业转型升级和企业发展带来直接而重大的影响。

五、培育和创造适应新工业革命的制度环境

每次工业革命之初，都有一些国家具备了产业技术基础、市场规模等潜在条件，但为什么最终只有个别国家脱颖而出成为工业革命引领国？为什么英国在第一次工业革命取得成功后，没有持续引领第二次工业革命，而美国却持续引领第二次工业革命和第三次工业革命？究其原因，就在于只有少数国家才能长期保持适宜工业革命的制度环境。中国要努力成为新工业革命的引领国，就需要保持改革开放40多年以来的较强体制可改革性，就需要突破不合时宜的思想观念和利益固化的藩篱，通过持续地改革开放，创造并始终维持有益于新工业革命发生和扩散的适宜性制度环境。

（一）进一步完善产权制度和加强知识产权保护

18世纪中叶，当时的英国首相威廉·皮特曾讲过一句话，“风可进，雨可进，未经允许国王不可进”，后来成为“财产权保护”的至理名言。英国能够引领第一次工业革命，与其建立了一套比较完善的产权保护制度是有直接关系的。产权制度是社会主义市场经济的基石，保护产权是坚持社会主义基本经济制度的必然要求。2016年中共中央、国务院《关于完善产权保护制度依法保护产权的意见》，2017年中共中央、国务院《关于营造企业家健康成长环境弘扬优秀企业家精神更好发挥企业家作用的意见》，特别强调加强对各类企业自主经营权和财产所有权保护，切实维护企业家人身权、财产权、人格权和创新收益权，抓紧甄别纠正一批社会反映强烈的产权纠纷申诉案件，充分体现了党和国家保护各种所有制经济组织和公民财产权的坚定信心。着眼未来，只有继续保护各种所有制经济产权和合法权益，保证其依法平等使用生产要素、公平参与市场竞争、同等受到法律保护，保障各类创新创业者的知识产权，建成高水平的营商环境，我国引领

新工业革命才能具备坚实的制度基础。

（二）着力营造审慎包容的监管环境

在工业革命中，快速的生产力变革会对已有的产业或利益格局、政府管理模式带来巨大冲击。当不合时宜的思想观念与原有产业利益格局交织，政府就很难确保政策和管理方式适应快速变化的环境，从而导致生产关系调整（特别是政府理念和监管政策的调整）明显滞后于技术进步和产业发展，从而对工业革命构成严重制约。同样是英国，第二次工业革命期间存在达30年之久的“红旗法案”就是代表落后生产力的“马车集团”与不合时宜的管理观念结合的产物，严重制约了英国汽车工业的发展，成为英国错失第二次工业革命机遇的一个缩影。为此，政府需要坚持审慎包容、严管厚爱的原则，制定技术友好型的监管政策，在守住底线的同时，避免抑制创新。过去几年我国在新业态、新模式上的成功实践也证明了审慎包容的合理性。在微信、网约车、移动支付、共享单车等领域，我国能够领先世界许多国家，既有后发优势和市场规模的原因，但始终保持审慎包容的监管态度，无疑也是一个重要的原因。

（三）维持企业纵向流动性

新工业革命中，维持企业纵向流动性的关键在于规制平台垄断。目前，平台企业已经成为企业的重要组织模式，这种模式既具有强大的规模经济和范围经济，具有规模报酬递增效应，但也具有减低企业纵向流动性和抑制企业创新的潜在隐患。为此，需要从促进公平竞争、防范“大而不能倒”“大树底下不长草”等视角出发，不断完善对平台垄断的规制。

（四）构建包容性的社会政策环境

新工业革命不仅改变生产生活方式，也会对原有社会结构和就业格局带来巨大影响。当前，新工业革命的图景尚未完全展开，对社会结构和就业的影响尚不能作出精准预判。人工智能和机器人的快速发展及广泛应用，当然会创造出新的产业链条、新的企业和新的就业，但对现有产业分工以及在此基础上形成的传统劳动关系越来越多的替代也是必然会发生的事情，甚至让我们进入所谓的“无人化经济增长”时代。我们需要想清楚一些更加深层次的问题：“机器替代劳动”是人类社会又一轮挑战，还是新的更大的自由和解放？营造包容性社会政策环境的一个基本原则是增强整个社会对于技术冲击的适应能力。为此，要建立面向新工业革命的教育体系，重视通用能力培养，树立终身学习理念，增强人们在新工业革命环境下的就业能力。要完善社会保障体系，确保在新工业革命进程中，不让任何一个人掉队。

第九章　如何建立一个创新导向型的经济结构[①]

中国经济转型将是一场“持久战”。经济转型的核心是结构调整和增长动力的转换，关键在于建立一个创新导向型的经济结构。这一目标的实现至少需要满足以下三个条件：一是创新导向型的社会报酬结构，二是保持较强的企业纵向流动性，三是建立市场友好型的国有经济。本文详细论述了为什么要建立一个创新导向型的经济结构，并从上述三个方面对如何建立一个创新导向型的经济结构进行了分析。

① 本文发表于《财经问题研究》，2017 年第 3 期，与朱鸿鸣合作；作为封面文章被《新华文摘》2017 年第 11 期全文转载。

近年来，中央经济政策的思路越来越明确。从2013年提出的“三期叠加”，到2014年的“新常态”，2015年的“供给侧结构性改革”，以及2016年中央经济工作会议上明确提出了“党的十八大以来，我们初步确立了适应经济发展新常态的经济政策框架”的重要判断，都说明中国政府已清醒地认识到，必须把认识、把握、引领新常态作为当前和今后一个时期做好经济工作的大逻辑；必须形成以新发展理念为指导、以供给侧结构性改革为主线的政策体系；必须贯彻稳中求进的工作总基调，保持战略定力。按照我们的理解，其中核心的逻辑就是，战略上坚持持久战。

要取得经济转型的成功，保持中国经济的持续稳定增长，必须在战略上坚持“持久战”。一段时间以来，对中国未来5～10年的经济前景有许多不同的认识，比较有代表性的有两种：一是“反转论”，二是“崩溃论”。作为新常态下增长战略的“持久战”，是与经济“崩溃论”和“反转论”相对立的观点。“持久战”并不是指经济形势长期萎靡甚至一直走下坡路；相反，它意味着中国经济前景向好，且不会陷入“长期停滞”。从实践层面来看，“持久战”不是“等”“熬”“忍”，而是包含了一整套克服当前困难、争取经济长期向好的战略战术安排。比如坚持增速阶段论，以短期换长期；打好“歼灭战”，彻底治理经济污染；维持体制可改革性，释放后发优势；塑造有效政府，依靠有为干部；在全球视野下坚持“持久战”；等等。

经济转型的核心是结构调整和增长动力的转换，关键在于建立一个创新导向型的经济结构。本文详细论述了为什么要建立一个创新导向型的经济结构，并从以下三个方面对如何建立一个创新导向型的经济结构进行了分析：第一，重塑创新导向型的社会报酬结构；第二，增强企业纵向流动性；第三，建立市场友好型的国有经济。

一、从创新视角下认识经济结构

（一）创新及经济结构

创新在不同语境下具有不同的含义。本文所指的创新主要是经济学意义上的创新，具体到某个微观经济行为，则是指提供一种新产品或新服务，既包括一种新知识的发明，又包括将这种发明成功地引入市场的活动。这一定义在科技界也有一定共识。比如，3M公司的发明家Nicholson博士认为，科研是把金钱转化为知识的过程，创新则是把知识转化为金钱的过程。又如，美国工程院院士、普林斯顿大学教授李凯也认为，创新和研究很不相同，在流程、成功标准、所需能力以及成功原则等多个方面均有显著差异。

关于经济结构，虽然已有较为明确的定义，即“国民经济各个部门、各个地区、各种成分、各个组织和社会再生产各个方面的构成，以及它们的相互联系、相互制约的关系”，但一旦涉及具体问题，经济结构的内涵就异常丰富。比如，在改革开放之初，马洪就从产业结构、技术结构、经济组织的结构、所有制结构、产品结构及进出口产品结构、就业结构、投资结构、地区结构及城乡结构、价格结构、积累和消费的结构等多个方面研究经济结构的调整问题。而在近年来关于中国经济结构失衡及调整的广泛讨论中，经济结构也至少包含不下十种被广泛使用的含义。比如，需求层面的内外需求结构，投资消费结构，投资内部结构；产业层面的农业—非农部门结构，三次产业结构，传统—新兴产业结构；供需关系层面的产能过剩以及区域结构及城乡结构，金融结构，收入分配结构等。

然而，以上对经济结构的理解并不是创新视角下的经济结构，这是因为，很难将一个经济体的内外需求结构、投资消费结构、区域经济结构、收入分配结构和金融结构与其创新活力及创新能力关联起来。尽管非农产业比重与创新相关，但非农产业比重的上升通常意味着技术进步和生产率的提高，虽然中国非农产业的比重现在已经超过了90%，但这并不能揭示未来中国创新的源泉所在。新兴产业的快速发展及其比重的上升意味着创新，但传统产业的转型升级也是创新。显然，要找到创新导向型经济结构的线索需要引入新的视角。

（二）创新导向型经济结构

我们引入生产性活动（productive activity）和非生产性活动（unproductive activity）的划分。类似地，Murphy等进行了生产性部门（productive sector）和寻租部门（rent-seeking sector）的划分。生产性活动与技术进步、创新和财富创造更相关；非生产性活动更多的是与财富分配相关。在一个经济体中，若企业家才能等创新要素更多地配置到生产性活动中，则其创新能力强；若创新要素更多地配置到非生产性活动中，则其创新能力弱。同时，社会报酬结构影响企业家才能配置。在这个意义上，创新导向型经济结构就是有利于创新要素配置到生产性活动，而不是配置到非生产性活动的经济结构或社会报酬结构。

本文在Murphy等的基础上，将非生产性活动对应到具体行业中。Murphy等将律师诉讼和金融活动视为非生产性活动或寻租性活动。考虑到当前金融与实体经济失衡、资产泡沫等问题，我们认为，金融业、房地产业所代表的主要为非生产性活动，而实体经济部门，如工业所代表的主要是生产性活动。然而，需要注意的是，当金融尚未发展过度，且不存在显著的房地产泡沫时，并不能在整体上将金融业和房地产业归为非生产性活动。当然，生产性活动与非生产性活动并非都能与各个产业一一对应。比如，散户参与股市，居民参与高息非法集资，炒房者参与房地产市场等非生产性活动都难以直接归入金融业或房地产业。但是，这些活动总是与金融业及房地产业的运行态势或股价、房价等资产价格息息相关。“脱实向虚”就是生产要素脱离生产性活动，向非生产性活动配置。

仅有生产性活动与非生产性活动的划分并不足以揭示创新导向型经济结构的全部。由于聚合生产要素的企业及其所构成的企业结构不同，创新能力和活力也显著不同。为此，还可以从企业结构视角讨论经济结构：一是规模意义上的企业结构，二是所有制意义上的企业结构。规模意义上的企业结构并不是指大中小企业的比重，而是一种动态结构，用于描述大企业的变动率，以及小企业成长为大企业的可能性。所有制意义上的企业结构并不特指国有及非国有企业的比重，还包括国有与非国有企业之间的关系，如两者之间的合作是否顺畅，等等。

可以将创新导向型经济结构理解为创新导向型经济体制。通常认为，经济结构与经济体制是相互区别的。实际上，两者是紧密关联的。一方面，经济结构可能对经济体制产生反作用，经济体制在一定程度上内生于经济结构，比如在金融主导的经济结构中，其经济体制通常是有利于金融部门而非实体经济的。另一方面，经济结构本身就是经济体制的组成部分。比如，不同的所有制结构就是不同的经济体制。改革开放之初，国有企业占绝大部分比例的所有制结构与当前国有企业比重显著下降后的所有制结构，是两种具有显著差异的经济体制。又如，大企业主导的日本与企业纵向流动性更强或大企业更替较为频繁的美国，二者实行的也是两种具有显著差异的经济体制。

创新导向型经济结构主要有三方面的要求。一是需要有创新导向型的社会报酬结构，即有利于企业家才能、人才、资本等创新要素配置到生产性活动的社会报酬结构。这就需要实现金融（一些情况下也包括房地产部门）与实体经济的再平衡，需要去资产泡沫。二是保持较强的企业纵向流动性。增强企业之间的竞争，使已成功的企业具有持续创新的压力，使企业家可以通过创新获得巨大收益。这就需要通过商事制度改革降低企业创立的门槛，以及反垄断和建立创新导向型金融体系。三是建立市场友好型国有经济或使国有资本具有“亲市场性”。这既需要推动国有经济布局结构的战略性调整，需要建立以管资本为主的国有资产管理体制，也需要加快完善国有企业的治理结构。总之，创新导向型经济结构就是有利于资源和生产要素配置到生产性活动及高生产率部门，有利于新技术、新商业模式、新产品和新产业不断涌现的经济结构。

二、重塑创新导向型的报酬结构

基于生产性活动与非生产性活动的划分，考虑到中国经济中要素合理配置所面临的主要障碍，在行业层面，创新导向型报酬结构首先需要考虑的是，金融与实体经济、房地产与非房地产意义上的经济结构或行业报酬结构。

（一）金融与实体经济再平衡

在金融与实体经济层面，创新导向型经济结构要求实体经济占优，否则，创新要素就会“脱实向虚”，更多地涌向金融业这类非生产性活动，从而导致要素配置结构的恶化。

当前中国金融与实体经济之间的关系恰恰与创新导向型经济结构的要求相反。2015年，中国金融业增加值占GDP的比重已达到8.5%，超过了美国和英国的历史最高水平。有观点认为，中国金融业增加值的核算方式与英美不同，可能存在一定的不可比性。但从纵向比较来看，中国金融业增加值占GDP的比重在5年内提高了2.1个百分点，远远超过了英国和美国。这样的发展速度并不意味着中国金融业发展的绩效高，反而揭示了金融与实体经济之间的失衡，特别是在当前中国尚未完成工业化的情形下更是如此。金融业增加值占GDP的比重过高也意味着金融风险的大量累积。例如，1990年日本金融业增加值占GDP的比重达到峰值（6.96%），但随后而至的是资产泡沫的破灭和大量金融不良债权的产生。

无论是从资本意义上，还是员工意义上，中国的金融业均占显著优势地位，成为“攫取性”金融体系。行业报酬结构与金融业增加值占比过高密切相关，从企业所得税看，2015年金融业企业所得税已经超过工业企业所得税，是后者的115%，而在2011年，前者仅为后者的56%。考虑到金融业和工业的实际税率可能存在差异，金融业的利润可能并未超过工业；但是，考虑到工业和金融业占GDP比重的显著差异，金融业的利润显然过高。

金融业的高回报会导致创新要素的“脱实向虚”，大量的优秀人才配置到金融业。大量的生产性资本配置到金融业，企业家精神被侵蚀。根据成都民间金融泡沫的调查情况，有许多民间金融的参与者均为创业小有所成的企业家。在2015年股市繁荣期间，不少上市公司股东更关注股价表现而非业绩表现；类似的情况在日本亦有先例，随着炼金术的兴盛，日本的企业家精神就在走下坡路了。一个金融与实体经济失衡的经济结构并不是创新导向型经济结构，一个“攫取性”的金融体系并不是创新友好型的金融体系。要促进创新，就需要推动金融与实体经济关系的再平衡，建立两者和谐共生的共容性金融体系。共容性金融体系的建立，既需要破除金融中心主义的认识误区，也需要摆脱信贷密集型增长方式，还需要推动以建立共容性金融体系为目标的金融改革。

首先，需要破除金融中心主义及金融强国论的认识误区。金融强国论认为，无论是荷兰、英国还是美国，大国在崛起过程中或崛起后都曾经伴随着金融的强盛，都成为当时的国际金融中心，诚然，金融对于经济增长具有重要作用，但不应过于拔高。金融强国论只看到故事的前半部分，却忽略了更为重要的后半部分。阿瑞基认为，从数百年的经济史和金融史来看，崛起后的大国会出现危机征兆（signal crisis），即国家的经济重心由贸易和生产转向金融，虽然金融化能够延长该国占据主导地位的时间，但会带来最终危机（terminal crisis），导致其丧失领先地位并被新兴大国所取代。

其次，改变信贷密集型增长模式，避免金融业过度扩张。中国金融业的高回报与金融业资产规模的快速扩张相关，而金融业的快速扩张又与整个经济落入信贷密集型增长模式直接相关。信贷密集型增长一方面是因为中国市场对金融与经济关系的认识不全面有关，即认为金融发展与经济增长呈正相关关系而非倒U形关系，另一方面则与中国对经济增速的要求有关，还与资产价格泡沫化有关，信贷高度依赖于抵押物。资产价格泡沫化意味着抵押品价格的上升，为金融信贷快速扩张提供了基础。对此，除了破除金融中心主义的认识误区，需要更加重视发展质量和去资产泡沫。

最后，推动以共容性金融体系为目标的金融改革。中国金融改革的目标是建立一个统一开放、竞争有序、富有韧性、与实体经济共容的金融市场体系。其中，统一开放既要求准入顺畅，也要求退出顺畅，准入既包括对内开放也包括对外开放；竞争有序既包括强化竞争，也包括有序竞争；富有韧性是对金融稳定的要求；与实体经济共容首先需要利润格局的再平衡，这意味着要消除金融业的过高利润和从业者的过高收入。有观点认为，无须过度关注金融业某一阶段的高利润，这是因为，从整个经济周期或金融周期看，金融业的利润率并不一定高于社会平均利润率。这种观点的重大缺陷在于忽略了金融业某一阶段的高利润对全社会创新要素配置的不利影响。要消除金融业的高利润以及金融从业者的过高收入，关键还在于强化竞争：一是强化银行业之间的竞争。这需要在坚持审慎监管的前提下，引入有活力的增量，发挥互联网银行的作用，提高外资银行业务比重。二是强化银行业与资本市场的竞争。这需要从夯实股票市场的基础性制度和加强监管出发，发展股票市场和债券市场。三是强化银行业与非银行业金融机构之间的竞争。这需要大力发展非银行业金融机构，特别是保险业金融机构。四是改变对商业银行的某些强制性考核指标，如净利润必须保持每年增长等。

（二）去资产泡沫

新常态下增长战略的“持久战”面临资产泡沫的严重挑战，与去资产泡沫相关但有显著区别的另一种提法是去库存。一定程度上，去库存是稳增长导向的，通过去库存增强房地产后续投资的能力，以确保经济增长。去资产泡沫则是创新导向的。两者的差别在于，不当地去库存，如通过加杠杆去库存，反而会导致资产泡沫。

首先，资产泡沫会严重侵蚀企业家精神，抑制创新。后发优势的释放，以及企业家的创新是重要机制。但是，具有企业家才能的人是否能够配置到生产性领域进行创新，则取决于是否拥有一个合理的报酬结构。资产泡沫的存在导致投资非生产性资产或虚拟资产，能获得远比从事生产性活动更高的收益，从而导致具有企业家才能的人更多地从事投机活动。若缺乏企业家的创新，即便具有后发优势，也无法实现技术的引进吸收和再创新，无法实现技术进步和产业的转型升级。深圳目前是中国转型升级的典范，被称为创新之都、创业之都，但由于近年巨大的房地产泡沫，其创业创新环境已大幅恶化。

其次，资产泡沫还会降低体制的可改革性。资产泡沫放大了资本或财富收益与劳动力收益之间的差距，会导致收入差距扩大，阻碍代际流动、城乡流动，导致社会阶层的固化。资产泡沫会造成房价收入比持续增加，拥有房产者（特别是大城市）与无房产者的收入差距不断扩大，也会引起社会阶层流动性的下降。

最后，资产泡沫还是重要的金融风险源。资产价格的下跌导致抵押物价值的下降，既影响再融资，也会导致违约的增加，金融危机通常都有房地产泡沫破灭的因素。从制度层面上看，房地产泡沫的产生与供地制度、“土地财政”和房产税缺失相关。供地制度中，住房用地比例偏小且为工业用地提供补贴，导致住房用地价格高涨。“土地财政”使得地方政府成为或至少在短期内成为高地价、高房价的受益方，在面对房价快速上涨的情况时，地方政府通常不作为或反应缓慢，甚至扮演了直接推手的角色。房产税缺失降低了房地产的持有成本，从而难以抑制房地产投机。从政策层面上看，房地产泡沫的产生与货币政策过度相关。具体而言，就是缺乏中性的住房金融政策，缺乏与货币政策联动的、可以进行反向调整的税收、信贷政策，从而导致货币政策过度。此外，缺乏对杠杆使用的限制。为此，要继续坚持宏观审慎原则，推行中性的住房金融政策，避免通过“加杠杆”的方式实现去房地产库存。当然，也要加快研究建立符合国情、适应市场规律的基础性制度和长效机制。

三、增强企业的纵向流动性

（一）企业纵向流动性

企业纵向流动性借用了社会流动性的概念，是指企业从小企业成长为大企业，以及大企业维持其现有地位的能力。可以用企业规模最大的前几家企业的变动率和“独角兽”公司数来度量。“独角兽”通常是指未上市且市值达到一定规模（比如10亿美元）的公司。变动率的度量方法与鲍莫尔等关于企业家型资本主义或企业家型经济体制的度量方法类似。企业规模可以使用营收规模、利润规模或市值规模等度量。变动率越高，“独角兽”公司数越多，企业纵向流动性越高，反之亦然。

整体层面的企业纵向流动性与个体层面的企业基业长青具有一定的矛盾性，每个企业都希望基业长青，但若都实现了基业长青，则整个经济的活力不足。一方面，根本性创新最可靠的来源在于那些充满活力的新建企业，这些企业没有保持现有地位的既得利益；而大企业即便具有非凡的创新能力，一旦达到某个规模后很难继续维持创新精神，政治游说就成为其对抗新企业威胁、维护自身地位的诱人选择。较高的企业纵向流动性可以提高企业家创新的收益，是对企业家创新的激励。另一方面，新企业的成长壮大也使大企业始终面临较大的竞争压力，有利于激发大企业的创新。企业纵向流动性的下降则会削弱企业家创新的收益，不利于激励企业家创新，降低整个经济体系的竞争活力。

美国企业的纵向流动性较高。美国20世纪70年代最大的100家制造业和工业企业，截至2000年仍存在的只有一半左右；任何类型的“顶级”企业名单，每10年都会出现变化；在初始创业阶段后，成功的美国企业比其欧洲同行发展得更迅速。

（二）创新与企业纵向流动性

与美国不同，日本则几乎是一个完全相反的案例。关于日本的创新能力及活跃程度，有两种截然不同的观点。一种观点认为，日本创新活跃，创新能力很强。在汤森·路透（Thomson Reuters）发布的2015年“全球创新百强”（Top 100 Global Innovators）名单中，有41家日本企业上榜，上榜企业数高居榜首。另一种观点则认为，日本创新活力不足，创新能力弱。知名创投研究机构CB Insights发布的“独角兽”（市值10亿美元以上的非上市公司）榜单中，截至2015年末，尚无一家日本公司上榜。

两种观点差异如此之大，究其原因，我们认为，是因为这两种观点所指的创新并非相同意义上的创新。第一种观点所指的是技术创新或研发意义上的创新，“汤姆森·路透2015年全球创新100强”的评选依据是专利，具体包括专利数、专利申请成功率、专利的全球性和专利影响力。第二种观点所指的创新是与市场相结合的创新或熊彼特意义上的创新，CB Insights的“独角兽”榜单的评选依据是市值。

本文讨论的是第二种观点所指的创新。虽然日本企业拥有大量高质量的专利，但如同坐在金矿上的乞丐，无法将其有效产业化（失去的20年），其创新能力较弱。由于高质量的技术创新并未带来成功的新兴企业及新兴产业，日本的技术创新只能称为“暮气沉沉的卓越创新”。这种观点所认为的日本创新能力弱，实际上是指日本企业的纵向流动性低。在鲍莫尔等的概念体系中，这属于大企业型资本主义或大企业型经济体制。在这种体制下，日本的创新能力受到严重影响。一方面，大企业主导造成新兴产业领域的新兴企业缺乏足够的成长空间，使得日本在互联网和信息科技领域缺乏竞争力。另一方面，大企业主导也使得大企业自身的创新不足或技术创新的商业化能力不足，在传统电子领域的竞争力也显著下降。

（三）反垄断与企业纵向流动性

企业纵向流动性与国内市场规模相关。通常情况下，市场规模越大的经济体，企业纵向流动性也越高。一方面，庞大的经济规模或巨大的市场空间可以为新兴企业挑战现有大企业创造丰富的机会。另一方面，大型经济体对个体意义上大企业的依赖程度不高，更有利于其推行反垄断政策；而在小型经济体中，若个别大企业在其经济中所占比重过高，如三星之于韩国、和记黄埔之于中国香港，由于反垄断可能带来短期的经济冲击甚至是国际竞争力的削弱，就容易陷入“大而不能倒”的困境。

由于巨大的人口基数和经济规模，中国国内市场规模巨大，且对个体意义上的大企业依赖度不高，中国具有保持较强企业纵向流动性的优势。由于市场空间狭窄，在原有大企业几乎占据市场空间的情况下，小型经济体企业纵向流动性差，创新创业活跃度不高。尽管如此，中国仍然需要对企业纵向流动性的下降保持警惕。保持企业纵向流动性的一个重要手段是实施反垄断措施。反垄断有利于避免大企业阻塞新兴企业的成长空间，避免形成具有压迫性的政治影响力，或者通过削弱大企业在政治上的影响力，避免形成有利于现有大企业而不利于竞争和创新的经济体制；有利于防止企业满足安逸的环境，保持竞争，提高效率。津加莱斯指出，获得政府支持的能力与企业规模有直接关系，规模越大，越有实力支付游说的固定成本，其回报也越大，越有能力操纵政治权力为其服务。

关于反垄断政策，存在两个认识误区。第一个误区是：反垄断主要是反行政垄断。实际上，除此之外，正常市场竞争所带来的垄断也需要遏止，随着改革的不断深入和经济市场化程度的提高，这类垄断会更多。第二个误区是：反垄断会削弱国家层面上的企业竞争力，其基本逻辑是，国与国之间的竞争，实际上最终是企业与企业之间的竞争，尤其是大企业与大企业之间的竞争，反垄断的对象主要是大企业，所以，反垄断会削弱大企业并进一步削弱国家的竞争力。

第二个误区的存在显然是孤立、静态地看待企业竞争力，而忽略了企业纵向流动性对企业整体动态竞争力的积极作用。为此，需要全面辩证地认识大企业的作用。大企业的积极作用是显而易见的，实际上，一个大企业通常能够支撑和带动其产业链上的众多中小企业。但是，大企业也必然有其负面作用，当其利用自身优势和资源阻碍新兴企业成长时，实际上扮演的是一种“创新杀手”的角色。

参考文献

[1] 威廉·鲍莫尔，罗伯特·利坦，卡尔·施拉姆.好的资本主义，坏的资本主义[M].北京：中信出版社，2008.

[2] 李凯.促进中国高科技科研创新的想法[J].中国计算机学会通讯，2014（6）：10–16.

[3] 马洪.经济结构与经济管理[M].北京：人民出版社，1984.

[4] 陈清泰.资本化是国企改革的突破口[J].中国金融，2016（4）：17–20.

[5] 杰奥瓦尼·阿瑞基著，姚乃强等译.漫长的20世纪：金钱、权力与我们社会的根源[M].南京：江苏人民出版社，2001.

[6] 赵昌文，朱鸿鸣.从攫取到共容：金融改革的逻辑[M].北京：中信出版社，2015.

[7] 赵昌文，朱鸿鸣，黄珊.创新突破：为什么是深圳[R].国务院发展研究中心调查研究报告，2015年10月13日。

[8] 路易吉·津加莱斯.繁荣的真谛[M].北京：中信出版社，2015.

[9] 本·伯南克著，蒋宗强译.行动的勇气：金融风暴及其余波回忆录[M].北京：中信出版社，2016.

[10] 拉古拉迈·拉詹，路易吉·津加莱斯，余江译.从资本家手中拯救资本主义[M].北京：中信出版社，2004.

[11] 张文魁.国企改革才是货真价实的供给侧改革[A].滕泰，范必等.供给侧改革[C].北京：东方出版社，2016.

[12] 赵昌文.抓住国企改革主要矛盾[J].财经，2014（8）.

[13] Baumol，W.J. Entrepreneurship：Productive，Unprocuctive，and Destructive[J]. Journal of Business Venturing，1990，11（1）：3–22.

［14］Murphy，K.M.，Shleifer，A. Vishny，R.W. The Allocation of Talent：Implications for Growth［J］. The Quarterly Journal of Economics，1991，50（2）：103–130.

［15］Ito，Osamu. Nibon–gata kinyu no rekisbiteki kozo（The Historical Structure of the Janpanese Style Finance）［M］. Tokyo：Tokyo Daigaku Shuppankai，1995.

［16］Micklethwait，J.，Woolridge，A. The Company：A Short History of a Revolutionary Idea［M］. New York：Modern Library，2003.130–131.

［17］G.Scarpetta，2002，http：//www.fisica.unisa.it/gaetano.scarpetta/2002_pubblicazioni.html.

［18］The Unicorn List：Current Private Companies Valued at $1B and Above［EB/OL］. https：//www.cbinsights.com/research–unicorn–companies，2015年8月23日。

［19］OECD. Competitive Neutrality：Maintaining a Level Playing Field Between Public and Private Business［R］. OECD Publishing，2012.

第十章　平台经济：一种新经济形态[①]

2019年政府工作报告中提出，要“坚持包容审慎监管，支持新业态新模式发展，促进平台经济、共享经济健康成长”。这是平台经济连续第二年被写入政府工作报告。此前，商务部等12部门联合印发了《关于推进商品交易市场发展平台经济的指导意见》，不少部委、地区也出台了一些促进平台经济发展的指导意见，标志着平台经济的发展已经不仅仅是一种理念和倡导，而且有了明确具体的制度和政策安排。

① 本文主要内容发表于《学习时报》，2019 年 8 月 14 日。

平台经济是近些年才出现的一个新名词，与此相关的还有另外几个概念，如平台、平台企业、平台生态等。这些概念的内涵与外延之间既有重合，也有差异，还真有些“剪不断，理还乱”。简单说，平台是一种基于外部供应商和客户之间互动实现价值创造的商业模式，可以通俗地理解为，平台是促进生产者和消费者进行价值互动的结构。虽然可以分成不同类别，但平台的首要目标是匹配用户并通过商品、服务或货币的交换为所有参与者创造价值。经济学中最早关于平台的研究可以追溯到2004年左右Rochet和Tirole（2004）对双边市场和单边市场的定义和区分。所谓双边市场，就是一种不同于传统市场的市场结构，两组参与者需要通过中间层（intermediary）或平台（platform）进行交易，而且一组参与者在平台上获得的收益取决于该平台上另一组参与者的数量（armstrong，2006）。交叉网络外部性是双边市场与传统单边市场最重要的区别，即平台一边参与者数量的增加会带来另一边参与者效用的提高，每一类参与者通过共有平台与另一类参与者相互作用而获得价值（Wright，2007）。其实，双边市场只是一个特例，更具有普遍性的是多边市场，其区别只在于是两组还是多组参与者而已。有了对双边市场和多边市场的理解，我们就可以比较容易地定义平台企业了。所谓平台企业，本质上是一种连接型企业，它能够为供应商和客户或者客户和客户之间进行交流沟通和交易提供增值服务，能够在人、机构和资源的互动中实现价值创造和价值交换。至于平台生态，其基本含义是，平台是半成品，只有与其他可能互动的群体进行对接，才能够突破自身内在的资源和能力局限，才能够在一个开放式系统中得以有效运行。平台是生态系统的基石，生态系统是平台的表现形式，开放的生态系统使得平台成为无边界组织，成为“没有篱笆墙的花园”。

需要指出的是，我们今天所讨论的平台、平台企业、平台生态，其实都是基于互联网和数字技术支撑的，换言之，是指新平台、新平台企业、新平台生态。基于以上的理解，我们可以将平台经济定义为一种基于数字技术，由数据驱动、平台支撑、网络协同的经济活动单元所构成的新经济系统。如果说平台是一种商业模式，平台企业是一个微观基础，平台生态是一个开放体系的话，那么，平台经济则是基于数字平台的各种经济关系的总称，是在宏观层面上对一个行业、一个地区、一个国家甚至全球数字平台经济活动进行评价与度量的一个整体概念。

一、平台经济已成为我国经济转型期重要的增长新动能

（一）全球数字平台主要集中在美国和中国等少数国家

数字平台在全世界各地均有分布，但主要集中在美国和中国等少数国家。平台经济已经成为我国经济转型期重要的增长新动能。近年来，无论从全国整体看还是从不同领域、不同地区看，平台经济在稳定经济增长、促进产业升级、创造就业机会等方面，都发挥了重要作用，成为新动能的重要力量。我国平台经济规模已经占GDP的10%左右。

（二）平台经济已经深深融入工业、零售、交通、物流、能源、金融等诸多领域中

调查显示，我国规模在5000万元以上的工业互联网平台企业接近80家，部分工业平台设备连接数量超过10万台（套）；2017年我国工业互联网直接产业规模约为5700亿元，估计2020年可以达到万亿级市场规模。2017年，我国汽车共享市场规模超2000亿元，用户规模超4亿人，日均订单数量超过2000万。其中，网约车平台吸引了超过1500万辆私家车加入。2017年，我国通过电商购物的用户已经超过5.33亿人，市场渗透率69.1%，网络零售额7.18万亿元[①]。经过十几年的发

① 数据来源：国家发改委编著的《中国共享经济发展报告》一书，商务部发布的《中国电子商务报告 2019》，人民邮电报发表的《2018 工业互联网创新发展回顾》一文，工业互联网产业联盟发布的《工业互联网平台白皮书（2017）》。

展，我国已诞生了至少三种模式的互联网金融平台，即“大型互联网平台综合金融”“传统金融机构的互联网平台化”和“互联网金融信息中介”，总量达数十个之多。截至2019年底，我国金融互联网平台用户总数超过10亿①。从地区看，虽然总体上都有快速发展，但北京、上海、深圳、杭州等城市平台经济的发展更快，无论是创新力还是活力，都明显高于全国其他地区。如2015～2017年，浙江网络零售额分别增长49.9%、35.4%和29.4%。可以预期，伴随着改革开放的不断深化，越来越多行业和地区的平台经济会出现加速发展的态势，成为我国经济转型期的重要增长新动能。

二、平台经济：新工业革命背景下的产业范式变迁

平台经济是一种商业模式的创新，是一种产业范式的变迁，是新工业革命背景下的一种新经济形态。其实，新工业革命的本质就是技术进步和模式创新驱动下的产业范式变迁。范式变迁是一个相对陌生的词，对应到产业领域，可以理解为技术路线的革命性变化、商业模式的突破性创新。这是关乎新时代我国产业转型升级及现代化的一个具有根本性意义的议题。

当前，平台经济作为一种新经济形态，已经成为新工业革命或者第四次工业革命的标志性范式变迁。平台经济之所以被称为一种新经济形态，主要源于以下主要的特征。

（一）从平台模式讲，平台是不同于传统企业与市场的一种组织形态

自由市场经济是以亚当·斯密古典政治经济学理论和18世纪中期英国工业革命的实践为基础的，主张国家尽可能少干预经济，市场可以通过充分竞争以达到资源的最优配置效率。但是，新制度经济学家罗纳德·哈里·科思指出，如果市场能有效协调经济行为和资源配

① 根据蚂蚁集团公开的招股文件，2020 年 6 月末支付宝年度活跃用户数已超过 10 亿。

置，那么为什么还会存在公司这样一种组织形式呢？

为此，“交易成本学说”给出的解释是，公司的存在是为了交易成本最小化，在一些情况下，公司可以将经济行为内部化，从而达到比市场组织更高的效率，而在另一些情况下，公司则必须通过市场实现整个交易过程。平台作为一种新的组织形态，既不完全等同于企业，也不完全等同于市场，而是一种兼具传统企业组织和市场功能的第三种形态。

（二）从平台企业讲，平台外部的连接性及其网络效应、正反馈效应决定了平台的发展空间

不同于传统企业强调内部资产的重要性，平台企业更强调外部的连接性、网络效应和正反馈效应。也就是说，虽然内部的资本、人才等核心要素仍然是企业竞争力的重要来源，但平台企业更关注外部的人、资源和功能，其管理的重点也从传统供应链和商业模式转变成管理公司非直接控制的外部资产。

汉威士传媒集团（Havas Media）高级副总裁汤姆·古德温（Tom Goodwin）的话正是这种特征的典型表达，“世界上最大的出租车公司优步，不曾拥有一辆车。世界上最流行的社交网站Facebook，没有生产过任何内容。最有价值的零售商阿里巴巴，没有一件商品库存。世界上最大的民宿网站爱彼迎，旗下没有一处房源”。

（三）从价值创造讲，平台的价值和利润来源不仅是“存量资产”，更主要的是“增量资产”

企业的资金和资产总是有限的，传统企业增长的最大约束就是资金和资产。理论上，平台企业不存在资产和资金规模的限制，只要商业模式足够好。有一种观点把企业分为“管道企业”（Pipeline）和“平台企业”，并由此提出了“线性价值链”和“价值矩阵”的概念。“管道企业”的价值创造和价值实现过程是由设计、生产、销售和服务等诸多环节构成的，是单向的、线性的，企业内部的资产是价

值和利润来源的基础；“平台企业”的价值创造和价值实现过程是一个复杂的、多维度的网络结构，生产者或供应商、消费者或顾客以及平台之间既各自创造价值，也在与其他各方的连接和互动中创造和实现价值，持续不断增长的用户是价值和利润来源的基础。平台企业具有“网络效应”，就是指一个平台的用户数量对用户所能创造的价值的影响。因此，平台企业的价值创造模式决定了在财务方面，平台公司也从传统公司金融关注股东权益和公司贴现现金流，转变成更加关注利益相关者。

作为新工业革命背景下组织创新的平台经济，对人类社会生产方式和生活方式的影响是持久、深沉和巨大的。在生产制造领域，以工业互联网为代表的平台经济，通过数字化、智能化技术极大地提升了传统生产制造过程的质量和效率，促进了智能制造和智能服务的一体化；在零售、出行、物流、金融、能源等领域，各类平台更是极大地突破了传统组织模式的各种边界，在产业融合和资源共享中实现了降低成本、提高效率、节约资源等目标。这一切既是新工业革命带来的影响，也是新工业革命向更高水平迈进的推动力量。

平台经济作为新工业革命的重要组成部分，其健康持续发展也必将助力我国的产业升级、现代化经济体系建设和高质量发展，助力全面建成小康社会和“两步走”战略目标的实现。

三、平台经济：必须在发展和规制之间保持合理的平衡

我国是一个人口超过13亿的大国，经济总量已经位居世界第二，但人均GDP（购买力平价，GK国际元）仅为美国的1/3左右。要建成社会主义现代化强国，实现中华民族伟大复兴的中国梦，更需要深度参与甚至引领新工业革命，向工业革命要动力、向工业革命要空间、向工业革命要未来。平台经济的持续健康发展正是通过新工业革命实现这一伟大目标的关键载体之一，要在促进发展和规制之间保持合理的平衡。

（一）促进平台经济的产业范式变迁

产业范式变迁关键是市场机制发挥决定性作用。至于在哪个领域率先突破，哪个企业率先突破，则是企业家们在创新和竞争中出现的、既不可预见又在情理之中的结果。所以，促进平台经济的产业范式变迁，基本立足点就是推动市场机制更加有效地发挥作用。

此外，平台经济的基础竞争能力来源于关键核心技术，只有商业模式的创新是远远不够而且难以持续的。在发挥应用创新和商业模式创新优势的同时，必须加大对基础研究和应用基础研究的投入。产业范式变迁的根本性力量还是在于技术变迁。一定程度上，范式变迁就是技术变迁的函数，而技术变迁又是有效研发投入的函数。平台不仅应该成为商业模式创新的引领者，也应该成为技术特别是关键核心技术创新的引领者。只有在各个领域领先的平台企业，才有能力承受如此巨大的投入。在政策上，一定要改变对从0到1的原始创新重视不够、支持不够、政策不友好的问题，要改变一些好的创新只有国外先认可我们才会认可的状况，要为关键核心技术创新提供必要的应用场景和不断迭代升级的机会。

（二）要关注平台范式变迁的创造性破坏作用

范式变迁是一种创造性破坏。我们在拥抱其“创造性”所带来的巨大收益的同时，也要做好应对其“破坏性”的挑战。在这一轮平台经济的范式变迁下，可以发现利润高度集中于少数平台企业的弊端。

此外，人、机器和资源间的智能互联平台以及制造业数字化、网络化、智能化和服务化，在为我国充分利用现代科技实现产业链、价值链的升级和国际竞争力的提升提供了无限机遇的同时，也会带来一些新的挑战。比如，智能制造和人工智能的发展减少了劳动力需求，削弱了劳动力成本优势；智能制造和个性化定制将使得许多行业规模经济变得不明显；当地化、分散化的生产方式可能得到迅速发展，我国的世界制造中心地位可能受到威胁。

范式变迁还可能对金融体系稳定产生持续性冲击。如果范式变迁主要由新企业引入，而不是主要由现有企业转型升级所带来的，或者现有企业难以跟进范式变迁，由于存量信贷资源已经配置到旧有企业，这将意味着短期内对金融体系的严重冲击。当然，若如此，这本身也是金融服务实体经济效率不高的体现。

（三）培育和创造适应平台经济健康发展的制度环境

平台经济健康发展对制度环境的要求高。要进一步完善产权制度和加强知识产权保护。产权制度是社会主义市场经济的基石，保护产权是坚持社会主义基本经济制度的必然要求。着眼于未来，促进平台经济的健康持续发展，必须保护好各种所有制经济产权和合法权益，保证其依法平等使用生产要素、公平参与市场竞争、同等受到法律保护，保障各类创新创业者的知识产权，平台经济的发展才能具备坚实的制度基础。

要着力营造审慎包容的监管环境。平台经济的快速发展，生产方式的快速变革会给已有的产业或利益格局、政府管理模式带来巨大冲击。为此，政府需要坚持审慎包容、严管厚爱的原则，制定新经济友好型的监管政策，在守住底线的同时，避免抑制创新。

要维持企业纵向流动性。平台企业具有自然垄断属性，具有强大的规模经济，具有规模报酬递增效应，但也具有减低企业纵向流动性和抑制企业创新的潜在隐患。为此，需要从促进公平竞争、防范风险等视角出发，不断完善对平台垄断的规制。要把包容审慎与严格执法有机统一起来，要把企业自律、行业协同和政府监管有机统一起来。

要营造包容性的社会政策环境。平台经济不仅改变生产生活方式，也会对原有社会结构和就业格局产生巨大影响。为此，要建立面向未来、面向技术变革的教育体系，重视通用能力培养，树立终身学习理念，增强人们在新经济范式下的就业能力。要完善社会保障体系，缓解平台经济发展中难以避免的冲击。

参考资料

［1］杰奥弗雷 G. 帕克等.平台革命：改变世界的商业模式［M］.北京：机械工业出版社，2018.

［2］托马斯・库恩.科学革命的结构［M］.北京：北京大学出版社，2004.

［3］佩蕾丝.技术革命与金融资本：泡沫与黄金时代的动力学［M］.北京：人民大学出版社，2007.

［4］Mark Armstrong， Competition in two–sided markets， The Rand Journal of Economics， Vol.37， No.3， autumn， PP668–691， 2006.

［5］Mark Armstrong， Julian Wright， Two–sided Markets， Competitive Bottlenecks and Exclusive Contracts， Economic Theory， 32（2）：353–380， 2007.

［6］Rochet Jean–Charles， Jean Tirole， Defining two–sided markets. Mimeo， IDEI， University of Toulouse， 2004.

第十一章　正确认识和应对新一轮信息革命的影响①

关于我们今天所处的时代，从技术和产业的视角有许多不同的表述。但是，无论是第二次机器革命、第三次工业革命、第四次工业革命、工业4.0，还是下一代生产革命、新一轮科技革命和产业变革、新工业革命，一个共同的特征就是新一代信息技术的创新发展给人类社会生产生活方式带来了巨大而深刻影响。

① 本文发表于《人民日报》，2019年6月14日。

一、当今世界正在进入新一轮信息革命时代

（一）新一轮信息革命的影响是全方位的、长周期的

“新一轮信息革命”是当今世界新一轮科技革命与产业变革核心特征。麦肯锡咨询公司提出的改变未来的12项颠覆性技术中，移动互联网、知识工作自动化、物联网、云计算、先进机器人、自动驾驶汽车等绝大多数都属于新一代信息技术领域或直接相关的技术创新。我们此前的研究中，对新工业革命提出的“一主多翼”的判断也是基于相同的认识。“一主”，就是说新工业革命的主要驱动力量还是新一代信息技术的深度和全面应用，简单来说就是数字化、网络化和智能化，是“云大物移智”这样一种群体性的技术；“多翼”，就是指新一代信息技术的发展与新能源、新材料和生物科技等诸多领域的技术进步相协同，呈现出一种融合创新、全面发展的态势。可见，只有抓住新一轮信息革命这个核心，才能对我们所处的变化的时代有更加准确的认识和理解。

（二）分析信息革命对人类社会的影响，可以从生产力和生产关系这对基本矛盾出发

新一轮信息革命本质上就是由于信息的生产、交换、分配和消费方式的高度发展而带来的全社会生产力和生产关系的巨大变革，就是技术进步和模式创新驱动下的产业范式变迁和制度创新。一方面，生产力的发展史就是人类不断通过技术进步解放自己的历史。第二次世界大战以后，半导体、集成电路、计算机、卫星通信等电子信息技术，使人类利用信息的手段发生了质的飞跃。如果说历史上的工业革命使得人类获得了体力上的巨大解放的话，那么新一轮信息革命正在空前地实现人类智力的巨大解放。正如马克思指出的，“工业的历史和工业已经生成的对象性的存在，是一本打开了的关于人的本质力量

的书”。另一方面，历次工业革命也深刻影响和改变了人类社会的生产关系。资本主义制度的最终确立以及在工业革命推动下所进行的不断调整，正是生产力发展对生产关系的革命性影响。同样，新一轮信息革命不仅会带来生产力的大发展，还一定会引发经济结构和社会结构巨大而深刻的变化。

我国正处于全面建成小康社会和开启现代化建设新征程的关键时期，要实现“两个一百年”奋斗目标、实现中华民族伟大复兴的中国梦，必须坚持解放和发展社会生产力，加快建设创新型国家，以创新引领信息革命；必须坚持改革开放，加快完善社会主义市场经济体制，创造并始终维持有益于信息革命发生和扩散的适宜性制度环境。

二、正确认识和应对信息革命对生产方式的影响

（一）新一轮信息革命对人类生产方式的影响既是全方位的，也是深层次的

信息革命对生产方式的影响就是信息技术驱动下的产业范式变迁，是信息化带来的产业技术路线的革命性变化和商业模式的突破性创新。新一轮信息革命对人类生产方式的影响既是全方位的，也是深层次的。当前，产业范式变迁主要表现为：生产方式智能化、产业形态数字化和产业组织平台化。

一是生产方式智能化。我们已经看到互联网作为创新最活跃、赋能最显著、渗透最广阔的产业，正加速向各产业尤其是制造业产业链、供应链和价值链渗透，推动制造业发生着深刻变革。网络化协同、个性化定制、服务化延伸、智能化生产正在成为“新制造”的共同特点。

二是产业形态数字化。我们正在经历从管理数字化、业务数字化向产业数字化的转变阶段。产业形态数字化转型是数字化发展新阶段，数字化不仅拓展了新的经济发展空间，而且能推动传统产业转型

升级。未来所有产业都可能成为数字化产业或与数字化技术深度融合的产业。未来可能就只有两类企业，数字化转型的企业和没有转型的企业。数据将是企业的战略性资产和价值创造的重要来源。

三是产业组织平台化。平台企业正在成为一种新组织形态，我们正在进入互联网平台主导的时代。2019年，全球市值前十的公司有八家为平台企业。不同于传统的管道企业，平台企业既是企业，也是市场；既不完全等同于企业，也不完全等同于市场，而是一种兼具传统企业组织和市场功能的第三种形态。不同于传统企业强调内部资产的重要性，平台企业更强调外部的连接性及其网络效应，平台外部的连接性及其网络效应决定了平台的发展空间。

（二）新一轮信息革命是一把双刃剑：机遇和挑战并存

毫无疑问，生产方式智能化、产业形态数字化和产业组织平台化都会从微观和宏观层面上极大地提升生产率和全社会资源配置效率。对于后发国家来说，如果能够抓住新一轮信息革命的机遇，就可以成功地实现追赶甚至超越。但是，我们也不应该忘记，范式变迁从来都是一种创造性破坏，在拥抱其“创造性”的巨大收益的同时，也要做好应对其“破坏性”的挑战。

一是资本和收益高度集中于少数平台企业的弊端。平台企业具有自然垄断属性，规模经济乃至规模报酬递增效应明显，但也具有阻滞企业纵向流动性和抑制企业创新的潜在隐患。如何规制平台经济，降低其在恶化收入分配结构方面的效应以及防范“大树底下寸草不生”，是政府必须面对的迫切的时代课题。为此，需要从促进公平竞争等视角出发，不断完善对平台垄断的规制。要把包容审慎与严格执法有机统一起来，要把企业自律、行业协同和政府监管有机统一起来。

二是范式变迁也会对金融体系稳定产生持续性冲击。如果范式变迁主要由新企业引入，而很少基于现有企业的转型升级或者现有企业难以跟进这一变迁过程，由于存量信贷资源已经配置到旧有企业，短期内意味着对金融体系的严重冲击。当然，这本身也可能是金融服务实体经济效率不高的体现。以电商平台对实体批发零售企业的替代为例，根据《中国银行业监督管理委员会2017年报》，2017年末，批发零售业不良贷款率在所有行业中最高，达到4.7%。根据工商银行、建设银行、农业银行年报，2018年6月末三家银行批发零售业不良贷款率虽然有所下降，但仍高达9.0%、7.4%和10.3%。

三是新一轮信息革命中最重要的生产要素正在从传统意义上的劳动力、土地、资本等转变为人力资本、知识资本、大数据、新型基础设施等。数字化、网络化和智能化使得工业产品的生产可以更加接近终极消费者，产品的生产制造成本在总成本中的比重上升而流通成本下降，当地化、分散化的生产方式可能得到迅速发展，发达国家“再工业化”和“再制造业化”越来越成为可能，传统的主要分布在发展中国家的生产制造中心正遇到越来越大的挑战。与此同时，智能制造和人工智能的发展使得劳动力数量和劳动力成本在一国经济增长中的重要性降低。相比印度等拥有巨大人口资源的国家来说，我国的劳动力数量从2012年以来已经开始逐年递减，充分发挥比较优势、实现其“人口红利”的机会窗口正变得越来越小。面对新一轮信息革命，缩小国与国之间的差距，不是让发达国家停下来等待，而是要让更多的发展中国家能够有机会开启或加速工业化。中国提出建立“新工业革命伙伴关系”和“推动构建人类命运共同体”“一带一路”倡议等，就是希望新一轮信息革命的成果能够惠及包括更多发展中国家在内的全球经济体，以此带动多数发展中国家进入工业化的过程，更好地实现自主可持续发展，更好地落实2030可持续发展目标，在合作共赢中实现包容增长和共同繁荣。

三、正确认识和应对信息革命对生活方式的革命性影响

新一轮信息革命影响的不仅仅是生产方式，还有生活方式。当前，新一轮信息革命的图景尚未完全展开，对人类社会生活方式的影

响尚不能作出精准预知。但是，至少以下几个方面的影响将是巨大而深刻的。

（一）新一轮信息革命对劳动就业的影响

历史上的工业革命既是对劳动者的解放，同时客观上也形成了对劳动者的替代。18世纪60年代开启的第一次工业革命正是以蒸汽作为动力的机器代替人工，极大地提高了生产效率，具有非常重要的划时代的意义。正如马克思所指出的，“工业革命是技术进步引起的工具机对人类劳动的替代”。由于生产过程自动化和机器人大规模使用，新一轮信息革命也正在形成对劳动者越来越多的替代。不同之处在于，新一轮信息革命既有对人类体力劳动的替代，也有对人类脑力劳动的替代，更加全方位和深层次。机器对劳动的替代，积极意义在于把人类从繁重危险和简单机械的劳动中解放出来，技术作为人类实现自由的手段成为人的生存方式。从企业的角度看，机器对人的替代或“机器换人”是应对劳动力成本上升、促进技术进步、提高生产效率的重要方式，是实现产业升级和经济持续增长的动力之源。所以，我们总体上需要以积极乐观的心态面对包括人工智能在内的新技术变革以及可能对劳动就业带来的影响。关键是要做好准备，通过制度创新或生产关系调整以适应这样一个快速变化的时代，适应新一轮信息革命。“机器正像拖犁的牛一样，并不是一个经济范畴。以应用机器为基础的现代工厂才是社会生产关系，才是经济范畴”。具体讲，要建立面向新一轮信息革命的教育体系，重视通用能力培养，树立终身学习理念，增强人们在新技术变革环境下的适应性就业能力。机器换人和自动化程度提高要求从业者就业结构调整，一部分人机协作要求从业者信息素养提高，另一部分转向更多机器难以替代的、创造性强的工作岗位。2018年夏季达沃斯论坛发布的《2018未来就业》（*The Future of Jobs 2018*）报告提出，自动化技术和智能科技的发展将取代7500万种工作，但随着公司重新规划机器与人类的分工，另有1.33亿种新工作将应运而生，也就是说到2022年净增的新工作岗位多达5800

万种。此外，我们要加快完善社会保障体系，确保在新一轮信息革命进程中，不让任何一个人掉队。对企业和个人而言，除了应对挑战，还要抓住机遇，为自身赋能。

（二）新一轮信息革命对消费方式的影响

比如，共享概念早已有之，但新一轮信息革命赋予其新的内涵。正如“世界上最大的民宿网站爱彼迎旗下没有一处房源”一样，以信息技术为基础的市场平台为共享经济的发展拓展了没有边界的空间。共享汽车也正在成为一种不断成熟的商业模式，Uber（优步）、滴滴等共享出行的提供者正在通过不断创新的商业模式极大地提高全社会的资源利用效率。此外，生产领域的技术变革和商业模式创新还带来了人类生活方式和社会领域的数字化、智能化转型，智慧交通、智慧医疗、数字化学习、智能家居等更为普及。面对不断兴起的新技术、新业态、新模式，政府的主要作用有：以包容审慎的态度守护好底线；加强数字化基础设施建设；发挥互联网优势，实施“互联网+教育”“互联网+医疗”“互联网+文化”等，促进基本公共服务均等化；打破信息壁垒、提升服务效率，让百姓少跑腿、信息多跑路，解决办事难、办事慢、办事繁的问题，等等。

（三）新一轮信息革命对信息网络安全的影响

新一轮信息革命在带给我们诸多美好与便利的同时，也把我们置于一种过去从未有过的风险之中。大到国家事务，小到个人隐私，已经成为当今必须解决好的问题。没有信息网络安全就没有个人安全、企业安全和国家安全。目前的“互联网+”、共享经济、大数据、人工智能、物联网、云计算、无人驾驶等新技术应用已经步入新一轮信息革命时代，但涉及这些领域的立法和监管，绝大部分仍产生于上一次信息革命时代。如果说在过去和现在阶段，人人互联的智能终端数量还只是以十亿级、几十亿级的规模来计算，未来5G大规模商用的到来将使万物互联日益走近现实，万物互联连接入网的设备终端数将有望达到千亿级别，由此带来的网络信息安全挑战、个人和企业数据泄露的威胁将更加严峻。此外，人工智能的算法黑箱歧视，可能涉及的伦理和法律问题等也值得高度关注。由于数据和信息流动的全球化，要在坚持多边主义原则的基础上，通过监管协调寻求解决人工智能带来的伦理问题，数据流动可能涉及的法律问题，以及与网络化相伴随的安全、隐私等问题。

第十二章　如何认识、理解和推动制造业高质量发展[①]

中国经济已由高速增长阶段转向高质量发展阶段，推动制造业高质量发展是顺应内外部形势变化的战略要求。制造业高质量发展是以新发展理念为引领，以提高制造业供给体系质量、更好满足消费升级的需求为目标，以提高效率效益为根本要求，以创新为根本动力，实现优质高效、平衡协调和可持续的发展。推动制造业高质量发展，关键是加大体制机制改革力度，充分激发市场主体的创造性和能动性，提升产业治理能力。在指导方针上，重点是守住三个底线和瞄准三个高线。守住三个底线，即守住发展方式不走回头路的底线，守住产业安全的底线，守住生态保护的底线；瞄准三个高线，即产品质量、环保、安全对标高标准，技术创新应用对标高标准，营商环境建设对标高标准。

① 本文发表于《国务院发展研究中心调查研究报告》2020 年第 137 号（总 5881 号），与李燕博士合作。

党的十九大做出了中国经济已由高速增长阶段转向高质量发展阶段的重大判断。明确指出，必须把发展经济的着力点放在实体经济上，显著增强中国经济质量优势，加快建设制造业强国。制造业高质量发展是经济高质量发展的重要内容，是全面建成小康社会、建设社会主义现代化国家的关键战略支撑。科学认识和准确把握制造业高质量发展的内涵、目标与推进方向具有重要意义。

一、制造业高质量发展是内外部形势变化的战略要求

（一）制造业高质量发展符合工业化后期产业升级的一般规律

从主要国家工业化、现代化的历史经验看，制造业的转型升级和高质量发展贯穿了整个工业化的历史进程，特别是进入工业化中期以后，随着经济发展和收入水平的提高，制造业一般都会经历综合成本上升的压力，这时只有通过产业升级实现向价值链高端的攀升。历史经验表明，那些成功实现了产业升级和高质量发展的国家和地区，最终都顺利进入了高收入国家的行列，比如美国、日本、韩国等。也有一些产业升级不成功，或过早去工业化的国家，很多尚徘徊在高收入国家之外，甚至有些达到高收入国家标准后又出现了反复，比如巴西、阿根廷等。因此，从根本上说，制造业的升级和高质量发展关系到一国经济持续发展、收入水平提高和现代化的全局。中国从2012年前后进入工业化后期，2013年以来，中央结合中国经济形势变化先后提出“三期叠加”（2013），认识、适应和引领经济“新常态”（2014），供给侧结构性改革（2015），深化供给侧结构性改革（2016），推动高质量发展（2017）等重大判断和战略部署，这是适应中国经济发展阶段变化、社会主要矛盾变化和全面建成小康社会、全面建设社会主义现代化国家的必然要求。按照世界银行2019年修订的标准，人均GNI（国民总收入）超过12375美元属于高收入国家，2019年中国人均GNI约为9949美元，有望在“十四五”期间实现向高收

入国家的跨越。推动制造业转型升级和高质量发展，是中国迈向工业化新阶段的必由之路。

（二）内在支撑条件变化和消费升级驱动中国制造业向高质量发展转型

中国自2010年开始持续保持全球第一制造业大国的地位。然而在规模快速增长的同时，也出现了一系列结构性矛盾和问题。比较突出的就是创新能力不强，产业结构不合理，低端产能过剩，高端、高质量产品和服务供给不足，难以满足居民消费升级的需求。与此同时，随着经济发展内在支撑条件的变化，进一步形成了对制造业转型升级、高质量发展较强的倒逼机制。

1. 中国制造业低成本的比较优势日趋弱化

一是人口数量红利逐步消失。中国年新增劳动年龄人口（16～59岁）数量自2011年开始下降，2014年劳动年龄人口绝对数开始减少。人口抚养比在2010年降到最低点，即人口红利的拐点，此后一路攀升，从2010年的34.2%升至2018年的40.4%（见图12-1）。劳动力供求关系的变化导致中国制造业平均工资持续上涨。从2012年的41650元，升至2018年的72088元。

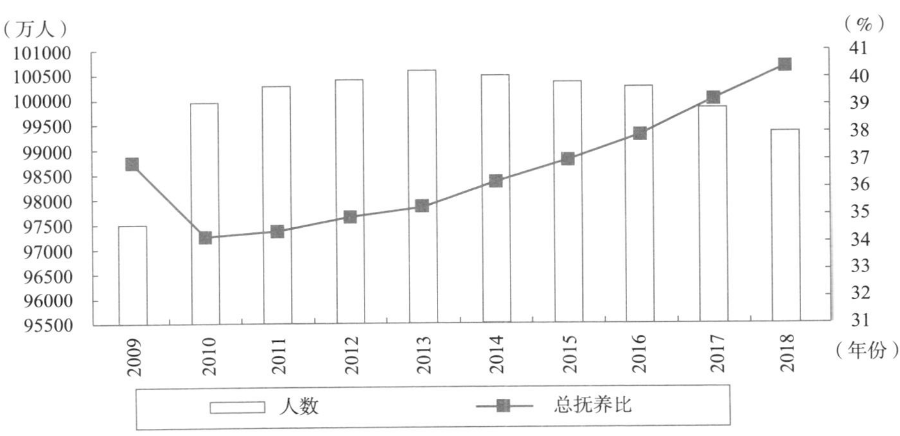

图12-1　2009—2018年中国劳动年龄人口与总抚养比变化

资料来源：中国统计年鉴。

根据国际劳工组织的数据，2000—2017年中国实际工资平均增长率为8.2%，高于印度（5.5%）、越南（6%）、印度尼西亚（4.2%）等新兴经济体的水平。其中2008年至2017年间中国平均实际工资几乎翻了一番，呈现显著且持续上升的趋势（见图12-2）。

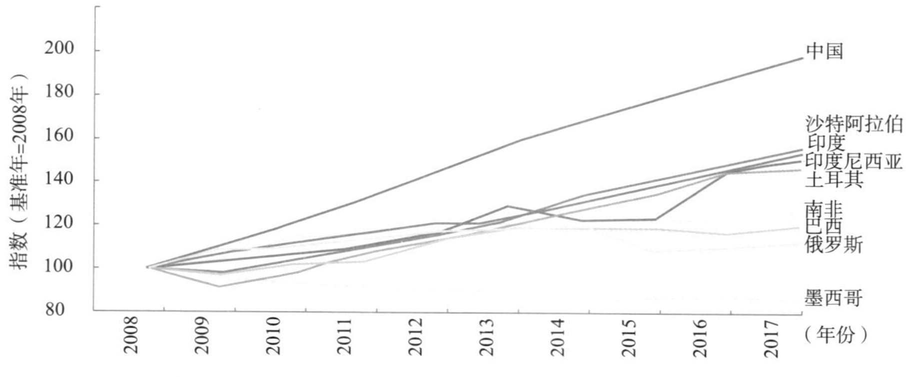

图12-2　2008—2017年G20新兴国家平均实际工资指数

资料来源：国际劳工组织预测。

二是工业地价持续上涨。2009—2018年，中国工业用地平均地价从597元/平方米上涨至834元/平方米。其中，东部地区约为1500元/平方米，接近全国平均水平的1.7倍（见图12-3）。

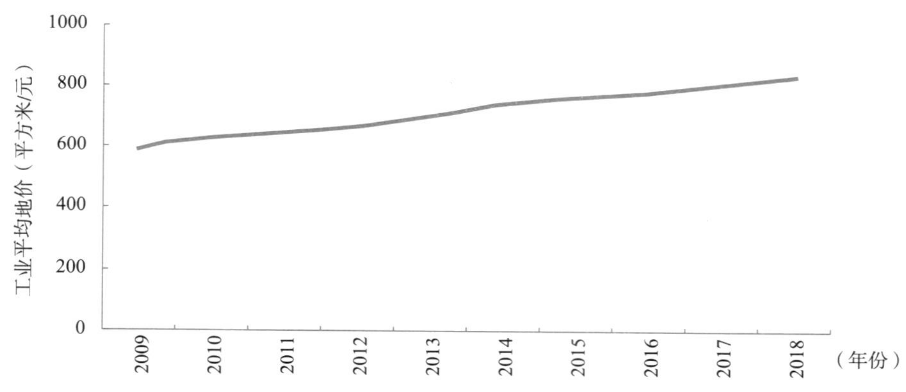

图12-3　2009—2018年中国工业用地平均价格变化

资料来源：中国地价信息系统监测网/中国土地资源数据库。

2. 中国基于创新和人力资本新的比较优势正在孕育形成

中国研发经费投入逐年上升，2019年超过2万亿元，居世界第二位，占GDP的2.19%，超过欧盟最发达的15国平均水平（2.13%）。根据世界知识产权组织的报告，中国创新指数排名由2012年的第34位跃升至2019年的第14位，是前15名里唯一的发展中国家[①]。中国高素质人才供给充足。2005—2020年，高校应届毕业生总数超过1个亿，超过了一个德国的人口规模。多项指标表明，中国目前正处于比较优势动态转换的时间窗口期，已经形成产业升级和高质量发展较强的倒逼机制。

3. 居民消费升级对制造业高质量发展提出内在要求

中国中等收入群体快速兴起，目前已经超过4亿人，预计“十四五”时期将继续保持快速增长。根据国际经验，人均国民收入在超过1万美元后，将进入一个消费升级较为剧烈的时期，特别是高品质、高端化、多元化的产品和服务消费将快速增长，居民消费结构和层次提高将对制造业高质量发展形成直接推动。

（三）全球新一轮工业革命深入拓展为中国制造业高质量发展带来历史性机遇

从历史上看，每一次工业革命都带来了新的通用性技术扩散应用和生产方式变革的重大机遇，为制造业迈向更高质量的发展奠定了基础。世界制造业发展的历史，是一部工业革命推动的产业升级和高质量发展的历史。在18世纪60年代后期开启的第一次工业革命中，蒸汽动力技术的创新应用催生了机器大生产的生产组织方式，推动制造业进入“机械化”的工业1.0时代，生产力得到巨大飞跃。Crafts（1985）的估计显示，第一次工业革命使得英国劳动生产率从1700—1760年的0.3%增加到1831—1860年的1.0%[②]。19世纪70年代的第二次工业革命

---

① 数据来源：科技部。

② Crafts，N. F R . 1985，“English Workers’ Real Wages During the Industrial Revolution：Some Remaining Problems”，Journal of Economic History.

中，电力的发明和广泛应用，促进了电机的进步，推动制造业进入以“电气化”为特征的工业2.0时代，工业生产自动化程度显著提高，并催生了流水作业的模式。以美国福特汽车公司为例，其创造的大规模流水线生产方式，人均效率达到了其他公司的47倍。20世纪70年代的第三次工业革命中，计算机、半导体、软件等信息技术的创新应用推动制造业进入以“信息化”为特征的工业3.0时代。生产系统的数控化程度和效率更高，美国经济部门小时产出年均增长率从1970—1995年的1.68%增长到1996—2000年的2.98%，20年间提高了近一倍，2000—2005年更是达到了近3.4%的水平①。当前正在深化拓展的新一轮工业革命正在推动制造业进入“智能化”的工业4.0时代。据埃森哲公司预测，人工智能作为一种全新的生产要素，有望将美国、英国、德国、日本等国家2035年的劳动生产率最高提升40%②。新一轮工业革命对正处于人力成本上升、传统要素投资回报率递减的中国制造业来讲，是一个发展方式转变的重要机遇，有利于推动制造业质量变革、效率变革、动力变革，走创新驱动的高质量发展道路。

（四）推动制造业高质量发展是妥善应对中美经贸摩擦和后疫情时代全球产业链重构的客观要求

全球产业竞争格局的形成与重构本质上是大国经济发展和竞争博弈的结果。2018年版美国国防战略报告提出“经济安全就是国家安全”，明确将中国定义为长期的“战略竞争对手”。中美经贸摩擦本质上是随着中国制造业向着高端化升级，中美由互补合作逐渐转向战略竞争引起的。透视美国对华制造业竞争打压的五个维度，无论是加征关税遏制制造业出口，加严高技术领域技术出口限制，扩充实体清单精准打击我国科技企业，试图把产业链赶出中国，还是重构WTO国际经贸规则等，其最终目的是阻碍中国产业升级的步伐。如今的中国制造业已别无选择，唯有加快升级突围，提升核心技术能力，推动高

① 杜传忠，郭美晨．第四次工业革命与要素生产率提升 [J]. 广东社会科学，2017.

② 埃森哲：《人工智能改写经济增长模型》，2017 年。

质量发展，在不断增强竞争实力中实现两国产业竞争新的战略平衡。

新冠肺炎疫情作为一种叠加因素，将加速全球产业链的重构，增大了中国产业链外迁的风险。近年来，受综合成本上升、中美经贸摩擦、发达国家大力吸引制造业回流等叠加因素影响，中国制造业部分行业出现了产业链外迁。虽然外迁的总体规模仍然较小，但其趋势不容忽视。新冠肺炎疫情作为一个“新变量”，推动全球产业链、供应链向着区域化、本地化、分散化方向发展。世界经济论坛（又称达沃斯论坛）2020年5月发布的《疫情之后全球供应链如何变化》报告中指出，疫情暴露了精益制造原则下全球供应链的复杂性和脆弱度。一个可预见的变化是，全球化公司将在未来分散供应链风险，而不是仅仅依靠单一制造业基地。而类似越南、墨西哥和印度极有可能从中受益[①]。目前中国制造业多数产品可替代性较强，产业链根植性、稳定性和竞争力仍然较弱，尚未形成不容轻易被替代的竞争优势。妥善应对后疫情时代产业链外迁风险，需要加快推动制造业高质量发展，为形成更强创新力、更高附加值的产业链，积极参与全球产业链竞争合作，拓展新的发展机遇奠定基础。

二、制造业高质量发展是中国迈入工业化新阶段的一场系统性变革

（一）制造业高质量发展的本质内涵

“高质量发展”是党的十九大首次提出的，用以表述中国经济发展进入新时代的基本特征，即“中国经济已由高速增长阶段转向高质量发展阶段”。2017—2019年连续三年的中央经济工作会议对深化供给侧结构性改革，推动制造业高质量发展，坚定不移建设制造强国做出了部署。

① Jesse Lin，Christian Lanng，2020，“Here’s how global supply chains will change after COVID-19”，world economic forum，06 May.

我们认为，制造业高质量发展是中国迈入工业化发展新阶段后，发展理念、发展模式、产业结构、发展动力、体制机制等系统性变革的过程。制造业高质量发展是以新发展理念为引领，以提高制造业供给体系质量、更好满足消费升级的需求为目标，以提高效率效益为根本要求，以创新为根本动力，优质高效、平衡协调和可持续的发展。高质量发展体现出中国制造业五个“新”的变化：一是由“规模扩张”转向“质效提升”的新阶段，二是由传统制造模式转向智能制造、绿色制造、服务型制造的新模式，三是由传统产业体系全面升级为现代产业新体系，四是从“中国制造”转向“中国创造”的新动力，五是全面构建与高质量发展相适应的新机制。

（二）制造业高质量发展的目标任务

供给体系的质量不断提高。制造业产业结构调整和产业升级取得显著成效，制约产业发展的基础能力短板基本补齐。产品质量、品种结构持续优化，品牌认可度进一步提升。供给体系基本能够满足人民日益增长的美好生活需要和消费升级的需求。

运行效率和效益进一步提升。主要体现为技术创新和生产方式创新促进制造业劳动生产率、增加值率明显提升，制造企业经营效益保持在较高水平，行业平均利润率有所提高。

实现了资源节约和环境友好。绿色制造的理念贯穿于制造业生产的全流程和产品全生命周期，充分体现了清洁安全和集约生产的内在要求，可持续发展能力进一步提高。

发展的平衡性协调性明显增强。制造业区域布局进一步优化，资源要素空间配置效率提高，区域发展协调性、联动性显著增强，发展差距进一步缩小；制造业升级对农业现代化、现代服务业的支撑带动作用进一步提高；实体经济与科技创新、现代金融、人力资源协同发展的格局基本形成。

具有较强的国际竞争能力。制造业的产品竞争力、产业创新能力、中国制造的品牌影响力达到国际先进水平；拥有一批具有竞争力的中高技术产业、世界级的先进制造业集群、国际一流水平的领军企业和细分领域的单项冠军；基本形成高质量、富有竞争力的营商环境，制造业创新活力、竞争力明显增强。

三、推动制造业高质量发展要守住三个底线和瞄准三个高线

推动制造业高质量发展，关键是从制约制造业高质量发展的深层次原因入手，加大体制机制改革力度，完善高水平的市场经济体制，充分激发市场主体的创造性和能动性。全面提升产业治理能力，形成引导、规范、促进制造业高质量发展的制度环境和社会氛围。在高质量发展的具体路径上，重点是抢抓新一轮科技革命和产业变革的战略机遇，加强规划和政策引领，促进实体经济与科技创新、现代金融、人力资源协同发展，促进创新技术和服务要素全方位为制造企业赋能，以深化供给侧结构性改革为主线，推动制造业质量变革、效率变革和动力变革，提升产业基础能力和产业链现代化水平，为迈向高收入国家和建设现代化国家奠定坚实的产业基础。在指导方针上，要守住三个底线和瞄准三个高线。

（一）要守住制造业高质量发展的“三个底线”

一是守住发展方式不走回头路的底线。宏观调控上保持战略定力，下决心，加大力度深化房地产、金融业的改革，不因短期利益牺牲长远发展。持续深化制造业降成本的改革，畅通金融服务实体经济的有效渠道，合理引导房地产市场健康发展。

二是守住产业安全的底线。以完善创新的正向激励机制和创新生态为重点，攻克“卡脖子”关键技术、守住产业链关键环节。改革高校、科研机构的考评体系，落实职务发明的激励政策。进一步加大对市场缺位的基础研究领域、关键共性技术环节的投入，通过支持产学研用联合体等方式，构建协同创新的生态系统。支持科技成果转移转化服务机构发展，加大知识产权违法惩处力度。

三是守住生态保护的底线。坚持激励和约束并举，按照市场化、法制化方向推进生态文明体制改革，加快建立绿色产业政策，建立企业环保信用评价制度。

（二）要瞄准制造业高质量发展的“三个高线”

一是产品质量、环保、安全对标高标准。完善“法律法规+技术标准+认证认可”三级管理体系，以质量、安全、能效、环境技术标准引领高质量发展。支持企业推广应用智能制造和精益管理，提高质量控制、能耗和安全管理水平。

二是技术创新应用对标高标准。大力促进人工智能、大数据、区块链等前沿技术创新应用，进一步完善有利于新技术扩散的制度环境。将重大技术装备首台（套）政策进一步拓展至自主知识产权和自主品牌的新技术、新产品、新材料等领域，探索技术创新推广应用保险机制，对科技保险的保费给予补贴。加快健全智慧医疗、无人驾驶、共享出行、互联网金融等新业态新模式的准入和标准规范。

三是营商环境建设对标高标准。高水平的营商环境是高水平市场经济体制的直接具体体现。要从深化体制机制改革入手，进一步加大对内对外开放力度，破除行业准入壁垒，增强监管的透明性，真正确立竞争政策的基础性地位。落实产业政策公平竞争审查制度，消除地方保护主义和对市场的不当干预。加快建立黑名单制度，构建以信用为核心的监管机制。加强信息安全和个人隐私保护。

第十三章　在全面贯彻新发展格局理论中推动制造业高质量发展[①]

加快构建以国内大循环为主体、国内国际双循环相互促进的新发展格局，正是根据我国发展阶段、环境、条件变化作出的战略决策，是事关全局的系统性深层次变革。以新发展格局理论为指导，科学谋划和准确锚定制造业高质量发展的政策方向，对推动“十四五”及更长一个时期我国经济发展再迈上一个新的大台阶具有十分重要的意义。

① 本文为笔者为国务院发展研究中心产业经济部2019年重点课题《迈向制造业高质量发展之路》撰写的前言。

党的十九届五中全会指出，当前和今后一个时期，我国发展仍然处于重要战略机遇期，但机遇和挑战都有新的发展变化。全党要统筹中华民族伟大复兴战略全局和世界百年未有之大变局，深刻认识我国社会主要矛盾变化带来的新特征新要求，深刻认识错综复杂的国际环境带来的新矛盾新挑战，增强机遇意识和风险意识，立足社会主义初级阶段基本国情，保持战略定力，办好自己的事，认识和把握发展规律，发扬斗争精神，树立底线思维，准确识变、科学应变、主动求变，善于在危机中育先机、于变局中开新局，抓住机遇，应对挑战，趋利避害，奋勇前进。加快构建以国内大循环为主体、国内国际双循环相互促进的新发展格局，正是根据我国发展阶段、环境、条件变化作出的战略决策，是事关全局的系统性深层次变革。以新发展格局理论为指导，科学谋划和准确锚定制造业高质量发展的政策方向，对推动“十四五”及更长一个时期我国经济发展再迈上一个新的大台阶具有十分重要的意义。

一、认识、适应和引领新发展格局对推动制造业高质量发展意义重大

（一）我国进入新发展阶段后必须坚定不移贯彻新发展理念，加快构建新发展格局

“十四五”时期，我国将进入新发展阶段。这个新发展阶段是建立在决胜全面建成小康社会取得决定性成就上的发展阶段，是统筹中华民族伟大复兴战略全局和世界百年未有之大变局的发展阶段，是以推动高质量发展为主题、以深化供给侧结构性改革为主线的发展阶段，是以改革开放创新为根本动力、以满足人民日益增长的美好生活需要为根本目的的发展阶段，也是制度建设、治理效能、物质基础、人力资源、市场潜力等多方面优势和条件更加充分发挥的发展阶段。新发展阶段面临着新的发展环境，要奔向新的发展目标，就需要有新

的理论指导。一方面，必须坚定不移贯彻以“创新、协调、绿色、开放、共享”为主要内容的新发展理念，紧紧依靠深层次改革、高水平开放和高质量创新来解决仍然突出的发展不平衡不充分问题，在更短的时间内把各类短板弱项补上来，在更长的周期中把多种长板强项维持住，把自己的事切实办好。另一方面，一定要更好统筹发展和安全的关系，注重发挥国内超大规模市场优势和内需潜力，注重关键核心技术的自主可控，把市场优势真正转化为产业优势和技术优势，增强抵御各种外部风险挑战的能力，岿然不动立于不败之地。唯有如此，才能在新发展阶段中不断提高贯彻新发展理念、构建新发展格局的能力和水平，为实现高质量发展提供根本保证，以实现更高质量、更有效率、更加公平、更可持续、更为安全的发展。

（二）适应和引领新发展格局是推动制造业高质量发展的战略选择

习近平总书记指出，“实体经济是基础，各种制造业不能丢”[①]。制造业是经济高质量发展的主体，对满足人民日益增长的美好生活需要具有关键基础性作用，同时也是国际竞争的主要阵地，体现着一个国家特别是大国的综合国力。制造业的高质量发展，毫无疑问是在全面建成小康社会基础上，乘势开启全面建设社会主义现代化国家新征程的关键战略支撑。进入新发展阶段后，国内外环境和条件还将继续出现快速且巨大的变化，我国制造业高质量发展面临着新的机遇，产业规模优势、配套优势和5G、新能源、新能源汽车等重要领域的先发优势前所未有，科技、人力、数据等关键资源的丰富程度前所未有，商业模式创新、新兴产业生态构建的速度之快前所未有。但同时，制造业高质量发展也面临着很多更为直接、巨大的冲击，这对尽快突破一批关键核心技术、营造更加良好的营商环境、维持全球产业链、供应链的稳定都提出了新的更高要求。一句话，制造业的高质量发展要以充满活力的国内大循环为基础，通过国内国际双循环相互赋能，不

① 习近平：《国家中长期经济社会发展战略若干重大问题》，《求是》第 21 期，2020 年。

断巩固和增强竞争新优势。

二、新发展格局视角下实现制造业高质量发展要抓住两大关键、八个重点

（一）以更高质量的国内经济大循环为出发点和落脚点

一是努力提升供给体系对国内需求的适配性。通过持续深化产业结构调整和产业升级，补齐基础能力短板，提升产业链供应链现代化水平，推动传统产业高端化、智能化、绿色化转型发展，加快发展战略性新兴产业和现代服务业，优品种、提品质、强品牌，大力提高供给质量，更好满足人民日益增长的美好生活需要特别是消费升级的需求。二是贯通生产、分配、流通、消费的循环。通过打造及时精准匹配需求的高质量生产体系，健全体现效率、公平和收入稳定增长的分配机制，构建低成本、高效率的流通体系，营造以信任为核心、轻松便捷、富有活力的消费环境，加快形成更高水平的产业循环和市场循环。三是促进行业报酬结构的再平衡。通过促进房地产市场平稳健康发展和构建创新友好型金融体系，提升金融服务实体经济的能力和水平，吸引更多优质要素向制造业特别是先进制造业集聚。四是发挥超大规模市场优势和内需潜力提升产业链安全性、稳定性和竞争力。要着力打造自主可控、安全可靠的产业链、供应链，力争重要产品和供应渠道都至少有一个替代来源，形成必要的产业备份系统，重点是依托国内循环，通过更好实施首台（套）、首批次等创新风险分担政策，为“卡脖子”关键核心技术、装备、软件等的突破和升级迭代提供市场机会。

（二）以更高水平的国内国际双循环相互促进构筑全球合作竞争新优势

一是将外循环深度嵌入内循环之中。以国内大循环吸引全球要素资源，重点满足制造业高质量发展对高端要素、稀缺资源以及关键核

心技术和服务发展的需求，进而螺旋式上升持续提高国内国际双循环的水平。二是坚持产业链全球布局的效率逻辑和市场逻辑。全方位、宽领域、多层次地继续深度参与和引领全球价值链分工体系，不断巩固增强“中国制造”的综合配套优势和质量效率优势，在全世界叫响“中国品牌”。三是努力维持全球产业链供应链的稳定性。建设更高水平开放型经济新体制，维护以世界贸易组织为基石的多边贸易体制，完善全球经济治理规则，推动建设开放型世界经济，以开放发展维护供应链安全，努力构建开放、包容、多元、平衡、共赢的制造业产业链、供应链，既满足中国自身发展需要，同时也更好地造福各国人民。四是进一步深化国际交往合作。通过高质量引进来和高水平走出去，完善创新链，优化供应链，提升价值链，通过构建更为开放的国内国际双循环，增强我国制造业国际竞争力。

三、主要政策取向

（一）充分释放改革、开放、创新三大动力

改革重点是破除制约制造业高质量发展的体制机制障碍，畅通要素自由流动、提高要素配置效能，调动各方面的积极性，增强发展动力和活力。尤其要充分发挥市场在资源配置中的决定性作用，建立一视同仁、公开透明的市场准入与退出机制，推进土地、劳动力、资本、技术、数据等要素市场化改革，完善有利于新产业、新业态、新商业模式发展的制度环境，强化市场竞争的机制建设和法律保障。开放要聚焦利益交融的高水平、战略性开放。推动规则、规制、管理、标准等制度型开放，完善外商投资准入前国民待遇加负面清单管理制度，充分发挥各类开放平台的作用，用市场和资本的力量促进融合、合作，引导外资更多投向先进制造业、现代服务业领域，实现互利共赢。创新要聚焦打好关键核心技术攻坚战。坚持创新在我国现代化建设全局中的核心地位，强化国家战略科技力量，健全社会主义市场经济条件下新型举国体制，

强化企业科技创新主体地位，进一步加大重大科研项目联合攻关力度，深入推进科技体制改革，大力激发各类人才的创新活力，着力构建关键产业、关键产品安全可控的生产体系。

（二）发挥超大规模市场优势和内需潜力

重点要破除制约超大规模市场优势有效转化为产业优势和技术优势的体制机制障碍。受目前的行业管理体制、招投标制度尚不健全等多种因素影响，我国超大规模市场对新技术、新产品的迭代优势发挥得还不够充分，甚至是“看得见”“摸不着”。这是长期以来都存在的问题，要从提升行业监管容忍度、改革招投标制度、开展高水平示范应用、加大金融有效支持、深化国资国企改革等方面，尽快推动“卡脖子”领域新技术、新产品的大规模市场应用，加快推动新兴产业领域中新技术、新产品的先导性部署应用，在持续促进高质量科研成果涌现的同时努力解决成果转化、市场应用“最后一公里”的问题，通过超大规模市场优势和内需潜力的发挥，真正形成技术创新—市场应用相互促进、持续迭代的良性循环，尽快补足短板，持续拉长长板。

（三）持续优化市场化法治化国际化营商环境

重点是要建设高标准市场体系，充分发挥市场竞争机制在促进创新和优质产品脱颖而出中的重要作用。强化竞争政策的基础性地位，健全公平竞争审查机制，实施统一的市场准入负面清单制度，继续放宽准入限制，加强反垄断和反不正当竞争执法司法，从“进门”到“出门”的全过程都做到公开、公正、公平。加快全国统一市场建设，坚持平等准入、公正监管、开放有序、诚信守法，尽快形成高效规范、公平竞争的国内统一市场，依法平等保护国有、民营、外资等各种所有制企业产权、知识产权和自主经营权，为各类所有制主体营造公平、透明、法治化、可预期的发展环境。完善监管执法体系，严格市场监管、质量监管、安全监管、环境监管、知识产权监管，规范执法行为，加强违法惩戒，健全以社会信用为核心的管理和监督机制，进一步规范市场竞争秩序。总之，制造业高质量这棵“大树”只可能在市场化法治化国际化营商环境的“土壤”中成长起来，要以更加良好的营商环境构筑起制造业高质量发展的制度优势。

第十四章　如何理解产业政策向普惠化和功能性转型[①]

产业政策是促进市场力量与政府力量有机结合的重要工具。为适应新时代加快完善社会主义市场经济体制的要求，产业政策需要向普惠化和功能性转型。一是产业政策工具总量要减少，要强化对技术创新和结构升级的支持，加强产业政策和竞争政策协同。二是产业政策必须建立在竞争政策的基础性地位之上，要避免成为企业套利的工具甚至出现“劣币驱逐良币”的现象。三是产业政策一定是有生命周期的，要与时俱进地不断完善或者退出。

① 本文发表于《中国经济时报》，2020年7月3日。

中共中央、国务院《关于新时代加快完善社会主义市场经济体制的意见》指出，要推动产业政策向普惠化和功能性转型。如何理解这一提法呢？

一、转型反映了不同阶段产业政策的主要任务不同

（一）产业政策是促进市场力量与政府力量有机结合的重要工具

众所周知，一国的经济发展需要市场力量与政府力量的有机结合，产业政策正是实现这种结合的重要工具。世界上找不到任何一个曾经或者现在没有使用产业政策就实现了工业化、现代化的国家。即使在今天看来，包括一些反对产业政策或者并不愿意提产业政策的国家，实际上也存在大量我们可以称之为“产业政策”的政策工具。当然，使用产业政策相对较多的是处于加速推进工业化阶段的后发追赶型经济体。这一现象背后的逻辑是，产业政策从来都是一个国家在不同发展阶段主要任务和目标的“镜像”。两百多年前，当英国开启第一次工业革命时，它更多强调的是自由贸易和市场一体化，因为其商品在全世界都具有最强的竞争力，而欧洲大陆和美国则不得不采取一些关税或非关税的手段保护本国的产业。这一时期，这些国家产业政策的主要目的在于保护本国产业尽可能免受外部冲击。此后，当德国和美国相继开启第二次工业革命的时候，处于技术前沿边界内的所有国家（包括德国和美国）在大多数情况下没有必要从头再来，唯一需要做的就是通过一些具体的政策工具，尽可能使得已有的先进技术在本国特定产业领域得到大规模推广应用。这一时期，这些国家产业政策的主要目的在于加快技术扩散和产业发展，以实现经济快速增长和对领先者的追赶。

（二）一个国家在工业化快速推进时期所使用的产业政策是最多、最广泛的

从已经完成工业化和实现现代化的国家的历史经验看，一个国家

在工业化快速推进时期所使用的产业政策是最多、最广泛的，但当其处于技术前沿后，针对特定产业发展的政策就会越来越少，而针对整体营商环境的竞争政策和全面提升技术能力的创新政策则会被强调。与此相反，世界上绝大多数尚未完成工业化、实现现代化的国家，特别是刚刚开启工业化进程的发展中国家，由于各种约束条件，则不得不使用一些政策工具集中有限资源、发展特定产业，以实现产业升级和经济追赶目标。这就是总体上发达国家产业政策相对更少而发展中国家总体上更多，发达国家更强调竞争政策、创新政策而发展中国家更关注产业政策的主要原因。

二、转型代表了当前我国产业政策的调整方向

我国的产业政策与其他国家既有共性也有特殊性。共性在于我们也要走发达国家曾经走过的工业化道路，特殊性在于我们还必须完成从计划经济向社会主义市场经济体制的转型。简单说，我国改革开放以来一直有发展生产力和完善生产关系的双重任务，这两个方面彼此联系、互相影响。

（一）在不断推进工业化进程中改变我国生产力水平相对落后的状况

我们在不同时期使用了不同的产业政策工具。比如，为了改变我国工业、制造业部门整体上技术水平不高的局面，我们引进了外资以及采用了有利于国内企业技术改造、设备更新的固定资产加速折旧等政策；为了改变我国地区发展不平衡、中西部地区工业化水平低的局面，我们出台了一系列有利于资本、技术和人才向中西部地区集中的政策。但当2010年我国成为全球最大的制造业国家后，产业政策的重点也发生了变化，开始从以前关注“做大”转为更加强调“做优”“做强”，引导企业不断提升在全球价值链分工中的地位。近年来，我国的工业化水平持续提高，按照钱纳里等人的工业化阶段划分标准，我国整体上已进入工业化后期。除了极少数关系国家安全的战

略性产业，大多数工业、制造业部门的主要任务是转型升级，提升全球竞争力，产业政策的目标也应该更多转向促进创新和技术进步，更加强调创新政策的重要性。为此，我们出台了企业研发费用加计扣除等鼓励企业增加科研投入的政策。

（二）不断完善社会主义市场经济体制

1992年党的十四大确立了社会主义市场经济体制的改革目标。从十四届三中全会《中共中央关于建立社会主义市场经济体制若干问题的决定》到十六届三中全会《中共中央关于完善社会主义市场经济体制若干问题的决定》；从十八届三中全会“使市场在资源配置中起决定性作用和更好地发挥政府作用”到中央全面深化改革委员会第十二次会议《中共中央 国务院关于新时代加快完善社会主义市场经济体制的意见》提出“推动产业政策向普惠化和功能性转型”，都标志着我们对社会主义市场经济从认识到实践的进步与发展，标志着我国正在向高标准市场体系、高水平市场经济的方向不断迈进，大逻辑都是一致的。

三、转型抓住了新时代深化改革、扩大开放的关键

深化改革、扩大开放，要不断完善竞争政策框架，强化竞争政策基础地位，这就要求产业政策向普惠化和功能性转型，强化对技术创新和结构升级的支持，加强产业政策和竞争政策的协同。也许有人会问，什么样的政策工具才是产业政策工具？产业政策与创新政策、竞争政策的边界在哪里？产业政策的目的究竟是宏观调控还是促进发展？我个人的观点是，产业政策的主要目标还是应该放在长期促进发展而不是短期的宏观调控上，产业政策与竞争政策、创新政策的区别在于不同发展阶段的主要矛盾不同，强调的重点不同，本质上没有必要也不可能把它们之间搞得“泾渭分明”甚至对立起来。那么，未来的产业政策应该怎么变呢？至少以下三个方向是很重要的。

（一）产业政策工具总量要减少

我们过去的产业政策存在数量多、层级多的情况，所以总量必须要减少。我认为，未来我国产业政策的精简可以采取数学中的“交集的并集”的方法。所谓“交集”，就是如果中国和美国、中国和日本、中国和德国、中国和法国，等等，只要至少有一个发达国家现在还在使用的产业政策工具，我们就可以用它，这就是两两之间的“交集”。所谓“并集”，就是把中国与每一个发达国家的所有“交集”再取“并集”。这个范围大体上是合适的。因为产业政策是动态的，如果别人以后不用了，首先就得不到交集，自然也不会有并集。由此，我们总体上的产业政策安排就可以既符合当前发展阶段，又符合国际惯例。

（二）产业政策要避免成为企业套利的工具

为什么一定要强调产业政策必须建立在竞争政策的基础性地位之上，要公开透明有效率？因为产业政策的目标是为了引导一个产业的发展，否则，很可能会存在操作层面的问题。过去有些产业政策的初衷是好的，但在实践中却背离了出发点，结果是花了钱，产业并没有发展起来。其中一个原因就是产业政策变成少数企业套利甚至骗补的工具。有效的产业政策应该是“激励相容”的，要引导企业积极创新，而不是简单套利，甚至出现“劣币驱逐良币”的现象。

（三）产业政策一定是有生命周期的

任何政策都有适用性，都应该有特定的生命周期。要适应经济发展阶段和发展环境的变化，不能靠一个不变的政策既管过去，又管未来。当政策所锚定的客观对象本身发生变化的时候，就需要调整，必要的时候甚至要退出。与此相关的一个重要问题是，要有科学的政策评估机制。

第十五章　以高质量能源支撑高质量发展①
——新时代能源革命的目标、思路和建议

着力打造高质量能源体系，实现从数量增长到质量跨越的重大转变，是中国新时代能源革命的根本目标。高质量能源体系的主要特征包括清洁低碳、经济高效和安全可靠三个方面。高质量能源体系不仅要考虑能源行业本身的发展，还要关注其为中国经济社会的高质量发展提供具有国际竞争力能源支撑的能力。推动能源高质量发展要做到“四个坚持”，即坚持新能源加快发展和化石能源清洁利用双轮驱动，坚持需求侧节约优先和供给侧提高效率并重，坚持以体制机制改革为重点打破垄断强化竞争，坚持以构建“互联网+”智慧能源系统为核心提高能源安全保障水平。

① 本文发表于《国务院发展研究中心调查研究报告》2019 年第 154 号（总 5654 号），与杨建龙、许召元等合作。

能源高质量发展是经济高质量发展的重要基础和必要条件。从世界经验看，实现能源生产及消费从传统模式向更环保、更经济和更可持续模式的转型，是实现能源高质量发展的核心。为此，我们需要充分了解各国促进能源转型的经验，加快推进能源革命，以支撑经济高质量发展。

一、全球第四次能源转型的三个趋势和特征

两百多年来，全球已先后经历了三次大的能源转型。第一次是以蒸汽机为代表的工业革命引发的煤炭需求增长，第二次是内燃机的出现及大规模交通运输带来的石油需求攀升，第三次是因为电气化发展而兴起的天然气、水电与核能爆发式增长。近年来，以光伏、风电等可再生能源快速发展为标志的全球第四次能源转型已经开始，并呈现出三个主要特点。

（一）以低碳可再生为主要特征

当前各国对气候变化和环境保护前所未有地重视，消费者对更为清洁的能源需求日益增加，形成了能源向清洁低碳转型的强劲动力。2015年签署的《巴黎协定》标志着世界正越来越关注温室气体减排问题。

（二）以电气化程度显著提升为重要表现

从主要国家来看，电力在终端能源消费中的占比呈持续上升趋势。例如美国自1960年至2015年，电气化率从7.5%上升到21.5%，平均每年提高0.25个百分点[①]；同期，韩国从6.5%提高到25.2%，平均每年提高0.34个百分点。近年来，电气化加速推进，特别是在交通运输领域，不少国家电动汽车的拥有数量正呈现快速增长趋势。

① 指终端能源消费中电力所占比重。

（三）以普遍性的政策支持为转型助力

虽然清洁和可再生能源技术发展很快，但目前大规模装机还没有到能够完全参与市场竞争的水平，仍不同程度依赖于政策支持。从全球看，政策支持力度大的国家和地区能源转型进程更快更顺利，反之则较为缓慢。

二、新时代中国能源革命的内涵与目标

着力打造高质量能源体系，实现从数量增长到质量跨越的重大转变，是中国能源革命的根本目标。高质量能源体系的三个主要特征和建议目标如下。

（一）清洁低碳

能源生产、转化、传输和消费的全生命周期都应是低污染、低排放的，应尽可能减少由此引起的各种污染物和二氧化碳排放。

实现主要污染物在“十四五”期间进一步减少。“十一五”以来，我国二氧化硫、氮氧化物、固体废弃物等污染物排放已经先后达峰，主要污染物叠加总量的峰值也极有可能在“十三五”期间出现。“十四五”期间，应实现主要污染物排放总量进一步减少。

努力实现2030年温室气体达峰排放的目标。要进一步推进与优化包括碳定价和非化石能源补贴等多方面的政策措施，实现《能源生产和消费革命战略（2016—2030）》提出的2030年二氧化碳达峰的目标。

显著提高非化石能源比重。通过积极推动能源革命，到2020年中国非化石能源占比有望达到15.7%，2035年达到28%左右，2050年力争超过40%。

（二）经济高效

能源成本是生产和流通成本的重要组成部分。高质量能源应该能

够为现代化经济体系提供具有价格优势的稳定供给，有助于中国制造业和服务业部门实现产业链升级和提高国际竞争力。

持续降低单位国内生产总值能耗。到2020年，单位GDP能源强度有望比2015年下降约16.0%，超过《能源生产和消费革命战略（2016—2030）》中下降15%的目标。2030年相对于2020年进一步下降约35%，2050年比2030年再下降约40%。

显著降低制造业能源成本。2015年中国制造业每百元产值中能源成本是5.52元，分别比韩国、日本和美国高15%、47%和89%。建议到2030年将制造业能源成本降至目前日本的水平，到2050年进一步降至目前美国的水平（见图15-1）。

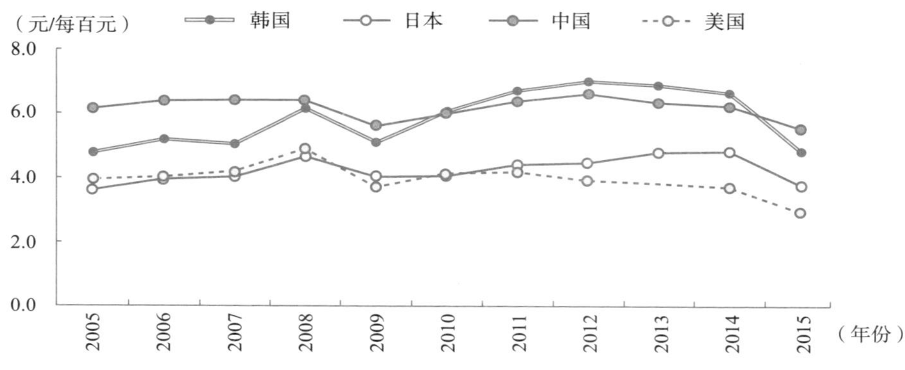

图15-1 中国和美、日、韩每百元制造业产值中能源成本对比

注：图中的制造业不包括石油加工和炼焦业。

资料来源：根据各国投入产出表计算。

（三）安全可靠

能源体系应该能在各种自然灾害或地缘政治等内外部条件变化下保障基本稳定供应。在可再生能源占比不断提高的情况下，还应具有足够的适应性和灵活调节能力。

“十四五”期间，我们应坚持“大力开发两种资源，充分利用两个市场”的基本方针，推进能源供应多元化。着力推进“互联网+”智慧能源发展，提高能源系统可靠性。到2025年，初步建成能源互联网产业体系和基于互联网大数据的智慧运行云平台，实现能源智能化生产。

三、推动新时代能源革命的主要思路和政策重点

当前中国正处于全面建成小康社会的关键时期，要充分利用新一轮科技革命和产业变革的机遇，做好“四个坚持”，加快推动能源革命。一是坚持新能源加快发展和化石能源清洁利用双轮驱动。既要大力发展清洁可再生能源，也要高度重视化石能源特别是煤炭的清洁利用。二是坚持需求侧节约优先和供给侧提高效率并重。既要提高能源供应效率，更要注重能源节约。三是坚持以体制机制改革为重点打破垄断，强化竞争。要通过电网和油气等能源领域的体制机制改革，着力降本增效。四是坚持以构建“互联网+”智慧能源系统为核心提高能源安全保障水平。充分利用新技术为高质量能源体系建设保驾护航。

（一）继续推动以散煤替代为核心的煤炭清洁利用

开展煤炭质量达标行动，加快煤矿洗选及分级提质基础设施建设，进一步提高煤炭洗选利用水平。推进产业和民用领域的以气代煤、以电代煤、以优煤代劣煤，继续加强煤炭发电技术的提升改造。

（二）以促进龙头企业发展为重点完善新能源政策

根据产业发展和技术进步程度，及时调整完善光伏、风电等非化石能源的补贴政策，形成企业的稳定预期。在新能源补贴退坡的情况下，集中有限资源扶持一批龙头企业加快发展，以头部企业的规模化发展引领行业整体技术水平、经营效益和竞争力的提升。

（三）构建全国统一、充满活力的碳市场和电力市场

进一步规范碳排放权交易，健全碳交易法律体系。加快全国碳交易市场建设，协调解决目前各大交易市场存在的交易规则、交易流程以及碳价格调控等方面的不一致问题，推进地区交易平台互联互通。

循序渐进推进电力价格市场化。首先从原料燃料环节，然后依次在发电、入网和零售环节推进价格市场化改革。从一些规模较大的电力用户开始，积极推进分时定价。

（四）加强清洁智能能源系统建设，提高能源体系安全性

建立集中式与分布式相结合的清洁能源生产方式。统筹规划西部大规模集中式可再生能源基地与外送通道建设，鼓励中东部地区发展小型风机、光伏发电、天然气冷热电三联供、地源热泵等分布式能源。

加快推进智能电网建设。建设智能灵活分布式微电力系统和储能系统相结合的供应体系，支撑可再生能源大规模接入。鼓励建设以智能终端和能源灵活交易为主要特征的智能家居、智能楼宇、智能小区和智能工厂，推进能源消费智能化。

（五）着力促进能源技术发展，全面支撑能源革命

针对新能源和智能电网等领域的关键技术和核心设备，每个领域引导支持2～3家企业或研发机构开展技术攻关，巩固中国新能源技术优势，持续降低发电成本。

重点加强储能技术研究。支持物理储能、化学储能、氢能及燃料电池、储热等不同技术路线在竞争中发展，并最终出现一到两种主流技术。

（六）适时完善能源标准，引领能源品质提升

加强煤炭及成品油质量监测和抽查管理，重点建立健全煤炭质量管理体系。适时修订更加严格的燃油质量标准，提高电能质量标准。进一步完善绿色建筑体系和标准，支持绿色建筑技术研发，重点促进建筑照明和建筑采暖环节的技术改进及标准提高。

第三部分
国资国企改革

第十六章　尽快建立和完善“国家所有权”政策体系[①]

2011年底，借经济合作与发展组织（以下简称“经合组织”或OECD）《公司治理问责与透明度国家所有权指南》中译本出版之机，国务院发展研究中心企业研究所在北京举办了“国家所有权政策与国企治理”研讨会，邀请了OECD的专家，全国人大以及国家发改委、财政部、国资委、商务部、证监会等有关部委的领导、专家和部分国企董事会的代表，就中国的“国家所有权”政策及国有企业的公司治理问题进行了探讨，并形成了一些对进一步深化国有企业改革有重要启示的共识和建议。

① 本文发表于《国务院发展研究中心调查研究报告》2012年第13号，与张政军、贾涛博士合作。

一、主要共识

（一）中国国有企业改革已经到了一个特殊的、重要的历史阶段，有必要针对一些新情况、新问题进行研究和探讨

经过多年改革，国有企业在国民经济中的数量和比重已经大大降低，同时效率和活力得到了明显的提高，但改革任务还远未完成。国企的功能目标、布局领域、产权制度、公司治理等方面仍有许多有待解决的问题。这些问题不解决，一段时期以来出现的国有资产流失、国进民退等各种争议就会继续。与此同时，由于近些年来国有企业总体效益提升，也出现了一些“国有企业是否还有必要继续改革”的意见，包括对推行产权多元化和建立董事会制度是否有效等提出了质疑。

（二）《公司治理问责与透明度国家所有权指南》一书系统地提出了“国家所有权”政策体系框架，有必要进一步研究其对中国的借鉴意义

OECD《公司治理问责与透明度国家所有权指南》把OECD成员国国家所有权政策的情况作了体系化的梳理。中国的经济体制以及国有资本、国有企业在整个经济体系中的定位与OECD国家并不完全相同，甚至在一些方面有较大差异，但也应该深入研究针对国有资本配置、国有企业管理的“国家所有权”政策，及该政策的构成、与公共政策的关系，真正做到行政管理、所有权主体和企业经营之间关系的科学、合理、有效。

（三）中国有必要建立完善的“国家所有权”政策体系

明确“国家所有权”政策有利于国有企业正确定位、健康发展，有利于从根本上理顺国家与企业的关系，有利于国有企业与其他类型企业的共同发展，有利于国有企业和国民的相互理解，也有利于我们更好地推进国有企业的改革和发展。中国“国家所有权”政策的基本方针总体上已经明确，即国有经济和非国有经济共同发展，但具体的政策机制和工具还不完善，包括国有企业的功能定位、股权结构、分类管理、治理机制等。

芬兰总理办公室所有权管理局局长Timonen介绍，虽然不同国家的国有企业定位并不完全相同，但是，无论如何都能够找到一些共同的方面。OECD的国家所有权政策体系实际上就是基于国有企业共同特征基础上的政策体系设计，同时倡导各国国有企业管理部门、国有企业相互借鉴。芬兰对商业性公司和政策性公司的目标和责任作了明确区分，并实行不同的所有权政策。

（四）中国国有经济布局应基于有别于发达国家的特殊市场失效和国家发展战略的总体考量

韩国公共财政研究所的研究员Park介绍，韩国国有企业布局最大的领域就是科研专业服务领域，其次是公共服务和国防以及社会安全领域，具体分布在天然气、燃气和水供应、交通、铁路、公路、矿产等领域，这些领域的国有企业必须执行政府公共政策，并且引进了竞争机制。

中国国有经济布局的总体思路是，国有资本要继续向关系国家安全和国民经济命脉的重要行业和关键领域集中。现阶段，国有企业布局应放在长期特殊领域、特殊时期特殊领域和公共产品领域三大领域。对重要战略性产业，要根据市场成熟度、法规和监管情况逐步降低国有企业比重，目前可“抓上放下”“抓高放低”；对一般性的竞争领域应该进一步深化产权制度改革，通过整体上市或股权多元化形成充分竞争的市场结构。

（五）需要通过加强董事会建设来带动国有企业公司治理的建立和完善

以色列财政部政府公司局高级副法律顾问Birger女士介绍了以色列近年对国有企业治理进行改革的经验，主要举措是确保董事会的独立性，加强董事自主能力，提高董事专业水平。

时至今日，中国国有企业的董事会建设仍然存在问题。一是相当多的大型企业仍然未建立董事会，甚至仍是按照企业法注册的国有企业，不具备建立和完善公司治理的基本条件；二是上市的国有控股公司，仍然存在国有股比重过高的问题，大股东行为没有得到有效制衡；三是公司治理违规成本比较低，等等。因此，有必要在已有董事会试点基础上，逐步实现在所有企业建立董事会制度（不按照《中华人民共和国公司法》设立的特殊法人除外），并不断将董事会建设的重点从“形式”转向“内容”。

二、三点建议

我们认为，下一步推进国有企业改革的重点任务：一是要与时俱进地研究关系“国家安全和国民经济命脉”的内涵和外延；二是逐步建立适应社会主义市场经济体制基本要求的“国家所有权”政策体系。

（一）统筹规划、系统推进

根据中国国有经济的总体设计，借鉴OECD国家所有权政策的体系框架，建立和完善中国的国家所有权政策体系，明确其与公共政策之间的关系。在国家所有权政策体系中，明确国有经济功能、目标和布局的具体领域这一基本政策，然后根据这一基本政策，处理好以下三个问题：一是全国范围内国有资产的管理体制；二是国有企业与国有资本的不同管理模式；三是按照企业类别，分类推行有进有退和产权制度改革。

（二）以点带面、重点突出

国有企业改革目前正处于关键时期，下一步的改革首先需要在若干“点”上加以突破，从而实现“以点带面”的效果。这些“点”主要有：一是国有企业功能、目标和布局的政策。研究不同经济发展阶段“国家安全”和“国民经济命脉”的具体内涵。二是以股权多元化为核心的国有企业产权制度改革。对按照企业法注册的国有独资企业，应该尽快转变为按照《中华人民共和国公司法》注册的国有独资公司；对国有独资公司要引进非国有资本，推行股权多元化；对已经上市的国有控股公司，在符合国有经济布局需逐步退出的竞争性领域，应逐渐降低国家持股比重，一方面提高国有资本配置效率，另一方面有利于上市公司改善治理。三是强化国有企业董事会建设。

（三）管理科学、落到实处

无论政策制定、所有权行使，还是国企治理，在具体工作中，都应进一步提高管理水平，真正改善企业运行的机制。逐步将分类管理纳入所有权行使中，制定更加科学、合理、有效的企业评价指标体系。另外，国有资本经营预算制度也要进一步完善，比如国企上交多少红利是更为合理的比例、是否应更大范围推行国有资本经营预算制度、如何处理好国有资本经营预算支出和公共预算支出之间的关系等。

第十七章　法国、芬兰国资体制和国企分类管理的经验值得借鉴①

法国、芬兰在欧盟成员国中国有经济比重相对较高，两国都依法设立了规范的国家所有权管理机构，对国有企业实施有效的分类管理，建立了比较完善的国有企业治理机制。两国国资管理体制和国企分类管理的经验和做法具有重要启示和借鉴意义，建议当前应正确认识国有经济的地位和作用，加快营造公平、健全的商业环境，实行国有企业分类管理，构建市场化的选人用人机制，渐进推行股权多元化，促进国有资本优化配置。

① 本文发表于《国务院发展研究中心调查研究报告》2012年第084号，与侯云春、张政军、贾涛、张宏飞合作。

一、法、芬国有经济和国资体制情况及特点

（一）基本情况和背景

在欧盟成员国中，法、芬两国的国有经济比重相对较高。2010年底，法国国有经济比重约6.5%，国家直接持有57家公司股份（其中13家上市公司），总资产规模约6600亿欧元；芬兰国有经济比重约8%，国家直接持有63家公司股份（其中15家上市公司），总资产规模约350亿欧元。此外，法国通过主权投资基金——法国战略投资基金（FSI）、芬兰通过国有独资的Solidium公司间接持有一些国有股份比重较低企业中的国有股。

两国国有经济的重要地位具有复杂的经济、政治和历史原因。一是经济发展需要，两国国企都主要分布在关系国计民生的重要领域，如国防、交通、基础设施、能源、公用事业等，国家作为投资人在工业化和基础设施建设中发挥了重要作用，国有企业充分体现了国家意志和特殊战略使命。二是政治背景，法国戴高乐和密特朗政府先后推动了国有化运动，芬兰与苏联在第二次世界大战后曾有同盟关系，对国有经济发展均有明显影响。三是历史文化因素，法国传统上一直是中央集权制国家，国有经济历来占有重要位置，公众对国有经济存在相当的信任和依赖；芬兰与苏联在历史上存在着密切的政治经济联系，公众对国有经济的作用也有相当程度的认可。20世纪80年代初，法国国有经济比重曾达31%，2000年芬兰国有经济比重更高达44%。近年来，欧洲债务危机的发展也使他们充分认识到国有企业在特殊时期的重要功能，甚至出现了“再国有化”的呼声。

我们在考察中发现，两国强调较多的是国有企业的长期稳定发展功能，这与私营企业注重当前效益形成一种互补。法国电力公司认为，如果实行私有化，57座核电站的安全运营和管理是难以想象的。芬兰国家所有权监管局认为，国企能否私有化，要看有没有人接盘，

接盘者是不是能够搞得更好。芬兰铁路公司总裁也表示，国有和私营的区别并不重要，重要的是如何更好地实现企业经营目标，不能为改变而改变。

（二）国家所有权管理机构

法国、芬兰两国的国家所有权管理机构都依据相关法律设立，代表国家行使股东权利的同时并不干预企业事务，确保国有企业按照市场规则运作。

法国国家参股局成立于2003年，设立于财政部之下，负责管理国家所有投资，法国57家国有企业全部由该机构管理。其职责是：使其管理的国有企业符合市场标准；作为一个专业的投资者，为国家股份创造长期价值，即最大化国有资产组合的价值。2011年法案修订又增加了两个新目标：一是使政府的所有权政策与国家的经济、产业与社会发展相协调；二是有一个清晰且长期的产业政策及对人力资本政策给予特别关注。法国国家参股局目前仅有55名员工，团队高效精干，主要由审计、财务和法律三个领域的专家组成。

芬兰国家所有权监管局成立于2007年5月，设置于总理办公室之内，由一位内阁部长分管，目的是将国家股权集中管理并超越于具体的部门利益。其职责是：通过独立分析与监督，制定所管理的国有企业的所有权战略并且每两年修订一次，该战略具体涉及国家对每一个企业的政策；对企业的绩效进行跟踪分析；批准所有涉及所有权的交易；出席股东大会并履行选择董事会成员的权利。芬兰国家所有权监管局管理的国企绝大部分限于市场化运作的国企，即商业性、追求利润的国有企业，目前有39家；兼有特定任务（如战略任务、排他权等）的24家国企，除3家归国家所有权监管局，其他由与特定任务相关的部门管理。芬兰国家所有权监管局非常精干、高效，人员主要来自国资监管相关的部门。

（三）国有企业实行分类管理

法国国企实施的分类管理，突出表现在对国有企业的个性化管理上，很多国有企业都由单独法律对其业务边界和国有股最低比重等加以明确。其国企主要分布在具有一定战略意义的领域，如国防、媒体、能源、交通、基础设施、金融服务等领域。在具体管理上，法国国家参股局内部按行业划分为三个行业处室进行管理，即交通、基础设施与媒体处，能源处，电信、航空与国防处。

芬兰将国有企业分为两大类。第一类为基于市场化运作的商业性国有企业，共有39家，归芬兰国家所有权监管局直接或间接管理；第二类是兼有特定任务的国有企业，这些企业有着国家定义的产业、社会或者政治目标，或是有着特殊作用，国家作为所有者，有着与监管或官方责任相关的特定利益，共有24家，其国家所有权分散在相关的各部委管理，其中有3家归芬兰国家所有权监管局管理，如投资公司Solidium；其他如酒精零售专卖公司Alko Inc，归社会事务与健康部管理等。对第二类国企，政府以国有独资或控股为主。

在第一类基于市场运作的商业性国有企业中，又具体分为两小类：一类是没有战略意义的商业性国企，共有21家，如养老金信息管理服务公司、社区规划公司等，这些企业主要是对股东负责，以盈利为目标，国家只作为普通股东，除极个别公司外，大多数公司国家股份比例最低可降至零；另一类是有一定战略意义的国企，共有18家，基于战略考虑，政府明确了对绝大多数这类企业的控股地位，最低持股比例为50.1%，例如芬兰铁路、芬兰航空等。

（四）国有企业治理

法国和芬兰的国家所有权机构在与其管理的国有企业之间的关系上，都较好地体现了有权力但无利益、有参与而不干预，国家所有权机构仅是一个专业化的国家股东代表。

国家所有权机构规范行使股东权利。法国国家参股局的主要职责是促进国有企业改善公司治理，指导国有企业的资产运作（如上市、出售、并购等）并务实推动国有实体的结构化改革（包括将一些公共部门公司化）。在国企公司治理方面，国家参股局与公司管理层通过双边会议紧密合作并在董事会中派出代表，在国企战略、审计、薪酬等方面进行审查。国有股董事不在企业拿取任何报酬。

芬兰国有企业的公司治理较为规范。两国国有企业严格按照公司法、欧盟和国家关于企业的标准、规则来运营管理，公司治理比较规范，治理水平较高。这方面特别表现在市场化选聘CEO上。芬兰国有企业的CEO选择已经基本实现市场化，与一般公司无异，通常通过猎头公司来选聘，而且国企CEO的薪酬也是市场化标准。国企CEO的选聘一般分为两个阶段：第一阶段，雇请猎头公司提出一个10～50人的候选名单，由公司自己筛选，国家所有权监管局不介入；第二阶段，用人公司董事会在进一步讨论后形成2～4名的选择范围，征求国家所有权监管局意见，国家所有权监管局拥有否决权，但没有决定权，最终由用人公司董事会决定。

二、体会和启示

（一）国有经济和国有企业的地位作用难以替代

国有经济应该存在而且应长期存在。由于各国经济发展路径、产业国际竞争力、市场机制健全程度、法律制度和公共管理体系健全程度以及国有经济起源和功能定位等多个方面存在差异，各国的国有经济比重并没有统一的标准。法国、芬兰国有经济起源和发展途径不同，法国主要是第二次世界大战后两次大规模国有化，芬兰则主要是国有资本在私人资本不愿进入的工业和基础设施领域承担了发展责任，但国有经济占GDP比重都曾达到很高的水平，目前仍然占有相当比重。中国作为一个仍处于转型期的发展中大国，国有经济的功能定位应既包括成熟市场失效补充，也包括解决不成熟市场机制和不完善制度环境下的市场失效问题，应该存在而且应长期存在，这也是中国基本经济制度的重要组成部分和社会主义市场经济体制的重要特征。

国有企业的边界不能仅限于提供纯粹公共品。按照是否提供纯粹公共品来判别国有企业的边界完全是英美自由市场经济国家的模式，欧洲很多发达国家国有经济布局的领域并不全是纯粹的公共品，在军工、基础设施、能源、交通、公用事业甚至一些竞争性的领域都有分布。我们在考察中了解到，在法、芬两国，国有企业和经济稳定发展联系在一起，在芬兰有相当一批国有企业处于完全竞争性领域，也有一些企业处于有重要战略意义的竞争性领域，中国更不宜用纯粹公共品来界定国有企业的边界。

（二）整体商业环境健全程度对国有企业有效治理很重要

法、芬两国所有权机构注重自律和遵守规则。法国财政部国家参股局将自己定位为普通的股东，不给予国有企业优惠地位，欧盟也禁止各成员国向国有企业提供支持。芬兰总理办公室所有权监管局依据公司法、芬兰国家治理标准、赫尔辛基交易所治理准则的有关规定，对国有企业进行监管。

国有企业完全按市场规则来运营，在遵循产业监管方面没有特殊待遇。法、芬两国国有企业在国内外市场上完全按照市场规则来运营，既不拥有特殊地位、不享受特别优惠政策，也没有外部提供的竞争优势，企业具有较高的透明度，社会舆论监督机制也比较健全。如法国电力根据欧盟发电与电网分离的规定，将电网业务转变为其拥有全部股份的独立电网公司运营后，并没有因为其所有者的地位而得到与其他电力生产者不同的待遇。

国有企业治理有效程度与发展阶段相关。法国国有企业在2004年之前的治理曾一度饱受批评，多年前芬兰负责所有权行使的部门也被认为官僚气息浓厚，缺乏商业知识。经过成立集中行使所有权的机构、推行治理改革和提高透明度，目前法国和芬兰的所有权机构已被认为实现了“去官僚化”，两国的国有企业已经成为透明度高、主动遵守规则、绩效较好的企业，不再是被批评的对象，社会也不认为国有企业享有特殊待遇和优势，芬兰国有企业在考核、薪酬等方面的经验反而成为私营企业学习和借鉴的对象。

（三）国有企业需要实行分类管理

对国有企业实施分类管理意义重大。如果单纯用利润及利润增长率考核所有企业，会激励具有特殊地位的企业利用其地位赚取垄断或寡头利润，也会诱导有公共目标的企业不提供均等化公共服务，对盈利性目标和公共目标的不明确导致的随意性会影响企业对长期价值和公共目标追求的激励。对具有公共目标的企业，量身定制式确定其各个目标、排序及考核权重，可促进多种目标的共同实现。

应按照企业经济属性来划分企业类别。借鉴国外对国有企业的分类经验，结合易理解和可操作性的考量，中国国有企业可分为商业性国有企业和兼有政策性功能的国有企业。商业性国有企业是指以市场化业务为主，盈利是其首要目标；兼有政策性功能的国有企业是指被赋予特殊职能或有政策性任务的国有企业，需要兼顾不同目标，在完成政策性任务和承担特殊职能的前提下，也要按照市场经济的一般规则来运营，其长期目标也应是能够盈利。

应在国有企业布局、所有权行使、董事会建设、企业考核、薪酬激励等方面应用分类管理的理念。对于企业承担的特殊功能，一般由所有权机构和公共政策部门协商确定，企业特殊目标与财务目标要清楚分开，政府和企业对企业承担的特殊功能的双边责任也应通过签订“公共服务合同”等方式加以明确，企业为实现特殊功能而发生的费用，政府需按合同规定予以补偿。

（四）淡化国有企业特殊性

近年来法国、芬兰国有企业治理比较好的重要原因之一是国有企业不具有特殊地位、不拥有特定优势、需完全遵循市场规则。中国国有企业应在产权改革、治理结构、商业运作等方面淡化差异性，无论是市场化的还是兼有特殊功能的国有企业，都需要按照市场规则来运营。

淡化国有企业特殊性，应从选人机制开始。法、芬两国国有企业高管人员的选拔机制体现出强烈的市场化原则，这是国有企业能够市场化运营的重要前提。中国除了极少数特殊企业，其他国有企业都应该建立符合市场原则的选人机制。国企高管事实上的行政级别制现状，说明中国国有企业的选人机制远未市场化。只有建立符合市场原则的选人机制，才能够逐步形成适应国有企业长期持续发展的职业化的经理人队伍。

（五）充分发挥国有资本的杠杆效应

随着经济发展、政府规制能力和社会保障水平不断提高，国有企业中的国有资本比重应该动态降低。法国和芬兰之所以在20世纪八九十年代中期开始大规模出售国有股权，原因就在于，这个阶段，国家已经发展到能够运用规制能力或者更直接地运用社会保障体系等工具来实现社会目标，没有必要100%控制国有企业的产权。中国国有企业的国有股权比重，应该随着政府规制能力不断增强、市场机制不断成熟、法律制度不断完善而动态降低。

国有资本进退和国有企业做强做大并不矛盾。国有资本进退是国家作为所有者的选择，企业做强做大是国有企业作为企业法人所追求的目标，两者并不矛盾。国有资本进退是提高国有资本配置效率、充分发挥国有资本杠杆效应的重要举措，将国有资本从国有企业中退出一部分，吸引其他资本进入，实现国有企业的股权多元化，并不表明不要国有企业做强做大，而是更加有利于国有企业做强做大。

通过国有股权多元化可以实现多重效应。国有股权多元化总体上有利于经济结构的优化调整和企业发展方式的转变。国有股权多元化中出售股权的收益可以用来充实社保基金；社会资本进入可以引入真实的股东监督，优化企业治理结构；通过不改变国有资本控制地位的股权多元化可以充分发挥国有资本的杠杆效应，从某些国有企业退出的部分国有资本可以在其他领域发挥新的功能。如芬兰在20世纪90年代中期到2007年间，出售的国有股份回收了约160亿欧元资金，很多企业从国家100%持股成为股权多元化的公司制企业。

国有股权的出售应规范有序。芬兰在国有股减持过程中，首先考虑国有股份出售什么时候最有利，有没有人接盘，接盘者能否经营得更好。法国近年来在出售部分企业国有股份的同时，也对一些国有企业进行了注资和收购，如2011年向法国邮政注资10亿欧元、2008年注资法国电视、2006年注资巴黎机场公司等。中国在国有股权多元化过程中需要重点关注中国民营企业和社会资本是否有足够的意愿和能力进入，资本市场的承受能力如何，会不会出现一些让人担心的出售国有股权导致外国公司控制中国经济的问题，等等。

三、政策建议

（一）正确认识国有经济的地位和作用

中国社会主义初级阶段的基本经济制度决定了需要国有经济发挥主导作用、多种所有制经济共同发展，加上转型过程中法律制度不完善、市场机制不成熟等特殊“市场失效”的存在，国有企业应该存在而且长期存在并发挥重要作用。我们首先应该考虑的是如何能把国有企业搞好，使之成为完全市场主体，与社会主义市场经济实现有机结合。在对国有企业的定位、政策和管理方面，需要淡化所有制的不同，强化在公开、公平、公正的环境下与其他所有制企业平等竞争。在国际上，也要通过多种方式，主张国有企业开展经营、投资和并购业务的正当权利，改变国际社会一些国家对中国国有企业的种种限制。

（二）加快营造公平、健全的商业环境

消除立法上的不公平，修订公司法，使之成为不再对国有企业做出规定的完全的普通法律；国家所有权行使机构要去官僚化，在严格遵守相关法律和公司治理准则的规定的基础上监管国有企业，要有较高的透明度；在市场准入、政府监管、社会监督等方面，各类企业应一视同仁、平等竞争。

（三）实行国有企业分类管理

将国有企业划分为商业性国企和兼有政策性功能的国企，明确每一类企业的目标和主要考核指标。利用推行分类管理的契机，对现有企业进行业务重组，将自然垄断、寡占和特殊功能的业务从现有企业的产业链中拆分出来，成为独立的法人，由主管部门和国资委联合加强业务监管。

（四）构建市场化的选人用人机制

一是建立国有企业经理人职业化体系，将经理人与行政级别相隔离，最终取消行政级别，杜绝经理人和政府官员之间“旋转”任职的状况；二是所有权行使机构去官僚化，应首先在选人用人方面取得突破，完全遵循已有的法律法规和治理准则；三是建立起职业经理人市场化的选聘机制。

（五）渐进推行股权多元化，促进国有资本优化配置

在明确国有经济布局具体领域和明确分类的前提下，对国有企业推行股权多元化，让过高比例的国有股权从国有企业中退出来，投入到更加亟须国有资本投入的领域，从而实现国有资本优化配置。具体应在专门的法律或法规中明确每类甚至每个国有企业中国家股权的最低比重。借鉴法国和芬兰的经验，对于那些承担特殊功能的国有企业，其国有股权比重应由全国人大立法或者国务院行政法规来规定，是否出售和出售价格等应该由一个跨部门的委员会进行决策。同时，还应逐步提高国有资本经营收益，健全市场化的利润分红制度。

第十八章 设计国企改革方案应注意的几个问题[①]

2013年11月15日，《中共中央关于全面深化改革若干重大问题的决定》（以下简称《决定》）正式公布，为进一步深化国企改革明确了方向和思路，下一步亟须设计可行的方案。由于涉及利益关系复杂，各方面对《决定》的理解差异较大，在设计方案时须进一步厘清认识，防止走歪路。

① 本文发表于《国务院发展研究中心调查研究报告》2014年第22号（总2219号），与张永伟合作。

一、防止出现在基本框架不清情况下的盲目抢跑和故意违章

从目前一些部门对《决定》的解读和一些地方已出台的国企改革方案看，其共同点是“两个基本不动”，即国有资产管理的顶层体制基本不动，国资委仍集中行使国有资产的管理与监督职能；国有资产管理形式基本不动，仍然是“管人、管事、管资产”。要实现《决定》提出的“以管资本为主加强国有资产监管”，就需要改革和完善现有国有资产管理体制，这项改革对现有一些部门甚至可称得上是一场“革命”。如是否应将国有资本的管理职能与监督、运营职能实现“三分开”，由不同的机构来行使；行使国有资本管理职能的部门直接管理的是少数新设立的国有资本运营机构（包括运营公司和投资公司等），主要负责资本注入和制定国家所有权政策，不再对众多的国有企业进行“管人、管事、管资产”，运营机构对其所投资的企业的监管也只是通过参与公司治理来实现；将来运营机构与新的国有资本管理部门、监督部门的关系与现有体制会有重大区别。这些顶层体制的改革，涉及现有国资、财政、组织等诸多部门的职能调整和机构改革，为防止改革被某些部门利益驱使，设计改革方案时应有多部门共同参与，由改革领导小组统筹协调。

二、抓住混合所有制的关键和防范两个风险

发展混合所有制会释放巨大的改革红利，既可加强国有资本的杠杆效应，吸收更多社会资本，又能改善治理结构，进而提高国有资本配置效率。笔者初步测算，按照2013年11月底国有企业净资产总额31.34万亿元计算，如果国有资本的平均持股比例从2012年末的79.6%降低到51%（仍然保持绝对控股），且国有资产或股权减持过程中仍可以与历史经验一致获取20%左右的资产溢价，就可以盘活约10.8万亿元的国有资产或国有资本。这将是一笔巨大的财富，既可用来补充社

会保障基金，也可以用于支持战略性产业和其他社会事业发展。混合所有制这条路能否走通，有两个风险点：一是在各种规章制度还不健全的情况下，转让出售国有资产，容易造成国有资产流失，最后导致混合停止；二是混合后的企业仍不按照现代企业制度运转，把混合前的“旧体制”延伸至混合后的“新企业”。因此，发展混合所有制的关键是实现股权多元化和严格按照《中华人民共和国公司法》要求建立有效的公司治理，二者不可偏废。

三、把竞争性领域作为调整国有经济布局和实现资本化管理的突破口

尽管经历了多年改革，我国国有企业的行业分布仍然较广，过半的国有资本仍存在于竞争性领域，如2012年分布在一般竞争性领域的国有企业净资产为19.9万亿元，利润总额1.3万亿元，分别占全国国有企业的62%和54%。这些领域的国有资本更具市场特性，可按照“资本化运营”的思路率先改革。首先，要界定可进入竞争性领域的资产范围。需要明确的是，垄断行业中也有很多业务环节是可竞争的，一些过去的关键领域随着技术经济进步也逐渐成了竞争领域，一些公共领域的企业也有竞争性。由此可见，不能进入竞争性领域的资本应限定在特定的领域和较小的规模。其次，对这些竞争性领域的企业进行股份化改制，让其股份和资本流动起来，这些领域改制的重点应当是那些仍然以全民所有制企业形式存在的集团母公司。再次，要努力提高竞争性领域国有资本的运营效率和财务目标。2012年全国国有企业净资产收益率为6%，扣除有垄断特征的利润前10名中央企业后，只有4.36%，而2013年仅为4.1%，近两年的数据均低于银行5年期定期存款利率4.75%，且有下降趋势。如果经过改革使国有资本的经营效益达到或接近全社会平均资本回报率9.7%的水平，仅此一点，在一年之内就可实现改革红利超7000亿元。最后，要实现让市场来决定国有资本在这些领域的比重，如果国有资本在这些领域投资收益长期低于平均水

平，不能更好地发挥资本的收益功能，就应从这些领域退出。如果国有资本在这些领域也能实现更好的收益，就可继续以资本的形式而不是国有企业的形态存在。国有资本这种资本化的进退对其所投资的企业不会产生大的影响，这些企业仍要追求利润和提高竞争力，改变的只是其股东结构。

四、进一步明确建立现代企业制度的重点

在理顺国有资本管理体制的前提下，仍然可按照十四届三中全会提出的“产权明晰、权责明确、政企分开、管理科学”的方针继续推进现代企业制度建设。一是要继续实行主辅分离改革，分离企业办社会职能，采取多种办法解决国企的历史包袱。下决心逐步解决“国企职工”的身份问题，摘掉职工身上的所有制标签。二是要改革和完善现有的企业高管选择机制。现有做法是一种特殊的制度安排，不同于通过猎头公司在市场上寻找职业经理人等市场化选人机制。我国国有企业的高管具有双重身份，既是企业的经营者，又是某一层级的领导干部。“要合理增加市场化选聘比例”的关键在于管人、管事的部门是否愿意更多地向市场、向企业放权。三是进一步完善公司治理，处理好资本所有权与法人财产权之间的关系，实现所有权、决策权和经营权之间的有效制衡，防止“内部人控制”。

第十九章　新一轮国资国企改革要抓主要矛盾①

国资国企改革是党的十八届三中全会确定的重要改革任务。新一轮国资国企改革必须从解放和发展社会生产力、提高国民经济发展的质量和效益、增强产业国际竞争力的目标出发。新一轮国资国企改革涉及面宽，但最重要的是国有资本的功能定位。国有资本管理体制和国有资本实现方式，是两位一体的。要把大问题和小问题分开，把全局问题和局部问题分开，把改革和发展分开，把体制机制问题和具体的政策问题分开，这“四个分开”是至关重要的。

① 本文发表于《财经》杂志，2014年12月。

一、国企改革关键是共识

《财经》：为什么大家期盼已久的国企改革顶层设计方案迟迟出不来？

赵昌文：国企改革有其核心逻辑和主要矛盾。目前国企改革顶层设计之所以尚未出来，主要原因可能在于一些关键问题还未达成共识。比如，国企改革的目标和方向是什么；也就是说，未来国有企业要往哪里去。有意见认为应该大幅收缩国有经济战线，也有意见强调国有企业要进一步做大做强。因此，共识不够应该是改革方案迟迟不能出来的主要原因。下一步深化国有企业改革的关键就是在一些重要问题上要尽快达成共识。当然，由于国资国企改革的复杂性，即便是有共识，重大改革方案的出台也需要反复研究讨论并征求各方面意见。

《财经》：据说国资国企改革顶层设计方案数易其稿，但各部委都有自己的思路和考量，这是不是也是共识不够的一个方面？如何解决？

赵昌文：十八届三中全会之后，中央将所有的改革分解成了数百项具体的改革任务并由不同部门牵头，相关部门参加。国资国企改革任务也由不同的部门牵头，顶层设计也不是只有一个文件。部门牵头的好处是，工作推进更有效率，但从目前来看可能的问题是，确实很难摆脱本位主义。所以，无论哪个部门牵头，国资国企改革的顶层设计一定要从部门格局中跳出来，从国家利益、全民利益出发，制订改革方案。否则，在全面深化改革的大背景下，如果一开始就打折扣，这是大家不能接受的。

当然，所有重大的改革方案都要经过中央全面深化改革领导小组[①]审议通过，甚至少数改革方案的制订，由领导小组下设的专项小组直

① 现为中央全面深化改革委员会。

接牵头，这在一定程度上能够解决部门利益的问题，再加上第三方评估机制，可以使得改革方案更加科学合理。

从目前看，关键要做好两件事：一是改革方案设计过程中要充分吸收十八届三中全会的理论创新成果。我国国有企业改革的历程中，理论探索和争论，从来都很重要。20世纪80到90年代的几轮改革，如果没有“两权分离”理论的提出，没有把企业的法人财产权和终极所有权分开，就不可能有破产法，不可能有“有进有退”；如果说没有股份制理论的创新，就不可能有国有企业公司制、股份制的改革，也就不可能有混合所有制的基础。所以说，理论的创新和突破推动了前几轮国企的改革，新一轮国资国企改革也需要充分消化吸收十八届三中全会的理论创新成果。

二是加强调查研究。新一轮改革方案一定要重视对地方、企业的实际调查研究。中央企业与地方国企的情况很多是不相同的，没有必要也不可能完全一个方案；不同地方国有企业、国有经济的情况差异非常大，也不见得一定要用同一个方案，至少改革的主要矛盾、任务和重点方向是不同的。所以，只有多听取地方、企业对改革的意见和建议，顶层设计方案才能更有针对性。

《财经》：您怎样看待新一轮国企改革的方向和定位？

赵昌文：新一轮国资国企改革必须从解放和发展社会生产力、提高国民经济发展的质量和效益、增强产业国际竞争力的目标出发。这里的国民经济，既包括国有经济但也不只是国有经济。换言之，如果国有经济的发展影响到了国民经济的整体发展，那该收缩的就要收缩，该退出的就要退出。相反，国有经济也是国民经济的一个重要组成部分，没有必要为了改革而改革，为了收缩而收缩，为了退出而退出。

《财经》：十八届三中全会《中共中央关于全面深化改革若干重大问题的决定》（以下简称《决定》）中，关于国企改革的一些表述似乎限制了进一步改革的力度，比如国企总体上已经和市场经济相融合，还有一些似乎是企业微观决策的问题，您怎么看待？

赵昌文：《决定》是全面深化改革的基本纲领和行动指南，不是国资国企改革的总方案，作为基本纲领和行动指南必须在一些重大问题上有明确的方向性的表述。

作为社会主义市场经济，我们必须找到既坚持社会主义方向，又能够解决当前国资管理体制和国有企业发展中存在的问题，从而进一步深化国资国企改革的办法。既不能走封闭僵化的老路，也不能走改旗易帜的歪路。所以，重要的是即将出台的改革方案，是不是有勇气、魄力和远见。

从逻辑上讲，改革方案是在基本纲领和行动指南下来开展的。现在一些改革文件只是简单地重复《决定》，还有一种情况是只关注一些很小的问题，这是有问题的。改革方案是什么？是“四梁八柱”，是“牵一发而动全身”的，不能只抓一些细枝末节，最终还是没有在关键重大问题上有突破。因此，一定要抓体制机制性的大问题，全局性、综合性的大问题去设计改革方案。

《财经》：中国国企改革从转换经营机制、放权让利、承包制与租赁经营、建立现代企业制度等已经推进了30多年，但改革长期遵循实用主义思维，是否在刻意回避所有权改革等问题？

赵昌文：国有企业在所有权改革方面还是取得了很大的进展。从股份制引入以后，国企改革就已经从早期的调节利益关系进入了产权制度改革的阶段，甚至到上一轮改革的后期，从微观层面的企业产权制度改革上升到了按照“抓大放小”“有所为有所不为”的原则对整个国有经济部门进行战略性调整的层次。但客观地讲，国企产权制度改革的任务并未完成。比如，我们还有相当数量的全民所有制企业，特别是除少数外的中央企业的母公司，基本属于全民所有制企业或国有独资企业。再比如，国有股“一股独大”的问题仍很普遍。所以，一定要按照十八届三中全会提出的“混合所有制”的方向，把继续推进产权制度改革作为新一轮国资国企改革的重要任务。

二、找准国有经济定位

《财经》：新一轮国资国企改革的关键问题究竟是什么？

赵昌文：新一轮国资国企改革涉及面宽，但最重要的是国有资本的功能定位。国有资本究竟该干什么、不该干什么，国有企业究竟该干什么、不该干什么。

实际上，并不是所有的人都认为国有企业一定是不好的，没有存在的必要性，当然，也不是所有的人都认为国有企业一定是好的，一定能够搞好。主张国有经济应该越来越小的观点，主要理由是由于多重委托代理关系以及激励约束机制等原因，国有企业很难搞好，私人企业天然效率就高。虽然有不少实证的支持，但也不见得。这些统计数据中关于效率的定义往往并不是同一个内涵和外延，也没有考虑国有企业的政策性负担。其实，大的私人企业也同样存在多重委托代理关系，也有官僚主义的问题，除非小型家族企业，既是所有者，又是经营者，还是管理者。所以，国有资本控制和参与的企业与私人资本控制和参与的企业，从委托代理关系上讲并无本质区别，不一样的是国有资本与政府的关系、国有资本与公共财政的关系等。当然，我并不主张国有经济比例过高、范围过宽。这就是为什么国有资本的功能定位是关键的原因。

《财经》：一个国家的国有经济应该占多大比例有没有一个标准？英国20世纪70年代末至80年代，由撒切尔主导的私有化改革，是将国有资本控制到占工业产出比重10%以下。也有人认为，中国也应该来个撒切尔式的改革。您如何看？

赵昌文：一个国家的国有经济最优比例是多少，没有人能够给出一个最优答案。实际上，这是一个模糊的数学概念，它没有办法通过优化理论算出来，因为所有的东西都在变。从历史经验看，国有企业的存在大体上有四个方面的原因：

第一，被作为工业化高速推进的工具。很多国家特别是OECD国家，都曾经甚至现在也有比较高的国有经济比例，绝大多数都是当年工业化进程中遗留下来的。因为国有企业作为一个国家工业化的工具是非常有效的，可以在较短时间内集中有限资源，实现政府的发展目标。此后，虽然不同的国家实行了不同的改革政策，但一些国家如法国、芬兰迄今仍有不少的国有企业和较高的国有经济比重。

第二，被用来实现特定的政策目标。这一点与上一点有关联但不完全相同。因为不同发展阶段政府政策的主要目标是不同的。工业化阶段低效率让位于高速度，政府希望发展速度更快，效率低一点甚至存在一定程度的资源配置扭曲也可以接受。从已经完成工业化的发达国家情况看，一旦进入工业化后期，特别是到后工业化阶段，国有资本的分布都在不断发生变化，从原来主要分布于工业领域，转到基础产业和具有战略性的领域，比如说电力、电信、金融、教育等行业。

第三，被用来弥补市场失灵。市场失灵背后反映的是政府和市场之间的关系，原本与国有企业并没有直接关系。但是，不少国家在解决市场失灵的时候，往往把国有企业作为一种手段，以实现政府应对市场失灵的目标。

第四，收益最大化。这一点，新加坡的淡马锡是一个典型案例，它投资于流动性较好的领域，追求收益最大化。芬兰的国有企业除了分布于战略性的领域，也有一个通过投资基金持股的完全以财务收益为目标并动态调整的国有资本组合。

当然，以上分析只是从经济属性而言的，并未涉及一个国家的社会制度和意识形态问题。

中国国有资本的布局结构，也大体上符合工业化的逻辑。随着我国整体上已进入到工业化的后期阶段，国有资本的布局也在不断地变化和调整。20世纪八九十年代，大量的国有企业分布在家电、纺织等轻工领域，进入21世纪后，大多数国有资本分布在钢铁、石化、建材、船舶等重化工领域和航空航天等资本和技术密集型行业。所以，国有企业的分布、国有资本的布局、国有经济的比例是一个动态过程。不同社会经济发展阶段，国有资本布局的重点是不一样的，不是永恒不变的。

《财经》：按照有进有退、有所为有所不为的原则，您认为新一轮改革应该怎样推进国有经济布局的战略性调整?

赵昌文：国有资本投资要服务于国家战略目标，更多投向关系国家安全、国民经济命脉的重要行业和关键领域，重点提供公共服务、发展重要前瞻性战略性产业、保护生态环境、支持科技进步、保障国家安全五个领域。国有资本的功能定位，确实要把国家战略目标放在第一位。

过去国有资本的分布过广，需要按照重要行业和关键领域逐步收缩战线，集中国有资本，用来解决经济社会发展中的主要矛盾。从国外来看，比如法国电力、电信，芬兰铁路、民航，都属于公共性、战略性很强的行业。因此，毫无疑问上述五个领域是我国国有资本下一步布局的重点。

需要注意的是，上述五个领域作为国有资本的布局重点后，面临着如何处理好与公共财政的边界问题。因为这五大领域同时也应该是公共财政要重点发挥作用的地方，一些领域如生态环境如果有收益也是环境收益、生态收益等，而不是经济收益，至少不足以补偿成本；公共服务更是如此，城市的地铁、燃气等都需要财政补贴。如果国有资本到这些领域中去，那么必然面临界面问题和保值增值问题：它和公共财政的界面是什么？如何保值增值？这些都必须理清楚。

《财经》：随着国企分类改革的推进，有人提出国企应“不与民争利”，进而要求制定“产业负面清单”，要求国有经济退出竞争性领域，如何理解?

赵昌文：国有经济适度收缩战线尤其是结构性调整是正确的，也是“有进有退、有所为有所不为”原则的具体落实。特别是在一些高度竞争、市场机制作用已经非常充分的领域，没有必要存在大量的国有企业。但是，国有资本有一个功能，即收益性功能。这一点很重要也很复杂，直接涉及与公共财政的关系，很多人可能会讲，政府税收不就解决这个问题了吗？其实，除了淡马锡的例子，一些OECD国家迄今还有投资性的国有资本配置。

如果国有资本全部按照上文提及的五个领域布局，意味着113家央企、15.6万家国有企业、104.1万亿元国有资产、31万亿所有者权益中，大约80%甚至更多的国有资本要从现有领域里全部退出来，这是不现实的。况且，一些分布在竞争性领域的国有资本即使与同行业的民营、外资企业相比，收益率也不低，为什么要全部退出来？毫无疑问，生态文明、科技进步、国家安全、公共服务、前瞻性战略性产业这些是需要保障的重点领域，但国有资本全部配置到这些领域，意味着现在的国有资本和所有者权益总量很可能就是“天花板”，将来会越来越少。因为这五大领域除了科技进步和战略性产业，其他都是花钱的，很难形成一个可持续的收益机制，就算是科技进步和前瞻性战略性产业，也由于风险过高，民营资本一般不愿意去，才让国有资本发挥引导作用。此外，还不能忽视的一个事实是，到今天为止，国有企业体系内仍然存在大量的历史遗留问题，需要巨额的支出，如果国有资本全部按照公共目标布局而不考虑收益性目标，下一步政府公共财政的压力将是巨大的。

《财经》：但是，留在竞争性领域有一个问题，显然国有企业和民营企业竞争是不公平的。里根和撒切尔当年之所以要私有化，就是要营造一个自由竞争的市场环境。

赵昌文：我无意为国有企业辩护，但这确实不完全是国有企业的过错，社会上相当多人的看法是不全面的。我认为，本质上是市场经济体制的完善问题，包括公共资源配置市场化改革、基础产品价格改革、垄断行业改革、金融改革等。所以，只简单地讲国有企业退出是不能完全解决问题的。如果能够按照十八届三中全会提出的改革方向，进一步推进包括自然垄断行业在内的垄断行业改革，加快完善现代市场体系，特别是建立公平开放透明的市场规则，完善主要由市场决定价格的机制，现在的问题基本上都能够解决。况且，如果国有资本存在于竞争性领域，并不是以一个一个具体的实体国有企业存在，而是以投资基金、投资公司等形式参与上市公司或公司制企业中，也可以称为国有资本参股公司或控股公司，它本身只不过是一个股东而已，就不会出现这个问题。

《财经》：如果讲国有资本在竞争性领域还能理解，也比较放心，如果是国有企业的话，就会出问题。

赵昌文：国有资本的实现形式不一定非要通过国有企业来实现。将来在战略性领域还会以国有企业的形式存在，但在竞争性领域，国有企业的概念可以不用再强化而代之以国有资本，这个问题理清了就不会有疑惑了。

三、寻找国有资本的最佳实现形式

《财经》：国有资本管理体制和国有资本的实现方式，这是下一步改革要解决的两大问题吗?

赵昌文：国有资本管理体制和国有资本实现方式，是两位一体的。十八届三中全会《决定》里提及，完善国有资产管理体制，以管资本为主加强国有资产监管，改革国有资本授权经营体制，组建若干国有资本运营公司，支持有条件的国有企业改组为国有资本投资公司。对此，大家的解读并不一样。

国有资本的实现方式有多种。比如芬兰国有企业有两大类，一类是有政策性目标的国有企业，另一类是纯粹的商业性国有企业，后者定位于收益性目标的部分国有资本通过基金形式管理。2012年，该基金大约持有27家企业的股权，除了最初划归该基金管理的存量国有资本，基金持有哪个公司的股权，哪个公司就叫国有资本参股企业，持有多少企业、多大比例的股权，完全是个动态的过程。而且，基金不参与公司治理，而是用脚投票，企业效益不好的时候就退出。

《财经》：这是一个很好的创新。

赵昌文：是比较有意思。法国在经济与财政部设立股权与收益管理局管理国有企业。从国外看，国有资本的管理模式一种是由政府部门直接管，第二种是通过基金的形式去持股。由此可见，中国国有资本的管理模式和实现方式，至少也应有以上两种。

以国有企业这种形式去实现国有资本保值增值，可以以特定行业甚至特定企业为目标。这种模式显然是需要改革的，所有的国有资本没有必要都通过企业的形式去实现。过去管人、管事、管资产，在特定阶段发挥了积极作用，但现在看来管得过多，管得过细，管得过死，弊端越来越明显。下一轮改革重点是探索不同国有资本的实现形式及其相应的管理体制。实现形式决定管理体制。

《财经》：如何多渠道探索国有资本的实现形式？

赵昌文：没有必要全国各地一个模式、一刀切。比如，金融行业的国有资本和实体领域的国有资本相比有特殊性，所以通过汇金公司这种专门的投资机构，而不是由财政部直接做出资人。再者，通过国有资本投资基金的形式来实现国有资本的政策功能和投资收益。这种形式已经有不少成功的案例，比如说科技创新领域，已经组建了很多引导基金，公共财政出一部分钱发起设立母基金，这个基金再与私人资本共同组建若干专业性的子基金。政府投资的目的并不在于赚多少钱，更主要的是发挥对私人资本的引导作用和杠杆效应，让重要的战略性产业能够发展起来。这部分资金虽然来自公共财政，但它已不是一般的财政资金的支付行为，而是通过投资形式实现政策目标的资本行为。此外，以基金的形式来管理也包括全国社保基金。还有一类是文化国资，目前由财政部下设专门办公室负责管理。因此，下一步国有资本至少可以有以上三种实现方式。

如果有上述三种实现方式，国有资本布局的问题自然而然就得到了解决。大量竞争性领域的国有资本并没有必要完全退出，通过国有资本投资运营公司这种形式，实际上变成灵活持股，类似于机构投资者。这样布局问题其实就解决了。

《财经》：这样国内民众是否更能理解？

赵昌文：应该是的。不是说现在国资委管理的113家就不能动，其实已经动了，股权结构变了，行业分布变了，治理结构也变了。当然，从现实到理想目标之间还需要一个过程。这种实现方式明确以后，管理体制也会随之改变，不仅仅是国资委管理的那种模式。但这种方式不适用于具有战略性的行业，因为这些行业是需要通过国有企业去体现战略意图和维护国家经济安全的。另外，在国有企业的人员自由流动问题彻底解决之前，因为就业或其他社会原因，国有资本的进退也很难做到完全自由。

四、国有资产管理新体制

《财经》：接下来就是管理体制方面的问题，与国有资本实现方式相对应的管理体制应该怎么设计？

赵昌文：比较理想的国资管理体制应该是一个层次更高、目标更长远的管理体制，而不仅仅是着眼于把现在的企业管好就可以了。我们初步有一些研究，未来的管理体制可以分三层，我比喻为一楼、二楼、三楼，三楼是最顶层，二楼是中间层，一楼是基础层。基础层就是现在的中央企业，当然，央企还有下属的二级、三级甚至六级、七级公司，那就到地下室、负几层了，这都是形象的比喻。顶层是什么？过去顶层是国资委（按法律它不是顶层，它只是国务院特设机构），是国有资产的出资人代表，国务院是出资人。新的体制下，顶层应该是国家国有资本管理委员会及其办公室。

《财经》：这“三层楼”具体怎么管理？

赵昌文：国家国有资本管理委员会应该是一个在国务院层级的决

策机构，办公室可以单独设立，也可以设在国资委或者财政部。要不要设这个委员会，办公室最终放哪里，应该统筹考虑。

中间层可以是国有资本投资公司或者国有资本运营公司，或者投资基金，也可以是社保基金。十八届三中全会提出组建若干国有资本运营公司，有条件的国有企业改组为国有资本投资公司。按我理解，国有资本投资公司将来更多是管战略性行业的国有独资公司或控股公司，即以特定产业、特定企业为目标；而国有资本运营公司更多是落实管资本理念，下面主要是国有资本参股公司，可以不断地动态调整投资组合。

第三层就是实体企业。除了国有独资公司逐步实现持股机构多元化（虽然都是国有投资公司，但不再是单一法人机构持股），剩下的都是混合所有制公司。第三层涉及和央企母公司之间的关系问题，因为有些有条件的要变成国有资本投资公司，就上二楼了；有一些可能合并以后变成二楼某一家国有资本运营公司的控股或参股公司，组合可以多种多样。不管怎么说，现在的央企母公司，就算将来还是国有独资，但股东都应该是几个，而不只是一个。

《财经》：比如里面有A国有资本投资公司，有B国有资本投资公司，再加上社保基金，可能有三家、四家甚至五家，而不只是现在的中石化、中石油或者中海油集团吗？

赵昌文：如果还是一家的话，就是过去的体制。现在，有几个国有股东持股，治理结构一定会发生变化。

对我国这样一个拥有如此多数量国有资本、国有企业的国家来说，长期缺乏国家所有权政策是不行的。国家所有权政策，是OECD提出的，并且OECD国家国有企业的管理架构也是这样设计的。什么叫国家所有权政策？就是从国家层面制定关于国有资本出资、退出、收益分配和管理的政策，这是国家层面的，不是部门层面的。国资委作为出资人代表的目标和国家更高层面有进有退、有所为有所不为的国有资本目标，本来就不应该相同。

《财经》：没错，更像一个婆婆的角色。

赵昌文：过去就是婆婆。十五届四中全会提出“有进有退”“有所为有所不为”的政策执行得之所以不理想，就在于顶层缺乏一个国家所有权政策机构。这个机构，只有在国务院层面统筹财政部、国资委等多个部门的意见才有可能实现。

当然，这个机构也要对全国人大负责，每年全国“两会”上的财政预算报告，就要对国家所有权政策或者叫国有资本管理政策进行阐述。这个报告可以和现在的财政预算报告合并，也可以单独发布。2013年国有资本经营收益大约一千亿元，大部分又反哺到国企体系里面去了，仅有少量进入到公共预算里面，国有资本经营收益“体制内循环”的情况不能再持续了。

《财经》：这样的话，第三层实施混合所有制经济就有了基础，就能把民营企业、社会资本吸纳进来。

赵昌文：第三层绝大多数企业都应该是混合所有制。其实，在第二层里面就可以有社会投资机构和私人股权投资。二楼的国有资本投资公司和运营公司可能在一段时期内会是国有独资的，但这些投资基金除了国有资本（广义上的LP），必须有一些专业投资人士（GP），这样才可以通过国有资本的流动性实现更好的投资回报。

五、鼓励地方国企改革试验

《财经》：在国资国企改革方面，如何处理好中央企业和地方企业的关系问题?

赵昌文：据不完全统计，目前大概有25个省区市已经出台了国资国企改革的指导意见。在中央顶层设计出来之前，地方已经在探索，总体值得肯定。中央企业和地方企业的情况不完全相同，现在15.6万家国有企业里面，地方大体上占2/3。约10万家地方国有企业，无论是从行业分布，还是资产规模、盈利能力等方面，与中央企业都有比较大的差别。即使地方企业，各地也不完全相同。所以，地方可以根据实际情况自己探索。其实，给予地方更多的自主权是必要的，因为在《中华人民共和国企业国有资产法》里面，本来就已经明确分别由中央人民政府和地方人民政府代表国家来履行出资人职责，这是法律规定的。只要改革方案没有违背法律，没有违背基本原则，出台符合地方实际的方案是可以的。

但从目前出台的方案看，地方改革方案的创新性不够，突破还不大。由于没有中央层面的顶层设计，地方胆子还不够大，思想还不够解放。我觉得这是一个问题。

《财经》：地方投融资平台是国有独资企业，它政企不分、政资不分的情况比央企、比地方的老国企有过之而无不及，地方国企改革如何关注这一块？

赵昌文：近些年地方成立的新国有公司有相当数量是一级公司，就是地方投融资平台，地方新一轮国资国企改革不能只关注以前传统领域的国企，而要把这一块的改革也纳入进来。这就是在国企改革地方企业中和中央企业不一样的地方。投融资平台的改革牵一发而动全身，如果这个改好了，将来化解地方债务风险也会找到更好的路径。因此，要把这项改革和化解地方债务风险结合起来。

此外，地方国企的公益性比央企更显著。地方国企不涉及国家安全，但和民生的关系要比央企密切得多，很多涉及供水、供电、供气等公用事业领域。在改革过程中，要处理好企业改革和民生保障的关系。

《财经》：地方国企改革方案制订中应该注意什么问题？

赵昌文：改革方案一定要体现高层次、权威性，不管是中央还是地方的方案，都应该是这样。要实现几个分开。把大问题和小问题分开，把全局问题和局部问题分开，把改革和发展分开，把体制机制问题和具体的政策问题分开，这“四个分开”是至关重要的。很遗憾的是现在地方已出台的改革方案基本没有实现这个目标。许多地方改革方案把改革与发展混在一起，一半说改革、一半说发展，比如说要怎么推动国有企业的国际化等，这原本不是改革范畴的问题。

六、建立国企激励和约束机制

《财经》：目前国企改革仍面临许多深层次的矛盾和问题，产权单一、“一股独大”等问题尤为突出，由此导致了企业治理机制存在缺陷，能否请您谈谈激励和约束机制的问题？

赵昌文：十八届三中全会《决定》中提出，鼓励混合所有制企业实行员工持股，形成资本所有者和劳动者的利益共同体，实际上就是要解决激励的问题。新一轮改革，如果在激励和约束机制上没有很好的解决方案，很可能是雷声大、雨点小。

先说激励机制，涉及干部管理、员工管理，以及激励手段和政策的问题。包括在高管持股、员工持股问题上能不能有所突破。总的原则，还得党管干部与市场化选聘相结合，但是在管理层级方面则有改革的空间。组织选派的干部将来是否只到第二层或者第三层的极少数企业，而绝大多数控股公司实行市场化选聘，更不要说参股公司了。即使第二层、第三层的企业，也不见得每一个岗位都需要遵循干部管理体制。

如果只把干部管理的权限界定在有限的层次和有限的人员身上的话，既可以保证国家所关心的重大战略目标不受影响，同时也可以越来越多地引入市场化机制。

《财经》：现在很多企业打着混合所有制的名，实际上就是要在所谓的激励机制中解决高管持股和员工持股的问题。

赵昌文：这是自然的，企业最终想做的就是这些事情，央企也好，地方国企也好，很多企业都希望实施包括高管持股和员工持股的激励机制改革。

我认为，应该在改革中解决好激励机制问题，可以根据不同情况确定实施持股计划。但这个要做增量，要和企业的下一步增长目标结合起来，而不能从存量国有资产中去做。比如说设定一个目标值，达到这个目标以后，可以按照一定比例设立高管持股和员工持股。这个目标不是由公司自己设定的，而是更高层面的设定。当然，也可以有多种形式的激励计划。

《财经》：混合所有制和高管限薪问题相继“破土”后，高管持股和员工持股问题也正处于激烈的讨论之中。

赵昌文：高管持股的问题，第一，要从增量开始做，而不应该从存量开始做。第二，要由上级部门说了算，而不是企业自己内部说了算。上市公司实施起来可能更容易一些，因为股权的流动性更强、信息透明度更高，定价更加容易，但非上市公司一定要坚持这两点。

员工持股也应该坚持同样的原则，但员工持股并不是说人人都要持股。还是要根据十八届三中全会精神，“允许混合所有制经济实行企业员工持股，形成资本所有者和劳动者利益共同体”。员工持股这件事情在改革方案里面不一定要做统一规定，由不同企业根据实际情况制订方案，报相关部门核准。我们把高管持股管住就可以了，一般员工持股则可以放开尝试。

《财经》：那么，约束机制如何安排？

赵昌文：约束机制涉及多个方面，其核心就是要解决一个人说了算的问题。大家都是董事，虽然一人一票，但实际上还是董事长说了算，因为有干部管理体制，董事长级别最高，其余虽然是董事，但不是完全平等的关系。所以，在约束机制里，重点是解决如何按照《中华人民共和国公司法》让董事会更好地发挥作用的问题。当然，不仅限于公司内部，还包括外部的管理体制也要有规范、有约束，只要符合《中华人民共和国公司法》的规定，公司是自主经营。

七、混合所有制改革面临的问题和障碍

《财经》：国有企业通过引入多种经济成分进行混合所有制改革，对于整合资源优势、规范公司治理等都具有重要意义，但当前面临一些制度障碍，该如何混、怎么混？

赵昌文：自20世纪90年代提出混合所有制的概念起，股份制20多年来一直是国企改革的主要模式。股份制是什么？股份制就是不同性质的资本存在于一个公司里面，就是混合所有制的主要实现形式。当然，股份制不见得和混合所有制完全画等号，因为股份制有可能是不同的国有企业之间相互持股，这叫股权多元化，都是国有但属于不同的法人股东。但是，绝大多数的国有控股上市公司，既有其他法人股东，也有中小社会投资者、各类证券投资基金，甚至有外资基金（QFII）持股。我们过去经常说国有企业产权制度改革，什么叫产权制度改革？产权制度改革就是股份制、公司制改革；股份制、公司制改革，其实就是发展混合所有制经济。

《财经》：既然混合所有制提出已20多年，并不是一个新提法，为什么这轮改革再次提出？

赵昌文：十四届三中全会就已经提出来了，十五大的时候进一步做了明确，但十八届三中全会再次强调发展混合所有制经济并不是老调重弹，而是新的理论创新。比如，混合所有制作为基本经济制度的重要实现形式，就是一个重大的理论创新。

混合所有制经济的实现形式，也许不见得全都是股份制和公司制，比如它可以是有限合伙制，这也应该是广义的混合所有制；但它不是公司制，也不是股份制。现在很多基础设施领域，如废水、废气、垃圾处理等都在搞PPP（政府和社会资本合作），也算是混合所有制吧？总之，不管是项目层面，还是企业层面，混合所有制应该是多种多样的，但股份制是最主要的一个选项。

《财经》：混合所有制改革红利的释放，可以为民资和外资创造更大的投资空间？

赵昌文：通过混合所有制推进国有企业的改革，可以使得国有资本的配置效率进一步提高，也可以为民间资本包括外国资本创造更大的投资空间。《决定》里讲到，鼓励非公有资本参与国有企业的改革，鼓励非公有资本投资国有企业的一些项目等，这都是可以发挥作用的地方。这两个方面的作用都很重要，其实最终是殊途同归。国有资本配置效率的提高，实际上也意味着整个社会资源配置效率的提高。

第二十章　对下一步国资国企改革的一些看法[①]

“十八届三中全会后，国资国企改革的基本方向已经很清楚，比如国有资本的功能定位、国有企业分类管理等，这些大家关心的问题都有了答案。”2014年3月中下旬，正值各地国资委纷纷推出改革方案之际，国务院发展研究中心产业经济研究部部长赵昌文接受《上海国资》专访时如是表示。

① 本文发表于《上海国资》，2014 年第 4 期。

要从主要矛盾和矛盾的主要方面出发确定关系国家安全、国民经济命脉的重要行业和关键领域。

《上海国资》：您怎么理解十八届三中全会所提出的国有资本投向布局?

赵昌文：十八届三中全会《中共中央关于全面深化改革若干重大问题的决定》（以下简称《决定》）提出：国有资本投资运营要服务于国家战略目标，更多投向关系国家安全、国民经济命脉的重要行业和关键领域，重点提供公共服务、发展重要前瞻性战略性产业、保护生态环境、支持科技进步、保障国家安全。这是继十五届四中全会后对于国有资本功能的又一次新定位，虽然两次的表述不完全相同，但根本上是一致的。当然，十八届三中全会只是原则性的、抽象的表述，所提出的五个方面只是重点并不是全部。下一步国有资本的投向布局调整关键还在于如何确定“重要行业和关键领域”，什么是关系国家安全和国民经济命脉的重要行业和关键领域。

十八届三中全会《决定》中已经明确指出的五个方面当然是重要行业和关键领域，接下来的问题就是，其他还有哪些？如果就此问题采取列举法一一指出，显然是很困难的。我认为，判断是否属于“重要行业和关键领域”，首先要进行分类，有些行业如国防军工等是长期重要的行业，有些行业可能只是某些时期具有特殊重要性。对于后者，一个基本原则就是，应基于国家经济社会发展的主要矛盾和矛盾的主要方面变化来把握是否属于“重要行业和关键领域”。所以，除了少数特殊行业和领域，大多数重要行业和关键领域都应是动态可变的，而不是一成不变的。

《上海国资》：如何从主要矛盾和矛盾的主要方面理解“重要行业和关键领域”应该是动态可变的?

赵昌文：比如刚开始改革开放时，我们面临的是一个短缺经济的环境，如何最大限度地满足人民生活的基本需要是当时的主要矛盾和矛盾的主要方面，所以纺织、食品、家电等轻工业就属于当时的重要行业和关键领域，国有资本也大量布局在这些领域。但随着经济不断发展，轻工产品从供不应求到逐步过剩，这些行业便不再属于重要行业和关键领域了。随之而来的是20世纪90年代中后期特别是进入新世纪后，工业化快速推进过程中对于原材料和重化工业产品的需求大幅增加，装备制造、石油化工等重化工业发展滞后成为瓶颈，自然也就是主要矛盾和矛盾的主要方面；上一轮很多从轻工领域退出的国有资本又进入了重化工行业，也由此开启了一个属于重化工业的黄金周期。近些年来，随着重化工业的高速发展，绝大多数行业都出现了严重的产能过剩问题，而且，不少行业的需求峰值或天花板越来越近。因此，主要矛盾和矛盾的主要方面又发生了变化。比如，如何提高资源配置效率？如何促进社会与经济的协调发展？如何解决好民生和环境问题？如何提高国家创新能力？国有资本的功能定位必须适应这些新的变化了的形势，再次进行布局结构调整，转向发展中出现的“短板”、弥补转型经济的成本以及提升国家竞争力，如教育科技、医疗卫生等社会事业的发展。

一、由政府提供公共产品并不意味着一定要由国有资本承担

《上海国资》：您怎么评价社会对国企垄断地位越来越强烈的批评？

赵昌文：社会各界对国有企业的垄断问题长时间给予了高度关注，但这是一个复杂的问题，最关键的是需要对垄断的含义有清晰的界定。

一是垄断是一个比较宽泛的概念，要注意区分“垄断行为”与“垄断地位”。“垄断行为”更多的是法学意义上的垄断，是《中华人民共和国反垄断法》重点关注的对象，它会损害消费者权益、降低经济效率，是与公共利益相悖的。无论是国有企业还是私有企业、外国公司，如果存在以上垄断行为，应坚决诉诸《中华人民共和国反垄

断法》。“垄断地位”更多的是经济学意义上的垄断，主要是指市场支配地位。按“垄断地位”形成的原因，垄断大致可以分为自然垄断、经济垄断和行政垄断三种不同的类型。其中自然垄断是规模经济派生的垄断，由于巨额初始投资等原因，某些行业存在规模经济现象。在这种情况下，由一个企业向整个市场提供产品或服务可能是成本最低的方案，而多个企业竞争反而会增加成本。经济垄断也叫市场垄断，是市场竞争形成的垄断。行政垄断是由行政权力确立的垄断，由于经济体制、产品或服务的公共产品属性、行业的战略性地位等原因，政府可能会以行政权力赋予企业的“垄断地位”。对于“垄断地位”意义上的垄断，不适合简单地以“好”或“坏”来评论，不能说所有“垄断地位”的形成都是坏的，尽管垄断地位可能导致诸多问题。

二是大多数国有企业均处于竞争性领域。从国有企业特别是从中央企业的实际情况看，国资委监管的113户央企中，除2家电网企业、3家电信企业、3家石油石化企业、10家军工企业、2家粮棉储备企业和1家盐业企业共21家外，其余均处于竞争性领域。客观地看，这些竞争性领域的国有企业并不存在严重的市场垄断行为，可能存在的问题是因为其国有属性而能够以较低的价格获得矿产、土地、资金等公共资源；下一步深化改革的重点之一就是推进公共资源配置的市场化。另外，这些国有企业也容易得到政府特别是地方政府的税收返还、财政补贴等各种政策支持，这一点更多涉及的是公平市场竞争的问题。所以，真正具有垄断属性的国有企业还是被限定在一些特殊行业中，如烟草、盐业的行政垄断，石油和天然气的管网、电网等具有自然垄断属性。2013年，前10名具有一定垄断属性的国企利润总额9701亿元，分别占全部央企和所有国企利润的58.3%和40.3%。

三是全球化和数字化背景下，我们需要对垄断问题从理论到实践进行全面评价。传统垄断理论的基本结论是垄断导致经济效率降低。但这一结论的前提是封闭经济体系，与全球化不断深化的大背景有很大出入，这也是传统理论难以解释20世纪80年代以来所发生的一次次并购浪潮的原因。在全球化时代，世界经济格局已经发生了根本性变化，本土企业不仅面临国内的竞争，还面临着国外的竞争，企业要想在激烈的市场竞争中赢得优势，规模是一个基本前提。换言之，具有一定垄断实力是企业具有国际竞争力的前提之一。另外，近些年越来越多出现的数字经济平台也需要我们深入思考垄断与竞争的关系，不能用教科书上的理论去解释。

当然，我无意为任何不应该存在的垄断特别是行政垄断和市场垄断行为开脱，反垄断一定是市场经济下政府监管的主要任务之一，要把国有企业改革与强化市场规制很好地结合起来。

《上海国资》：十八届三中全会提出，国有资本继续控股经营的自然垄断行业，实行以政企分开、政资分开、特许经营、政府监管为主要内容的改革。对此，社会也有不同的解读，您怎么理解？

赵昌文：我个人理解，这十六个字前面的两个词即“政企分开、政资分开”更多地从国有企业改革的角度考虑，后面的两个词即“特许经营、政府监管”更多地从行业规制的角度考虑，当然，二者不能截然分开。

就自然垄断行业来说，早期主要是指由于资源条件的分布集中而无法竞争或不适宜竞争所形成的垄断。从规模经济、范围经济到成本次可加性理论各自解释了自然垄断出现和存在的原因。简单地讲，如果长期平均总成本随着产量的增加而降低时，就存在着规模经济；如果由一个企业生产多种产品的成本低于几个企业分别生产它们的成本，就存在着范围经济；如果单一企业生产所有各种产品的成本小于多个企业分别生产这些产品的成本之和，该行业的成本就是部分可加的，如果在所有有关的产量上企业的成本都是部分可加的，该行业就是自然垄断的。

按照上述标准，目前我国的自然垄断行业主要集中在公共事业和基础设施领域的部分环节，如供水、供电、供气、供热、信息通信、交通运输、公共卫生、重要战略性资源开发等。

这些领域改革的基本思路就是提供更好的公共服务，保证重要战略性资源和能源供给安全，所以，需要从行业规制和所有权结构两个方面进行改革。我们不能继续沿用早期各国对自然垄断行业的管理办法，即实行国有化并将其置于政府严格的进入管制和价格管制之下，而要更加科学地加强监管。同时，由于这些行业的特殊重要性，在相当长时期，国有资本还需要继续控股经营或具有一定控制权。

当然，我想提出的一个问题是，“公用产品”应该由政府提供，一般没有太多异议。但是，由政府提供公共产品并不意味着一定要由国有企业提供，既可以通过国有资本控制下的企业来提供，也可以通过契约合同的方式即政府购买公共服务来实现。对此，还需要进一步深化研究。

二、国企全部退出竞争性领域既没必要也不可能

《上海国资》：您怎么评价要积极发展混合所有制经济，它对深化国企改革的意义是什么？

赵昌文：十八届三中全会《决定》提出，国有资本、集体资本、非公有资本等交叉持股、相互融合的混合所有制经济，是基本经济制度的重要实现形式，有利于国有资本放大功能、保值增值、提高竞争力，有利于各种所有制资本取长补短、相互促进、共同发展。从这个意义上看，发展混合所有制经济的主要目的似乎在于进一步增强国有经济的活力、控制力和影响力。所以，有不少人对此有异议。实际上，《决定》还提出，允许更多国有经济和其他所有制经济发展成为混合所有制经济。国有资本投资项目允许非国有资本参股。允许混合所有制经济实行企业员工持股，形成资本所有者和劳动者利益共同体。这也拓宽了非国有资本进入的空间，为民营资本的投资创造了更多的机会。现在，资本市场上有不少国企改革“概念股”，说明了大家对此问题的关注。

发展混合所有制经济对深化国企改革的意义在于，一是通过非国有资本的进入，改善国有企业治理结构，提高国有企业的资源配置效率；二是有助于打破各种形式不合理的垄断格局，提高全社会范围内资源的配置效率。问题的关键在于：民间资本为什么愿意“混”，而国有资本又为什么愿意“被混”？这需要进一步研究混合所有制的实现形式。因为，我们既需要一个强大的国有经济，也需要一个强大的国民经济。

《上海国资》：如何把握好发展混合所有制经济中的关键点？

赵昌文：发展混合所有制经济既要积极，也要稳妥。目前，已有一些央企和地方国企提出了相关计划，作为部分试点是可以的。但我个人认为，最好不要大规模发展混合所有制经济。在大规模推动之前，应首先完善各种规章制度特别是与产权交易相关的法律法规。

此外，在发展混合所有制经济之前还要解决好一些基本问题。比如绝大多数央企母公司和约占国有企业总数16%左右的中小国有企业还是按照企业法管理的全民所有制企业，其中，央企的母公司最好先改制成股权多元化的公司，不一定要一步到位全部搞混合所有制，一定要把混合所有制和股权多元化区分。如果完全由国有企业作为股东，没有外资或者民资成分，那就不是混合所有制。这样做的好处是为下一步的国有资本管理体制改革留出空间，因为无论如何组建和改组国有资本投资公司和运营公司，都会涉及现有央企母公司层面的资产重组、产业重组等。我建议，目前发展混合所有制经济的重点应在以下两方面：从产业领域和市场结构看，在于充分竞争的行业；从企业层次看，在于二级公司及其以下层面。当前的重点在于解决一股独大式的混合所有制的问题，特别是上市公司。

《上海国资》：有人提出，国企应该全面退出竞争性领域，您的评价是什么？

赵昌文：应该说，国资国企全部退出竞争性领域既没必要也不可能。从当前看，现有的国有资产80%分布在竞争性领域，70%左右分布在上市公司。目前国有资本大约有30万亿元的所有者权益，国内证券市场上市公司总市值是多少？怎么退？这是我们必须面对的现实问题。所以，全部退出是不可能的。

为什么没必要？因为核心问题应该是解决不同所有制企业之间公平竞争的问题。比如，国有资本在获取公共资源方面是否按照市场价格？招投标项目时是否执行公平竞争的原则？政府的各种补贴是否合理？十八大和十八届三中全会讲的“平等使用生产要素、公平参与市场竞争、同等受到法律保护”是非常重要的改革方向，而不仅仅是退出。当然，从长期看，国有资本必须按照其主要的功能定位实现“有进有退”，而不要“抢了别人的饭碗，荒了自家的田地”。

此外，社会上提出国有资本和国有企业应该全部退出竞争性领域，还有一个理由是收益的用途不清楚。事实上，国有企业主要的问题是它怎么赚的钱？是否赚到了足够多的钱？赚来的钱用到了哪里？“怎么赚的钱”意味着国资国企应该按照市场规则办事；“是否赚到了足够多的钱”意味着提高国有资本的效率和效益；“赚来的钱用到了哪里”意味着应该进一步完善国有资本经营预算，合理提高国有资本分红比例，实现收益全民共享。这些工作都可以加快推进。

三、必须建立新的国有资本管理体制

《上海国资》：您怎么看待国有资产监管体制的改革？

赵昌文：这是一个敏感的问题，因为涉及相关部门，但也需要有实事求是的态度。目前，各方对现行的“管人、管事、管资产”的监管体系有不少批评，如导致国有企业体制僵化、低效率运转等，最大的意见还不是来自社会上而是国有企业体系内。应该说，这种管理体制的存在相当长一段时间内是有其合理性的。特别是国资委成立之前，对国有企业的管理交叉混乱。国资委成立后起到了非常积极的作用，这是显而易见的。但任何事情都要动态地去看待，对于国企目前存在的不少问题，其也应该承担一定的责任。

《上海国资》：您理想中的国资管理体制应该是一种什么样的构架？

赵昌文：也许这是一个仁者见仁、智者见智的问题。我个人认为，下一步的国资管理体制改革有几个关键点：一是以管资本为主完善国有资产管理体制。二是出资人职能和监管职能应该适当分开，管理体制要从根本上进行变革。出资人职能应当由拟成立的国有资本投资公司或运营公司承担，监管职能可以继续由现有机构行使。三是有必要在国家层面制定国家所有权政策指引，主要包括关于国有资本功能定位的政策、国有资本投资运营公司的增资和减资政策、国有资本经营收益分配政策，等等。上述均属于重大公共政策，既要有专门的部门负责，也必须通过全国人民代表大会或者国务院批准。

需要强调的是，国有资本投资公司或运营公司应该是直接从国务院获得授权的独立机构和法人主体，并不隶属现在的国资监管部门。这样，最后会形成国资监管部门（逐步过渡到金融国资、文化国资的一体化监管）、国资政策制定部门、出资人之间互为补充、互相制衡、互相约束的一种格局。

《上海国资》：您怎么看待目前地方国资国企的改革方案？

赵昌文：地方国企数量不少，但效益相对央企差一些。地方国企改革相对简单，除少数企业外，绝大多数与国家安全的相关性较低，主要是处理好与民生的关系。传统意义上的地方工业国有企业基本上都是上市公司了，下一步改革主要是完善公司治理结构和提升效益。一些相对敏感的议题如员工持股等改革也可以在地方国企率先进行。此外，地方国资国企改革中，还有两个方面需要关注：一是要处理好国有企业投资运营与公共财政的关系。最为典型的是地方政府投融资平台，其经营性资产与非经营性资产混在一起，商业性业务和政策性业务混在一起，企业决策和政府决策混在一起，虽然是按照《中华人民共和国公司法》新成立的企业，其机制却回到了过去政企不分的状态，甚至有过之而无不及。二是由于地方金融资产较少，目前各地的管理模式也不一样，可以在产业国资和金融国资的管理体制上做更多的探索，其风险和难度要比在中央层面小得多。

第四部分
金融改革与发展

第二十一章　从攫取到共容：一个新的金融改革分析框架[①]

金融改革的研究依赖于特定的金融观，即对金融与实体经济关系的总的看法和根本观点。本文提出了一种新的金融观——金融竞合观，寄希望于为金融改革的研究提供一个新的分析框架。金融竞合观将金融与实体经济视为一对矛盾。两者对立统一，除了相互依存的合作关系，还具有相互排斥的竞争性，具体体现在生产要素、政策、利润和企业决策行为四个方面的竞争。根据金融竞合观，本文认为，当前金融与实体经济矛盾的主要方面在于两者的竞争性，金融已对实体经济产生“挤出效应”，已经体现出了明显的“攫取性”特征。金融改革的目标应确定为消除金融体系的“攫取性”，建立共容性金融体系。在金融竞合观的基础上，本文还详细讨论了金融改革的一维、二维和三维模型。

① 本文发表于《国务院发展研究中心调查研究报告》专刊2015年3期（总1406期），与朱鸿鸣合作。

一、一个基本问题

若坚持问题导向的改革方法论，金融改革的研究者必须首先回答一个基本问题。它可以表述为如下两种方式：对于整个经济系统而言，当前中国金融体系存在的最主要问题是什么？对于整个经济系统而言，当前中国金融体系的本质属性是什么？

对于这一问题可谓众说纷纭，仁者见仁，智者见智。归纳起来，大致有三种观点。

第一种观点认为当前金融体系并不存在重大问题。一方面，上一轮金融改革取得了巨大成就，面对全球金融危机的冲击安然无恙，中国金融业的各项指标稳健发展。另一方面，与发达经济体或新兴经济体相比，中国金融体系还具有便于宏观调控、集中力量办大事和维护金融稳定等优点。不过，随着近年来经济增速的放缓和金融风险的隐现，持此种观点的人已经越来越少。

第二种观点认为目前存在的最主要问题是金融效率问题，即金融服务实体经济效率不高。

第三种观点认为金融稳定问题是中国金融体系存在的最主要问题。集中体现为金融领域存在不可忽视的潜在金融风险。随着全社会杠杆率快速提升，经济进入“新常态”，以及各类隐性风险逐步显性化，这类观点的影响力正在显著增加。

对以上基本问题的不同回答决定了不同的改革取向。回答的正确与否直接决定了金融改革的基本取向是否正确。我们认为，若将视野仅限定在金融体系内的话，以上三类观点均从不同侧面反映了金融领域的现状和问题。其中，第二种观点，即将金融体系的主要问题概括为金融效率问题的观点是较为准确的。不过，若将视野拓宽至整个经济系统，以上答案均存在较大缺陷。为了说明这一问题，有必要引入金融观。

二、三种金融观

（一）金融中心主义与金融合作观

金融观是人们对金融的总的看法和根本观点。在本文中，我们将金融观界定为人们对金融与经济的其他系统，特别是金融与实体经济之间关系的总的看法和根本观点。改革开放近40年来，随着经济、金融发展阶段的变化，中国先后出现了两种主流的金融观。

第一种金融观可以称为金融中心主义，可借用小平同志的话（邓小平，1991）来概括其内涵。1991年初，邓小平同志在视察上海时曾讲过："金融很重要，是现代经济的核心。金融搞好了，一着棋活，全盘皆活"[①]。金融中心主义对金融之于经济增长的重要性有充分的认识[②]，强调金融在整个经济系统中的核心地位。金融中心主义的一个推论是金融发展与经济增长之间存在显著正相关关系乃至因果关系。这一推论在全球金融危机之前，得到了国内外许多学术文献的实证支持[③]，成为当时的全球性主流观点。以美国为例，当时的基本信念便是"对华尔街有利的就是对整个国家有利的"（Johnson，2009；斯蒂格利茨，2011）。

中国上一轮金融改革深受这一金融观的影响。在这一金融观的指导下，上一轮金融改革取得巨大成功，推动了经济的超高速增长。此

---

① 邓小平视察上海时的谈话，邓小平文选（第三卷）[M]. 北京：人民出版社，1993，第 366 页。

② 关于金融的重要性，可以追溯至白芝浩（Bagehot，1873）。此后，熊彼特（Schumpeter，2005）认为，金融具有评估、遴选企业家并为其创新活动融资的功能，对于经济发展十分重要。希克斯（Hicks，1969）认为，工业革命发生在英国的主要原因是资本市场的发展减轻了流动性风险。Dickson（1967）和 Valerie R. Bencivenga 等（1996）指出，"工业革命不得不等待金融革命"。

③ 戈德史密斯（Goldsmith，1969）利用 35 个国家的数据，首次定量研究了金融发展与经济增长的关系，发现两者呈现出正相关关系。King 和 Levine（1993a，1993b，1993c）利用 80 个国家 1960—1989 年的数据，在控制其他影响经济增长的因素后，仍然发现了金融发展与经济增长之间的显著正相关关系。其他代表性文献还包括 Rajan 和 Zingales（1998），Levine（2005），Hartmann，Heider，Papaioannou 和 Lo Duca（2007）。

外，中国许多城市争相建设金融中心[①]，许多地区将金融业定位为支柱产业或战略性产业，所秉承的也是这一金融观，其目的在于以金融业驱动当地经济发展。

第二种金融观可以称为金融合作观。我们首先借用国务院前总理温家宝同志的话来概括其主要内涵。温家宝同志2012年初在第四次全国金融工作会议上曾讲到，“坚持金融服务实体经济的本质要求。金融是现代经济的核心。金融发展的根基是实体经济，离开了实体经济，金融就会成为无源之水，无本之木”[②]。值得说明的是，这一论述未涉及金融稳定与实体经济关系，并不是对金融合作观内涵的完全概括[③]。金融合作观强调金融与实体经济之间的合作关系或相互依存性。一方面，金融对实体经济具有依存性，“金融发展的根基是实体经济”，金融自身的发展需要通过不断提高服务实体经济的能力来实现，需要以实体经济的健康发展为前提。另一方面，实体经济对金融也具有依存性，一个稳健、高效的金融体系是实体经济持续健康发展的前提。可见，金融合作观既认可金融中心主义关于金融之于经济系统的重要性，也强调实体经济对于金融体系之重要性。

金融合作观有两个推论：一是金融发展与经济增长之间存在显著正相关关系，二是金融危机或金融不稳定会给经济产出造成巨大损失。这两个推论既符合人们的直观感知，也可得到国内外学者的实证支持[④]。在应对和反思全球金融危机的过程中，这种金融观的影响力越来越大，目前已成主流，对当前金融改革的研究和方案设计产生了深刻影响。目前关于中国金融改革的大多数方案或建议均是基于这一金融观设计的，其着眼点在于提高金融服务实体经济的效率，比

① 根据《人民日报》2011 年 7 月 28 日的报道，“中国内地至少有三十多个城市提出要建设金融中心”，见熊建（2011）。

② 见“温家宝在全国金融工作会议上讲话节选”，《人民日报》，2012 年 1 月 30 日。

③ 之所以未完全概括，主要原因在于尽管当时金融领域也存在一些潜在风险，但金融体系仍然很稳健，金融稳定并不是当时关注的最主要的问题。

④ 比如 Furceria 和 Mourougane（2012），Cecchetti，Kohler 和 Upper（2009），Boyd，Kwak 和 Smith（2005），Laeven 和 Valencia（2012）。

如李扬（2014），巴曙松（2013），谢平和邹传伟（2013），魏尚进（2013），等等。

以上两种不同时期的主流金融观均带有明显的时代烙印，在当时均具有充分的合理性。金融中心主义是在金融“没有发展过度”，甚至是金融基础非常薄弱时代下的金融观。当时，金融是制约经济发展的瓶颈环节，搞好金融便可极大释放经济增长潜力。金融合作观则是金融过度膨胀时代下和全球金融危机背景下的金融观。这种情况下，金融已经开始挤压实体经济的发展空间，金融的无效率膨胀并不能支撑实体经济的持续健康发展。

相比较而言，金融合作观是更为全面的金融观。金融合作观继承和发展了金融中心主义，是在20多年来的经济金融实践中，特别是发生了全球金融危机后，人们对金融与实体经济关系认识不断深化的结果。尽管如此，金融合作观仍然存在一定局限性，并未全面刻画金融与实体经济的关系。在此基础上设计的金融改革方案难免会有所偏颇。为此，我们提出第三种金融观——金融竞合观，旨在更全面、准确地刻画金融与实体经济之间的关系，为金融改革的方案设计提供理论基础。

（二）金融竞合观

金融竞合观是基于矛盾分析法（列宁，1993①；毛泽东，1952②）的金融观。这一金融观有四大核心内涵。

首先，金融竞合观认为，金融与实体经济是一对矛盾，两者对立统一，是竞合关系。一方面，金融和实体经济之间具有合作关系。两者相互依存，互为存在条件，可以通过对方的发展使自己获得发展。用矛盾论的术语来讲，就是金融与实体经济具有同一性。两者之间的同一性不仅体现为金融发展的根基是实体经济，还体现为金融稳定是金融有效服务实体经济的前提，离开了金融稳定，为实体经济服务就

① 列宁．哲学笔记（第二版）[M]. 北京：人民出版社，1993.

② 毛泽东．矛盾论 [M]. 北京：人民出版社，1952.

是空中楼阁，镜花水月。换言之，两者之间的同一性既体现为金融效率问题，也体现为金融稳定问题。

另一方面，金融和实体经济之间又具有竞争关系。两者相互竞争、相互排斥，对方的发展可能会阻碍自己的发展。用矛盾论的术语来讲，就是金融与实体经济具有斗争性或对立性。我们之所以认为金融合作观存在局限性，就在于它忽略了金融与实体经济之间的竞争关系。

可以从四个方面来把握这种竞争关系。一是对创新要素的竞争。作为两大类独立的经济部门，为了生存和发展的需要，两者会在获取人才、资本、企业家才能等稀缺的创新要素方面展开竞争（Philippon，2010）。二是对政策的竞争。两者利益并不完全一致，属于不同的利益团体，都会对决策部门施加影响，以让政府实施有利于己方但可能不利于对方的政策。三是对利润的竞争。利息来源于利润（熊彼特，2005），实体经济融资成本的高低就体现了两者在利润分配竞争时的相对地位。四是金融体系可能会对非金融企业施加影响，使其做出有利于金融业利益而不利于企业长远利益的决策[①]。值得注意的是，对于不同金融体系而言，其与实体经济的竞争关系并不一定在以上四个方面有显著表现。

其次，金融竞合观认为，金融与实体经济这对矛盾有矛盾的主要方面和矛盾的次要方面之分。在某一阶段内，若金融与实体经济之间的关系主要体现为两者对各类要素的争夺或实体经济收益的争夺，若金融业对政策制定及非金融企业行为施加了过多的不当影响，矛盾的主要方面是两者的竞争性，两者的合作性便是矛盾的次要方面。若两者的关系主要体现为两者的相互依存，无论金融服务实体经济能力的强与弱，无论金融风险的大与小，矛盾的主要方面均为两者的合作

① Gautam Mukunda（2014）列举了波音公司的案例，认为波音公司迫于金融市场的压力，做出了过度外包和减少研发投入的决策以提高短期财务绩效，而这有损于公司长期发展。哈佛大学商学院教授、创新专家 Clayton Christensen 也谈到“CEO 们对股东负有责任，在华尔街压力的影响下，他们需要去实现盈利目标。但是，创新通常是在初期收益低，而在长期内却收获丰厚”。

性，次要方面为两者的竞争性。

经历了上一轮成效显著的金融改革后，中国金融业获得长足发展，行业规模快速膨胀，资产质量得到实质性提升，行业利润及利润率高企，行业平均薪酬也远远高于实体经济平均水平，改变了经济系统内的报酬结构，使金融业对各类要素的吸引力或竞争力大大超过其他行业。同时，由于金融体制、金融结构和市场结构等方面的原因，金融业在实体经济收益的分配上也占据优势地位。可以说，现阶段金融与实体经济这对矛盾的主要方面是两者之间的竞争关系。具体表现为：金融业“发展过度”，吸附了过多的资源，导致人才、企业家才能、资本等生产要素乃至创新要素“脱实向虚”，与此同时，实体经济融资成本居高不下，实体经济的发展空间受到挤压。尽管现阶段金融服务实体经济效率不高也是金融体系存在的突出问题，但是，根据金融竞合观，这仅仅是矛盾的次要方面。

再次，金融竞合观认为，金融与实体经济这对矛盾的主要方面和次要方面可以随经济金融环境的变化而相互转化。回顾近20多年来金融与实体经济关系的演化历程可以发现，在上一轮金融改革之前，乃至改革启动后的一段时间内，矛盾的主要方面还是金融与实体经济之间的合作关系，金融的发展和金融体系稳健性的增强促进了经济的高速发展。当时，尽管金融与实体经济之间也存在竞争关系，但仅仅是矛盾的次要方面。到了2008年左右，矛盾的主要方面才由先前的合作关系转化为竞争关系。

值得注意的是，虽然现阶段金融与实体经济矛盾的主要方面是两者之间的竞争性，但如果金融风险过度累积乃至发生系统性风险，矛盾的主要方面将由竞争关系转化为合作关系。一方面，若金融风险过度累积乃至爆发系统性风险，金融体系将丧失其基本功能，实体经济难以获得基本的金融服务，合作性自然成为矛盾的主要方面。另一方面，若大规模金融危机爆发后，金融业的行业利润、行业平均薪酬和行业吸引力均将出现大幅度下降，“脱实向虚”得以逆转，竞争性自然退居矛盾的次要方面。此外，若新一轮金融改革成功地解决金融

“发展过度”问题，矛盾的主要方面将再次转化为两者的合作性。

最后，金融竞合观认为，金融体系的本质“主要地是由取得支配地位的矛盾的主要方面所规定的”[①]。金融竞合观强调，要辩证地、全面地看待金融与实体经济之间的对立统一关系。其推论是，金融发展与经济增长的关系不是简单的线性关系，而是倒U形曲线关系。换言之，金融发展需要适度，存在一个最优值或最优区间。在超过最优区间之前，金融处于“没有发展过度”的状态，矛盾的主要方面是合作性，金融发展与经济增长是正相关关系。超过最优区间后，金融便处于“发展过度”状态，矛盾的主要方面由合作性转化为竞争性，金融发展与经济增长的关系转变为负相关关系。这一推论越来越多地得到全球金融危机爆发后的最新文献的支持[②]。

（三）金融竞合观下的金融体系：“攫取性”金融体系

基于金融竞合观，我们此时可以对前文提出的基本问题做出新的回答。

① 毛泽东．矛盾论 [M]. 北京：人民出版社，1975.

② 尽管在全球金融危机之前，也有少数文献关注金融发展与经济发展的非单调关系，但并没有得出金融发展程度超过某一限度后，金融发展与经济发展呈负相关关系。比如 Deidda 和 Fattouh（2002）利用阈值回归（threshold regression）模型研究金融深度和经济增长之间的关系，发现在金融深度低的情况下，金融深度与经济增长之间正相关但不显著，但对于金融或经济发展水平较高的国家，金融深度与经济增长之间呈现出显著正相关关系。又如 Rioja 和 Valev（2004）则区分了三类地区来研究金融发展和经济发展之间的关系，结果发现对于金融发展水平低的地区来说，金融发展与经济增长并没有显著关系；对于金融中等发展水平的地区来说，两者之间存在很强的正相关关系；对于金融发展水平较高的地区，两者尽管仍然存在显著正相关关系，但关系较弱。全球金融危机之后，国际货币基金组织和国际清算银行所做的相关研究取得了明显突破。比如，Arcand，Berkes 和 Panizza（2012）发现，当私营部门信贷占 GDP 比重超过 100% 之后，金融对经济增长的效应开始为负。几乎与此同时，Cecchetti 和 Kharroubi（2012）也得出了相似的结论，认为当前迫切需要重新评估现代经济体系中金融与增长的关系。他们发现，无论是发达国家还是发展中国家，金融发展水平与经济增长之间呈现出倒 U 形关系，超过一定限度之后，金融便会拖累经济增长；对于发达国家而言，快速增长的金融部门对于经济总产出而言是不利的。对于金融过度发展对经济增长的拖累，他们给出的解释是金融部门与非金融部门就稀缺资源展开竞争。Christensen 和 Shaxson（2013）提出了金融诅咒（finance curse）的概念，认为超过了一定限度后，金融部门的增长会从多个方面损害其所在的国家，包括降低长期经济增速，增加不平等性，丧失创造力（genuine productivity）和企业家精神，等等。

对于整个经济系统而言，当前中国金融体系存在的最主要问题是金融业相对过于强大或"发展过度"，在导致过多创新要素错配至金融行业的同时，还侵蚀了实体经济的收益，进一步增强了金融体系攫取创新要素的能力。

对于整个经济系统而言，当前中国金融体系的本质属性是"攫取性"，当前金融体系本质上是"攫取性"金融体系（extractive financial system）①。

"攫取性"在中国的经济社会系统中是广泛存在的。在本文中，"攫取性"是一个纯经济学词汇，用来描绘一种很强的负外部性。在经济社会领域中，若某部门的规模或收益（率）超过了合理水平，使大量创新要素过度流向该部门，从而导致整个经济系统资源配置效率的显著恶化，本文就认为该部门具有"攫取性"属性。

三、金融改革模型

（一）金融改革一维模型

金融竞合观认为，金融与实体经济是一对矛盾，两者对立统一，既有竞争性，也有合作性。当前，两者矛盾的主要方面是竞争性，金融体系为"攫取性"金融体系。金融改革的任务就是着眼于金融与实体经济之间的竞争性，着力消除金融体系的"攫取性"。为此，我们首先引入"攫取性—共容性"维度，构建金融改革的一维模型。

根据"攫取性—共容性"维度，金融体系可划分为两类："攫取性"金融体系和"共容性"金融体系。若金融"发展过度"，则金融的负外部性很强，金融的发展以牺牲实体经济的发展为代价，此时的金融体系为"攫取性"金融体系。若金融适度发展，则金融的负外部

① 本文之所以采用"攫取性"而非"汲取性"或"榨取性"来概括中国当前金融体系的特征，原因在于"汲取性"这一表述过于中性，无法反映当前金融体系的弊端或负外部性；而"榨取性"的表述则过于贬义，是对当前金融体系的全盘否定，也不符合实际。

性低，金融与实体经济和谐、共容、共荣，此时的金融体系称之为“共容性”金融体系。

需要说明的是，“攫取性—共容性”维度并不能完全概括金融与实体经济之间的竞争关系。“共容性”是两者竞争关系处于和谐的一种状态，“攫取性”是两者竞争关系中金融业处于优势地位的一种状态[①]。

一维模型下，金融改革的核心问题是处理好金融与实体经济之间的关系，而不是金融体系本身。考虑到当前金融与实体经济矛盾的主要方面是金融业过度发展严重挤压了实体经济的发展空间，中国金融改革的目标就是建立共容性金融体系。改革路径则是由左向右移动，即由“攫取性”金融体系转型为“共容性”金融体系（见图21–1）。在“攫取性”金融体系下，金融改革或金融发展的第一要务不是服务实体经济，而是不损害实体经济。

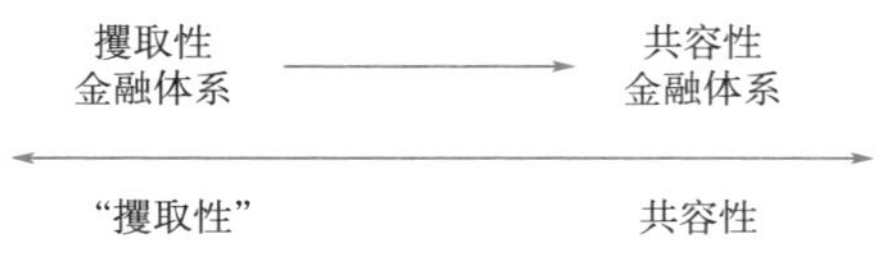

图21–1　金融竞合观下金融改革的一维模型

从金融竞合观的视角看，一维模型关注的是金融与实体经济矛盾的主要方面，坚持了“重点论”，大致指出了改革目标和相应的改革路径。不过，该模型没有考虑两者矛盾的次要方面，没有坚持“两点论”。因而，一维模型较为简略，改革目标和改革路径在模型中体现得不够明确。为此，有必要在模型中引入可以反映金融与实体经济矛盾次要方面的维度，构建金融改革的二维模型。

在构建二维模型之前，让我们看看金融合作观下的一维模型（见图21–2）。这是当前绝大多数金融改革方案所秉持的金融改革模型。与金融竞合观的一维模型不同，金融合作观一维模型所选取的刻画维

① 除此之外，理论上还应该有一种状态，即实体经济处于优势地位或金融处于劣势地位。本文认为不必要考虑这种状态，理由是经过上一轮金融改革后，中国已经脱离了这一状态。

度是合作性，即金融与实体经济的合作关系。关于合作性，现有方案关注的主要是金融效率问题，即金融服务实体经济效率的高低。根据金融效率维度，可以将金融体系分为高效率金融体系和低效率金融体系。由于“理论和实践都证明，市场配置资源是最有效率的形式”[①]，党的十八届三中全会《中共中央关于全面深化改革若干重大问题的决定》也提出“使市场在资源配置中起决定性作用”，本文将金融效率维度转化为市场化维度[②]。也就是说，高效率金融体系一般是市场化程度较高的金融体系，市场化程度不足的金融体系一般是低效率金融体系。根据金融合作观的一维模型，金融改革的着力点在于增强金融体系的市场化程度，实现金融体系由市场化不足向市场化充分的转变。

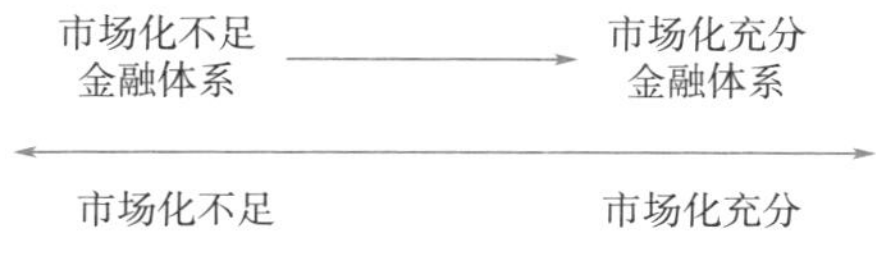

图21–2　金融合作观下金融改革的一维模型

（二）金融改革二维模型

与一维模型相比，金融竞合观下的二维模型引入了反映两者合作关系的维度。借助二维模型，我们可以将金融体系进一步细分为四种不同类型，并指出从攫取到共容更为具体和明确的目标与路径。

1. 四类金融体系

根据“攫取性—共容性”和市场化这两个维度，我们可以构造一个矩阵。这个矩阵将金融体系划分为四类：市场化不足的“攫取性”金融体系、市场化充分的“攫取性”金融体系、市场化不足的“共容性”金融体系和市场化充分的“共容性”金融体系（见图21–3）。

---

① 习近平，“关于《中共中央关于全面深化改革若干重大问题的决定》的说明”，引自《中共中央关于全面深化改革若干重大问题的决定》辅导读本，人民出版社，2013 年 11 月，第 71 页。

② 严格地讲，市场化维度与金融效率维度并不完全等同。将金融效率维度转化为市场化维度，是为了引申出更为具体的改革含义或政策含义。

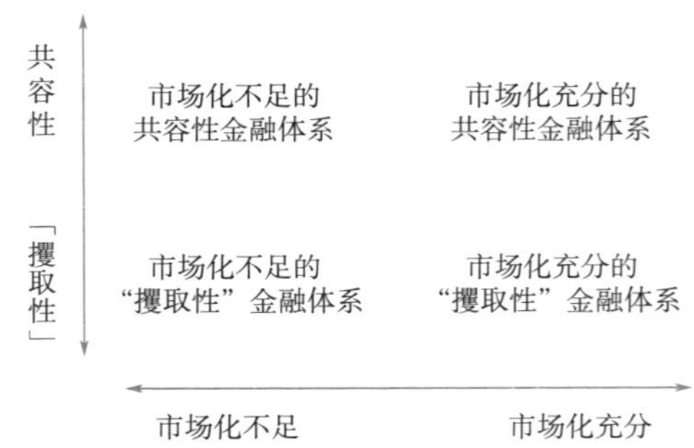

图21-3　金融竞合观金融改革二维模型下金融体系的分类

第一类金融体系是市场化不足的“攫取性”金融体系，位于图21-3的左下方。这类金融体系市场化程度不足，竞争不充分，金融服务实体经济效率相对较低。与此同时，这类金融体系由于市场化不充分及其他方面的原因，相对于实体经济而言又发展过度，对实体经济的发展存在很大的负外部性。当前中国的金融体系就可以归于此类。

第二类金融体系是市场化充分的“攫取性”金融体系，位于图21-3的右下方。一方面，这类金融体系已充分市场化，竞争充分，金融效率相对较高。另一方面，由于过度市场化或金融监管缺位，金融体系过度膨胀，对实体经济的发展产生很大的负外部性。20世纪80年代后至全球金融危机之前的美国和英国的金融体系，以及20世纪20年代的美国金融体系可以归为此类。

第一类和第二类金融体系均属于“攫取性”金融体系。共同点在于对实体经济构成“挤出效应”，负外部性大。不同点在于两者“攫取性”的成因不同，前者的主要原因在于市场化程度不足；后者的主要原因在于金融业规模过度膨胀，金融业的过度膨胀可能是市场化过度或监管不足。相比较而言，后者在服务实体经济的效率方面表现更好。

第三类金融体系是市场化不足的“共容性”金融体系，位于图21-3的左上方。这类金融体系的金融适度发展，负外部性小，与实体经济之间具有和谐的关系。但是，由于市场化程度不足，金融服务实体经济的效率或金融功能的发挥显得不够。美国"大萧条"后至20世纪80年代金融自由化之前的金融体系便可以归属于此类。中国上一轮金融改革后至2007年左右的金融体系也可以归于此类。

第四类金融体系是市场化充分的"共容性"金融体系，位于图21-3的右上方。这类金融体系是理论上的最优金融体系[①]，也是中国金融改革的目标模式。一方面，金融适度发展，负外部性小，与实体经济之间具有和谐的关系，金融发展的本身不对经济增长构成阻碍。另一方面，金融服务实体经济的效率又较高，金融发展可促进经济增长。当前德国的金融体系可基本归入此类。实际上，美国《多德—弗兰克华尔街改革和个人消费者保护法案》的改革目标，就是要将美国金融体系由市场化充分的"攫取性"金融体系改造为市场化充分的"共容性"金融体系。

第三类和第四类金融体系均属于"共容性"金融体系。共同点在于，金融对实体经济的负外部性很低，金融发展本身不对经济增长构成障碍。不同点在于，后者服务实体经济的效率更高。不过，在"金融是产业的仆人"观念下（Robinson，1952；Wolf，2009），这两类金融体系并没有本质差异。

由于金融与实体经济这对矛盾的主要方面和次要方面的相互转化，以上四类金融体系之间也是可以相互转化的。考虑到货币和金融的自我膨胀性（陈道富，2009；夏斌、陈道富，2011），金融体系具有由"共容性"蜕化为"攫取性"的天然倾向。值得注意的是，在包括美国在内的许多发达经济体的金融体系从"共容性"到"攫取性"的蜕变过程中，市场化起到了很重要的作用。这并不是说明对于中国而言，金融体系要实现攫取到共容的转变，不能依靠市场化的手段。相反，考虑到中国"攫取性"金融体系形成的特殊原因，进一步推动市场化也是由攫取向共容转变的必要路径。

---

① 从矛盾分析法来看，共容性市场化金融体系是对立的统一，金融与实体经济关系存在着完美的关系。但是，"对立的统一是有条件的、暂时的、相对的"。因此，绝对的共容性市场化金融体系并不是一个稳态，仅仅是一个理论上的最优模式。

2. 从攫取到共容的改革路径

金融竞合观二维模型下，金融改革需要解决两大问题。一是要解决金融与实体经济的竞争性问题，二是解决金融与实体经济的合作性问题。从资源配置视角看，解决两者的竞争性问题就是解决好资源的“初次分配”问题，实现整个经济系统的资源在金融与实体经济这两大类独立部门之间合理配置；解决两者的合作性问题就是解决好资源的“再分配”问题，实现金融资源在不同实体经济部门之间合理配置①。

根据图21–3所显示的划分金融体系的矩阵图，作为现状的“此岸”是市场化不足的“攫取性”金融体系，位于矩阵图的左下方区域；作为改革目标的“彼岸”是市场化充分的共容性金融体系，位于右上方区域。根据矩阵图，可以发现从此岸到彼岸的三条不同的改革路径（见图21–4）。

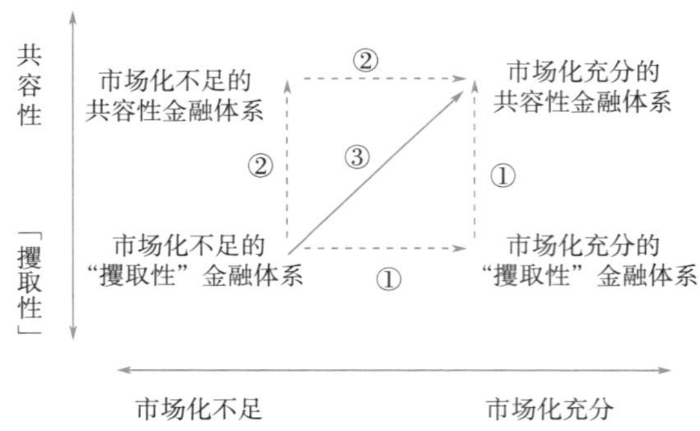

图21–4　金融竞合观二维模型下金融改革的路径选择

第一条路径是首先进行市场化改革，然后再实现从“攫取性”到共容性的转变，在图21–4中表现为右下方直角三角形的两条直角边。

① 金融竞合观下，可将资源配置划分为两个环节：“初次分配”和“再分配”。其中，“初次分配”是要素在金融与实体经济之间的分配，“再分配”是指资源通过金融体系在不同实体部门之间的分配。

这一改革路径是先从金融与实体经济矛盾的次要方面着手，着眼于金融系统内部，从提高金融体系的市场化程度和竞争程度着手，着力解决金融效率不高的问题。然后，再着眼于整个经济系统，从矛盾的主要方面着手，通过处理好金融与实体经济的关系，解决金融过度发展的负外部性问题。目前的许多金融改革方案较少关注金融的负外部性，强调提高金融服务实体经济效率。在金融竞合观二维模型下，它们一定程度上属于这一改革路径①。虽然这一改革非常契合市场化改革的导向，具有广泛共识，同时也有利于提升金融资源的配置效率，但是潜在的弊端也是很明显的。它并没有解决当前金融体系存在的主要问题，只会加剧金融与实体经济格局的失衡程度。在充分市场化之后，过多的社会资源在"初次分配"时仍将被汲取到金融领域，很可能进一步导致整个经济系统资源配置效率的降低②。从金融竞合观看，这一改革路径没有抓住事物的本质，没有从矛盾的主要方面着手，很可能弊大于利。

第二条路径是先实现从"攫取性"到共容性的转变，然后再进行市场化的改革，在图21–4中体现为左上方直角三角形的两条直角边。这一改革路径是先从当前金融与实体经济矛盾主要方面着手，通过处理金融与实体经济的竞争性，着力减少金融的负溢出效应，抑制"脱实向虚"问题。在实现从"攫取性"到共容性的转变后，取得支配地位的矛盾的主要方面将发生转化，由竞争性转化为合作性，金融服务实体经济效率不高成为金融体系的主要问题。此时，再从解决该阶段的矛盾的主要方面着手，通过提高市场化程度，着力提高金融服务实体经济效率。这一改革路径的优势在于可以抑制"脱实向虚"，解决当前金融体系存在的突出问题。但是也有弊端，在不推进市场化的情况下来提高共容性，并不能提高金融服务实体经济的效率。加之，中

① 不过，这些方案并没有第二阶段的改革设计，即没有考虑市场化改革后需要进行从攫取到共容的转变。

② 值得说明的是，只考虑市场化，还可能进一步加剧金融体系的攫取性，从而产生更大的负外部性。

国“攫取性”金融之所以形成的一个关键原因便是市场化不足，集中表现为利差保护和准入限制。脱离市场化，单纯地推动由攫取向共容的转变，并不具备可行性。即便采取非市场化手段（如强制性低利率贷款、加税、限薪等）实现了由“攫取性”到共容性的转变，该共容性金融体系也是以大幅度牺牲效率为代价，同时，也并不具备可持续性。从金融竞合观看，这一改革路径虽然抓住了事物的本质，从矛盾的主要方面着手，坚持了“重点论”，但是也忽略了矛盾的次要方面，没有坚持“两点论”。因此这一改革路径虽然较第一条改革路径更优，但在理论上也是次优选择。

第三条路径是同时进行从“攫取性”到共容性的转变和市场化改革，在图21-4中体现为正方形的对角线。根据以推进市场化为主导还是以推动“攫取”向共容的转变为主导，这一改革路径又可以细分为三类：

第一，以推进市场化为主，以推动“攫取性”到共容性的转变为辅，同时推动。这条路径是第一条改革路径的“升级版”。从金融竞合观看，虽然一定程度上兼顾了共容性金融体系这一改革目标，但是由于没有把握好矛盾的主要方面，仍然很可能是弊大于利。

第二，不分主次，以同等力度同时推动。从金融竞合观看，这条路径没有区分矛盾的主要方面和次要方面，属于“眉毛胡子一把抓”。从理论上看，这并不是最优选择。

第三，以推动“攫取性”到共容性的转变为主，以推进市场化为辅，两者同时推动。这条路径是第二条改革路径的“升级版”。从金融竞合观看，这条路径是理论上的最优路径。一方面，以从“攫取性”到共容性转变为主，是着力于当前矛盾的主要方面，首先解决金融的负外部性或“脱实向虚”问题，坚持了“重点论”。另一方面，也推动市场化进程，兼顾了矛盾的次要方面，在以“重点论”为前提下，也坚持了“两点论”，是有“重点”的“两点”。此外，考虑到中国“攫取性”金融体系的形成原因，市场化本身也有利于增强共容性，以“重点论”为前提的“两点论”显得更具实际意义或政策含义。

对于“主”与“辅”的区分，有必要做进一步的说明。我们认为，“主”与“辅”之间除了量上的差异，更重要的是质上的差异。所谓质的差异，主要是指目的与手段的差异，目的为“主”，手段为“辅”。也就是毛泽东（1941，1991）所谈到的“的”与“矢”的关系①。

在这条金融改革路径中，以市场化为辅主要是指以市场化为手段而非以市场化为目的。若某一方面的市场化加剧“攫取性”，则市场化不可取。若市场化达到某一程度后，即可达到较好的共容性，在考虑到金融风险及其他因素后，市场化可以到此为止，并非一定要百分之百的市场化。换言之，在某个领域要不要市场化、市场化到何种程度，关键标准在于其是否有助于实现共容性，是否有助于实现可持续的共容性②。

与一维模型相比，二维模型不仅考虑了当前金融与实体经济矛盾的主要方面，还考虑了矛盾的次要方面，既坚持了“重点论”，也坚持了“两点论”。在二维模型下，对金融体系的划分更为准确，对改革目标及改革路径的描绘也更为详细和形象。不过，二维模型只考虑了矛盾次要方面的金融效率维度，没有考虑到金融稳定维度，为此，还可以在二维模型中引入金融稳定维度，构造金融竞合观下的三维模型。

在构建三维模型之前，让我们看看金融合作观下的二维模型。金融合作观二维模型选取市场化程度和金融稳定性来刻画金融体系（见图21–5）。根据该模型，金融体系也可以分为四类：市场化不足的稳健性金融体系、市场化充分的稳健性金融体系、市场化不足的脆弱性金融体系和市场化充分的脆弱性金融体系。在该模型下，市场化充分的稳健性金融体系是改革的目标模式，改革的路径是由市场化不足的稳健性金融体系转变为市场化充分的稳健性金融体系，如图21–5中的

① 毛泽东选集第二版（第三卷）[M]. 北京：人民出版社，1991，第 801 页。

② 金融危机背景下，金融业的萎缩所带来的共容性并不是真正意义上的共容性。与此同时，以大幅度损害金融稳健性为代价的共容性（如果利率市场化会降低利差，太超前、太快的利率市场化会损害金融稳定性），也仅仅是暂时的共容性，是不可持续的共容。

路径①。金融改革需要在提高金融效率和维护金融基本稳定两方面取得平衡，既要防止蜕化为市场化不足的脆弱性金融体系（路径②），也要防止掉入市场化充分的脆弱性金融体系的陷阱（路径③）。

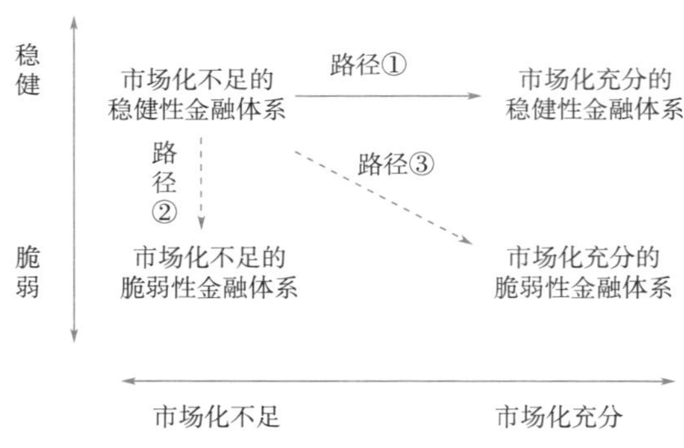

图21-5　金融合作观二维模型下金融改革路径选择

（三）金融改革的三维模型

金融竞合观下，要全面刻画金融体系，实际上需要“攫取性—共容性”、金融效率或市场化、金融稳定三个维度。“攫取性—共容性”所刻画的是两者之间的竞争关系；金融效率和金融稳定所刻画的是两者之间的合作关系或相互依存性。其中，金融效率刻画的是金融对实体经济的依存性，即金融需要以服务实体经济为根基；金融稳定刻画的是实体经济对金融的依存性。

与金融竞合观的二维模型相比，三维模型增加了金融稳定维度。实际上，金融竞合观的二维模型是隐含了金融稳定这一假设的，认为金融风险不是金融体系的主要问题。目前，尽管金融领域已累积了不可忽视的潜在金融风险，但这一隐含假设仍是合理的。一方面，金融风险的累积仍在可控范围；另一方面，金融体系也有较高的风险抵抗能力。因此，相比较而言，金融体系的共容性和金融效率的提高是更具优先序的金融改革目标。

本文之所以引入金融稳定维度构造金融改革三维模型，有两方面的原因。首先，矛盾的主要方面可能会随经济金融环境的变化而发生转化。尽管当前中国金融体系的本质属性是“攫取性”，但如果金融风险持续累积到严重危及金融稳定的程度，矛盾的主要方面将发生转化，由金融与实体经济之间的竞争关系转化为两者之间的合作关系，转化为金融体系不能为实体经济发展提供一个稳定的金融环境。此时，金融体系的本质属性也就由“攫取性”变为不稳定性，“攫取性”退居为第二属性，金融改革的主要目标便转化为提高金融稳定性。在这种情况下，图21–4所展示的路径将是不完全的。其次，金融改革过程中需要做好风险管理，需要以金融的基本稳定为前提。

在介绍三维模型前，还有必要谈谈这三个维度之间的关系。除了矛盾的主次方面意义上的关系，就中国金融体系而言，金融效率低或市场化不高是“攫取性”金融体系的重要成因；“攫取性”金融体系由于侵蚀了实体经济根基，本质上就是不稳定的金融体系；金融效率与金融稳定之间则存在着大家都很熟悉的一种替代关系。

为了让模型简洁并易于理解，本文并不打算根据“攫取性—共容性”、市场化和金融稳定等三个维度刻画出一个三维图，将金融体系细分为八种类型，按照图21–4方式设计改革路径。本文的三维模型是一个由图21–4和图21–6构成的两阶段模型。当金融稳定成为矛盾主要方面时，金融改革着力于维护金融稳定，使不稳定的金融体系向稳定的金融体系转化（见图21–6）。在完成这一阶段性目标后，金融与实体经济之间矛盾的主要方面再次转化为两者的竞争关系，“攫取性”再次成为金融体系的本质属性。此后的改革路径便为图21–4所展示的改革路径，着力于解决金融过度的负外部性问题，实现从攫取到共容转变的最终目标。

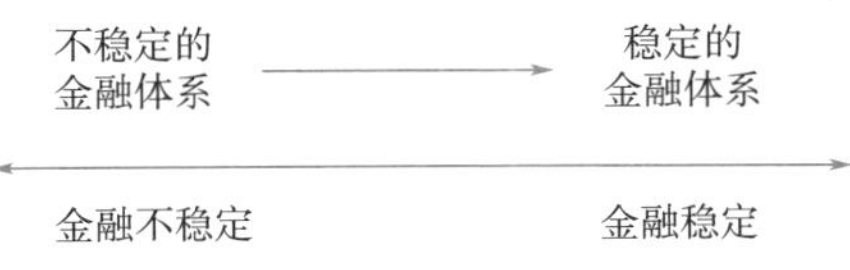

图21–6　金融稳定维度下的金融体系分类

至此，我们基于金融竞合观构建了金融改革的一维模型、二维模型和三维模型。其中，一维模型的作用主要是确定了一个基本改革目标，明确改革的基本方向。二维模型的作用则在进一步明确改革目标的同时，清晰地展示了金融改革的路径。三维模型的作用则是在进一步细化改革路径的同时，揭示了金融稳定对于推进改革的重要性。从理论上讲，三维模型是最完备的模型。不过，由于三维模型相对复杂，且金融稳定并不是当前的主要问题，为了论述的简便，我们将二维模型作为本文分析金融改革的基准模型。

四、关于本框架需要说明的几个问题

（一）“攫取性”会自然消失吗

有人认为，金融过度或金融体系的“攫取性”会自然消失。市场本身可以自发纠正金融过度。比如，理查德·塞拉（Richard Sylla，2011）认为：“金融化的问题，将会自然解决。由于生意清淡，利润变小，银行和中介机构正在缩减规模。华尔街所能提供的工作机会越来越少，商学院和大学毕业生正在逐步分流到其他领域，而非金融业。所以，市场本身正在纠正过度金融化的问题。”

塞拉（2011）所代表的观点具有一定道理，毕竟美国近几年所经历的正是这样一个过程，也基本符合各国在金融危机后人才资源配置的变化特征。那么，是不是我们就应该对金融的过度发展或金融的“攫取性”听之任之呢?

塞拉所代表的观点忽略了两个极为重要而又相互关联的问题。

一是靠市场自发纠正过度金融化的启动条件是什么？中国当前已有过度金融化的趋势，但市场的自动纠正机制仍未启动。美国在金融危机爆发之前，虽然过度金融化已经达到触发金融危机的程度，市场的自动纠正机制也没有启动或及时启动。

二是让过度金融化自然解决的后果或代价是什么？如前所述，金融危机前，市场的自动纠正机制很难启动。换言之，让过度金融化自然解决是以发生金融危机为前提的。比如，在美国，市场对过度金融化的纠正，是在经历了自“大萧条”以来最严重的金融危机后才开始启动的。因此，即便金融化的问题或金融的“虹吸效应”最终会自然解决，但是，考虑到其以爆发金融危机为代价，将对经济社会带来重大损失，我们不能坐等市场自发去解决。

（二）“攫取性—共容性”维度与市场化维度是否可以归一

中国“攫取性”金融体系之所以形成，一个关键原因在于金融体系的市场化程度不足。提高市场化程度是实现从攫取到共容转变的重要途径。那么，“攫取性—共容性”维度与市场化维度是否可以归一为市场化维度呢？也就是说，共容性是否内生于市场化呢？若两者可以归一，则从攫取到共容与市场化就仅仅是同义反复而已，上文论述的金融竞合观下的二维模型对于金融改革而言就没有实质性意义。

我们认为，这两个维度是不能归一的。第一，市场化并不是从攫取到共容的全部路径。实际上，除了市场化程度不足，“攫取性”金融体系的形成还有其他原因。因此，要实现从攫取到共容的目标，金融改革还需要借助市场化以外的其他手段。

第二，市场化并不必然带来共容性，甚至可能起到反方向作用。一方面，利率市场化、放开市场准入、发展多层次资本市场等市场化改革增强了金融体系的竞争，有利于降低金融业的相对利润水平。另一方面，在市场化的作用下，金融的自我膨胀属性很可能使金融体系衍生出另一类高利润、甚至与实体经济关联度不大的金融体系。从现实情况看，世界上存在着大量市场化充分但具有较强“攫取性”的金融体系。比如，全球金融危机前美国和英国的金融体系。20世纪80年代以来，随着金融体系的市场化程度不断提高，两国金融体系的“攫取性”也在不断加深。

第三，缺少了“攫取性—共容性”维度，合理的市场化进程可能会受到阻碍。目前，利率市场化和放宽市场准入的进度不如预期。一个重要原因便是对金融效率和金融稳定的担忧，担心利率市场化抬高实体经济融资成本和增加商业银行的经营压力；担心市场准入的放开会导致竞争过度，危害金融稳定。在缺少“攫取性—共容性”维度的情况下，金融改革所考虑的仅是金融稳定与金融效率的权衡。而一旦加入了“攫取性—共容性”维度，则很可能得出不同的结论。即便利率市场化一方面在短期内可抬高实体经济融资成本，对资源配置效率产生负向影响，但另一方面也可通过降低金融体系的“攫取性”程度，提高“初次分配”的效率。总体来看，利率市场化对提高整个经济系统内资源配置的效率具有正向作用，仍应继续推进利率市场化。再如，即便放宽市场准入，一方面会对金融稳定构成威胁，另一方面却可以通过降低金融体系的“攫取性”程度来提高金融体系的稳健性。总体而言，放宽市场准入对于维护金融体系的稳健性具有正向作用，应积极推动准入限制的放宽。

第四，缺少了“攫取性—共容性”维度，可能会导致过度的市场化。市场化到底达到何种程度是合理的？全球金融危机告诉我们，并不是越高越好。一个可选标准是是否影响金融稳定，但这个标准具有滞后性。“攫取性—共容性”可以作为另一个替代性维度，特别是对于中国金融改革而言。只要相关改革措施的力度已经达到可以实现共容性的目标，便可适可而止了。

第五，本文认为两者不能归一，还是为了提示金融改革的目标与手段的差异。市场化尽管重要，但仅仅是实现共容性目标的一种手段，既不是手段的全部，更不是目标本身。

（三）金融危机是一种可选路径吗

纵观全球金融史，可以发现这样一个特征性事实。金融业的利润和利润比重在金融危机后，均经历了显著下降，金融与实体经济之间失衡格局得以改变。那么，金融危机是否可以作为从攫取到共容的一种可选路径呢？

通常情境下，答案是否定的。按照《新帕尔格雷夫经济学大辞典》以及Kindleberger（1992）的解释，金融危机是指全部或大部分金融指标——短期利率、资产价格（股价、房产价格、地价）、商业破产数和金融机构倒闭数——急剧的、突然的、超周期的恶化。金融危机一旦爆发，金融体系的基本功能就不能发挥，实体经济将遭受重创，社会稳定甚至都会遭受严重威胁。IMF的一项研究表明，1970—2011年间发生的银行业危机造成的平均损失高达GDP的23%（Laeven和Valencia，2012）。可见，与"攫取性"金融体系的负外部性相比，金融危机的危害更大。两害相权取其轻。正因为如此，当金融风险积聚到可能导致金融危机程度时，矛盾的主要方面将发生转化，金融改革的首要任务转变为维护金融稳定。

此外，金融危机仅能实现短暂的、形式上的从攫取到共容的转变。若不进行金融改革，导致"攫取性"金融体系的因素并不能被去除。这种情况下的共容性金融体系是无根基的，短暂而不可持续。危机过后，那些因素又将发挥作用，金融体系又将复归"攫取性"。我们需要共容性金融体系，但更需要共容性金融体系得以持续的环境。

不过，我们也可观察到金融危机与金融改革如影随形。金融危机有利于改革共识的形成，有利于改革举措的推进。一次大的金融危机之后，通常总会有一次比较彻底的金融改革，金融与实体经济之间的关系也得以重塑。比如，1929—1933年金融危机之后，罗斯福政府进行了一次彻底的金融改革。得益于这次改革，在随后的60多年里，美国金融体系基本上保持了共容性的基本属性。2008年全球金融危机爆发后，美国又启动了一次较为彻底的金融改革。若改革得以顺利推行，其"攫取性"金融体系将转化为共容性金融体系[①]。

关于金融危机是否是一种可选路径，答案取决于金融危机的规模、金融改革的推进难度和经济金融系统的韧性。如果是影响面可控的局部性、非系统性的金融危机或金融风险暴露，若金融改革严重受制于现有既得利益束缚而举步维艰、金融风险仍在快速集聚，若经济

① Palley（2013）认为，美国金融改革的相关讨论及举措几乎均局限于与"稳定"和防止下一次金融危机相关的议题，缺乏更深入的讨论，比如使金融重新服务实体经济，而非实体经济去服务金融。

金融有足够的韧性，那么金融危机不失为一种可选路径。否则，应尽量避免金融危机的爆发。

但是，金融危机一旦发生，便“绝不能白白浪费异常严重的危机”①。需要借金融危机形成改革共识，推动彻底的金融改革，去除形成“攫取性”金融体系的体制弊端。

参考文献

［1］巴曙松.深化金融改革的思路与重点［N］. 中国经济时报，2013年9月3日。

［2］邓小平文选（第三卷）［M］. 北京：人民出版社，1993.

［3］列宁.哲学笔记（第二版）［M］. 北京：人民出版社，1993.

［4］毛泽东.矛盾论［M］. 北京：人民出版社，1952.

［5］毛泽东选集第二版（第三卷）［M］.北京：人民出版社，1991.

［6］李扬.深水区的金融改革［J］.中国金融，2014（19）：68-70.

［7］王松奇.中国金融改革构想［J］. 银行家，2013（5）.

［8］魏尚进.中国下一步金融改革的重点［J］. 比较，2013（1）.

［9］夏斌，陈道富.中国金融战略：2020［M］.北京：人民出版社，2011.

［10］谢平，邹传伟.中国金融改革思路［M］.北京：中国金融出版社，2013.

［11］叶慧珏.过度金融化会自然解决（采访塞拉）［N］. 21世纪经济报道，2011年10月22日。

［12］约瑟夫·斯蒂格利茨.自由市场的坠落［M］. 北京：机械工业出版社，2011.

① 2008 年 11 月，美国白宫幕僚长拉姆·伊曼纽尔（Rahm Emanuel）在全球金融危机爆发后的一句名言。

[13] Bagehot, W., 1873, Lombard Street: A Description of the Money Market, History of Economic Thought Books, McMaster University Archive for the History of Economic Thought.

[14] Boyd, John H., Kwak, Sungkyu., Smith, Bruce D., 2005, "The Real Output Losses Associated with Modern Banking Crises", Journal of Money, Credit, and Banking, Volume 37, Number 6, December, PP 977—999.

[15] Dickson, P. G. M., 1967, The Financial Revolution in England. London: Macmillan.

[16] Christensen, Nicholas Shaxson., 2013, The Finance Curse: exploring the possible impacts of hosting an oversized financial centre.

[17] Davide Furceria, Annabelle Mourougane., 2012, "The effect of financial crises on potential output: New empirical evidence from OECD countries", Journal of Macroeconomics, Volume 34, Issue 3, PP 822—832.

[18] Deidda, L., 2002, "Non-linearity between finance and growth", Economics Letters, 74, PP 339—345.

[19] Gautam Mukunda., 2014, "The Price of Wall Street's Power", Harvard Business Review, June.

[20] Hartmann, P, Heider, F., Papaioannou, E., and M. Lo Duca., 2007, The role of financial markets and innovation in productivity and growth in Europe, ECB Occasional Paper, No 72.

[21] Hicks, John., 1969, A Theory of Economic History, Oxford: Clarendon Press.

[22] Jean-Louis Arcand, Enrico Berkes and Ugo Panizza., 2012, Too Much Finance? IMF Working Paper, No.12/161.

[23] Kindleberger, C. P., 1992, "Financial Crises", entry in the New Palgrave Dictionary of Money and Finance, Macmillan, London.

[24] King, Robert G. and Levine, Ross., 1993a, "Financial intermediation and Economic Development", in Financial Intermediation in the construction of Europe. Eds.: Colin Mayer and Xavier Vives. London:

Centre for Economic Policy Research，PP 156—189.

［25］King，Robert G. and Levine，Ross.，1993b，“Finance and Growth：Schumpeter Might Be Right”，The Quarterly Journal of Economics，August，PP 717—737.

［26］King，Robert G. and Levine，Ross.，1993c，“Finance，Entrepreneurship and Growth：Theory and Evidence”，Journal of Monetary Economics，PP 513—542.

［27］Luc Laeven and Fabián Valencia.，2012，Systemic Banking Crises Database：An Update，IMF Working Paper，No.12/163.

［28］Philippon，T.，2010，“Financiers versus Engineers：Should the Financial Sector Be Taxed or Subsidized?，.American Economic Journal：Macroeconomics”，American Economic Association，Vol. 3（2），July，PP 158—182.

［29］Rajan，R.，and L. Zingales，1998，“Financial dependence and growth”，American Economic Review，June，PP 559—586.

［30］Rioja，F. and Valev，N.，2004，“Does one size fit all? A reexamination of the finance and growth relationship”，Journal of Development Economics，74（2），429—447.

［31］Robinson，J.，1952，The Generalization of the General Theory，in The Rate of Interest and Other Essays，Macmillan.

［32］Ross Levine.，2005，Finance and growth：theory and evidence，Handbook of Economic Growth，in：Philippe Aghion & Steven Durlauf（ed）Handbook of Economic Growth，edition 1，volume 1 Chapter 12，Pages 865—934，Elsevier.

［33］Schumpeter，J. A.，2005，A theory of Economic Development，Harvard University Press.

［34］Simon Johnson，2009，“The Quiet Coup”，The Atlantic，May 1.

［35］Stephen G Cecchetti and Enisse Kharroubi.，2012，Reassessing the Impact of Finance on Growth，BIS Working Paper，No 381.

[36] Stephen G. Cecchetti，Marion Kohler，Christian Upper.，2009，Financial crises? and? economic activity，NBER Working Paper 15379.

[37] William J Baumol，1990，“Entrepreneurship：Productive，Unproductive，and Destructive”，the Journal of Political Economy，October，PP 893–921.

[38] Wolf. M.，2009，“Why dealing with the huge debt overhang is so hard”，Financial Times，January 27.

第二十二章　中国金融业：发展不足还是发展过度[①]

本文的目的在于回答“中国金融的发展状态是什么”这一基本问题。为此，我们基于金融竞合观提供一个关于金融发展状态的分析框架。该框架可调和金融“发展过度”和金融“发展不足”的争论。金融竞合观认为，金融与实体经济是对立统一关系，两者既有合作性，也有竞争性。在金融竞合观的框架下，“发展过度”与“发展不足”分属于两个不同的范畴或维度，可以并存。其中，“发展过度”属于竞争性范畴，其对应的状态是“没有发展过度”，两者所描述的是金融负外部性的大小；“发展不足”属于合作性范畴，其对应状态是“没有发展不足”，两者所描述的是金融效率的高低。本文的基本结论是，中国金融业既存在“发展不足”的问题，也存在“发展过度”的问题，但首先体现为“发展过度”。

① 本文发表于《国务院发展研究中心调查研究报告》专刊2015年4期（总1407期），与朱鸿鸣合作。

一、观测金融发展状态的三个视角

金融发展状态，至少可以从两大维度、三大视角去观测。

（一）基于金融体系中政府与市场关系的维度

这一维度与金融深化理论基本吻合。根据这一视角，按政府作用范围由大到小或市场作用由小到大排列，金融发展状态可依次分为金融抑制、金融约束和金融自由化。其中，金融抑制和金融自由化是传统金融发展理论所界定的两种状态（Shaw，1973；Mckinnon，1973），前者是政府过度干预市场的发展状态，后者是市场机制发挥决定性作用的发展状态。金融约束是Hellmann、Murdock和Stiglitz（1998）在吸收金融自由化教训和“东亚奇迹”中政府作用的经验后所界定的一种位于金融抑制到金融自由化之间的过渡性状态，政府作用被限定于为金融机构提供金融深化的激励。由于中国金融业早已脱离了典型的金融抑制状态且早已确定和实施市场化改革方向，所以尽管学术界仍有人继续从这一维度来分析金融发展状态，但在当前关于中国金融改革的讨论中，已经很少有人继续沿用这种分析视角了。

（二）基于金融与经济增长关系或金融与实体经济关系的维度

本文所讨论的正是这一维度意义下的金融发展状态。第二类维度又可细分为两类视角。

一是金融效率视角或金融功能视角。这是当前分析中国金融发展状态的主流视角。根据金融效率视角，关于中国金融发展状态的主流观点是金融服务实体经济效率不高，即金融发展不足。由于本视角是当前观测金融发展状态的主流视角，此处不再赘述。

二是金融规模视角或金融负外部性视角。它是国外在反思全球金融危机过程中兴起的分析视角。这一分析视角认为，金融规模有个合理区间，金融部门并不是越大越好，金融深化程度并不是越高越好。

不过，要以此视角观测金融发展状态，首先遇到的难题便是如何衡量金融是否“发展过度”。这是一个世界性难题。诺贝尔经济学奖获得者罗伯特·席勒在《金融与好的社会》中就曾谈道：“对于某些批评家来说，目前金融活动占美国经济整体的比例太高，而比例持续上升的趋势值得引起人们的广泛关注。但是我们凭什么说这个比例的确过高，或者说我们高度发达的经济一定要配合一个不断上升的比例呢？我们是否真的有评判标准？”①

尽管很难有公认的评判标准，但近年来的一些文献还是做出了有益尝试，给出了一些定量标准。供职于IMF的Arcand等利用超过100个发达经济体和发展中经济体1960～2010年的数据进行了一项实证研究（Arcand，Berkes和Panizza，2012）。研究结果发现，若以私人部门信贷占GDP比重来度量金融发展程度，金融与经济增长关系的转折点在100%，超过100%之后，两者的正相关关系就转变为负相关关系。供职于国际清算银行的Cecchetti等基于50个发达经济体及新兴经济体1980～2010年的数据，采用衡量金融发展程度的不同标准，进行了一项类似的实证研究（Cecchetti和Kharroubi，2012）。研究结果发现，若以私人部门信贷占GDP比重度量金融发展程度，金融与经济增长关系的转折点大约在100%；若以银行提供的私人信贷占GDP比重来度量，转折点接近90%；若以金融业从业人数占总就业人数比重来度量，转折点在3.9%②。

若根据以上标准，大部分遭受了全球金融危机的国家，如美国、英国、爱尔兰、冰岛、葡萄牙、西班牙在金融危机之前已经处于金融“发展过度”的状态。由于中国深受“金融是现代经济的核心”这一观念的影响，加之中国并未爆发金融危机且存在金融发展不足的事实，因此在中国金融改革的讨论和研究中，很少有人采用这一视角。

---

① 罗伯特·席勒著，束宇译．金融与好的社会[M]．北京：中信出版社，2012，第17–18页。

② 此外，一些文献还以金融业增加值占GDP比重，金融业利润比重、金融业从业人员收入、金融业与非金融业增速差距等指标来说明金融“发展过度”。

二、金融“发展不足”与金融“发展过度”的争论

（一）金融“发展不足”的典型性事实

在当前中国金融改革的讨论中，金融“发展不足”作为一个基本的讨论前提。因此，除列举出金融“发展不足”的几个具体表现，本文不再赘述。

表现之一：中小企业融资难、融资贵问题持续而普遍地存在。这已经成为一个社会关注度很高的经济问题。

表现之二：银行风险控制过度依赖于抵押物，信贷技术差，信用类贷款比重低（见图22-1）。

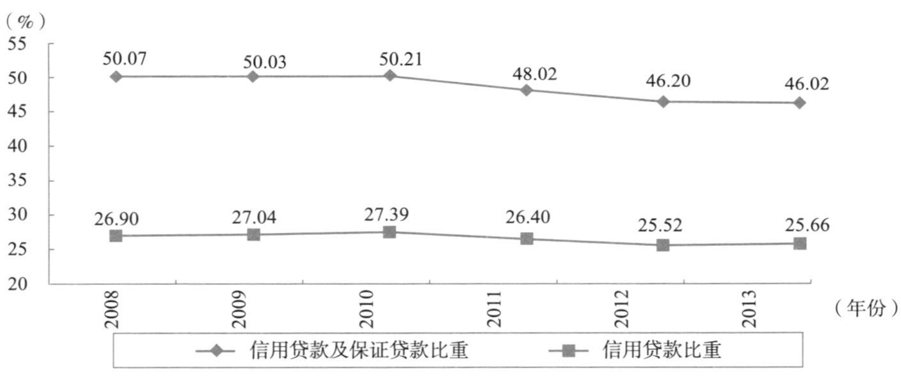

图22-1　A股上市银行信用贷款及保证贷款比重

资料来源：Wind数据库。

表现之三：金融体系尚缺乏许多必要的基础性产品及市场，比如期权、利率互换、外汇期货等避险产品，衍生品市场发展严重滞后。

表现之四：股票市场市值和债券余额占GDP比重显著低于发达经济体。

（二）金融“发展过度”的典型性事实

尽管已有资深金融从业者疾呼“实体经济逐渐在萎缩，金融这块越来越强大”（王东明，2014），但对于绝大多数人而言，中国金融

业已“发展过度”这一观点仍是反直觉的。为此，论证中国金融业“发展过度”是本文的重中之重。

若遵循前文给出的定量标准，中国属于典型的金融“发展过度”。毕竟，中国的私人部门信贷占GDP比重和银行部门提供的私人信贷占GDP比重均已经明显超过了上述研究给出的门槛值（见图22-2）。

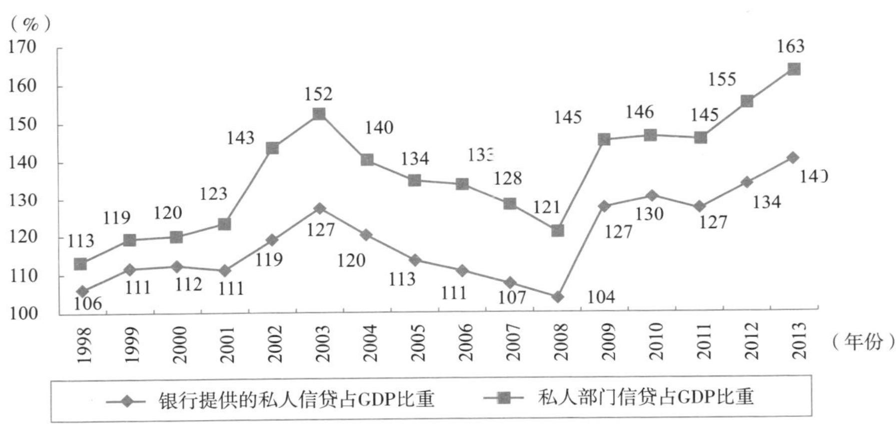

图22-2　中国的金融发展程度

资料来源：世界银行。

尽管如此，我们也不打算将中国金融“发展过度”这一判断建立在以上实证研究提供的定量标准上。首先，中国是一个拥有13.6亿人口，经济总量达到9.24万亿美元的超大规模经济大国，其独特性使我们很难相信一个平均意义上的标准可以完全适用于中国。其次，按照此标准，中国金融业早在1998年便已“发展过度”，这很难让人信服。最后，这些文献都存在一定缺陷，比如没有剔除经济体所处发展阶段对经济增速的影响。

本文将金融业利润过高（利润比重过高和利润率过高）和金融从业者收入过高两个方面作为金融“发展过度”的主要证据。之所以选择这两个标准，是因为金融“发展过度”产生负外部性的机制主要在于，通过扭曲经济系统内的报酬结构，使金融对实体经济产生“虹吸效应”，导致企业家才能、人才和资本“脱实向虚”，降低整个经济系统的资源配置效率，从而拖累创新和经济增长[①]。

1. 金融业利润过高

金融业利润过高首先体现为金融业利润比重过高。关于金融业利润比重，一个被广泛引用的指标是上市银行利润占上市公司利润比重。如图22–3所示，2012年、2013年和2014年上半年，A股16家上市银行净利润占A股全部2000多家上市公司净利润总额的比重分别高达49.91%、48.65%和51.51%。不过，由于银行业与非银行业上市公司样本代表性的差异[②]所带来的选择性偏差，上市银行利润比重这一指标存在缺陷。

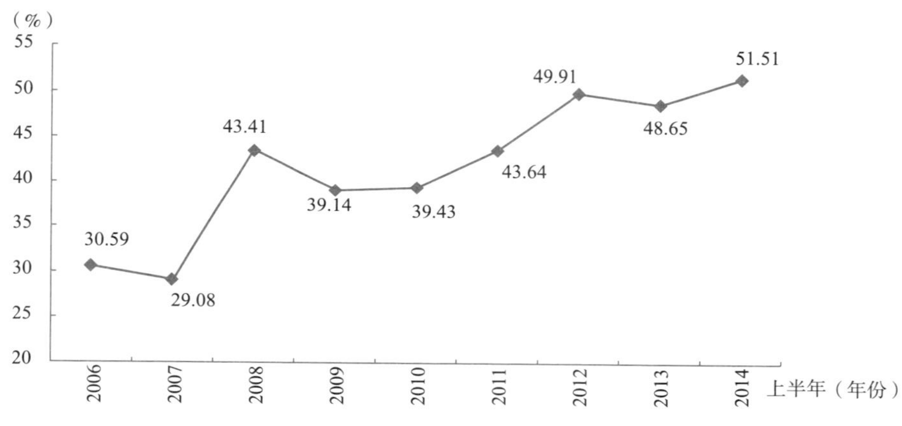

图22–3　上市银行净利润占A股上市公司净利润总额比重

资料来源：Wind资讯。

为了克服样本的选择性偏差，我们引入金融业利润占全社会利润总额比重，该指标以全社会所有企业为样本。由于缺乏金融业利润总

① “金融过度”的负外部性还有其他机制，比如利益集团机制、公司金融机制（即公司决策受到金融市场压力的影响）等。金融业利润比重这一指标有助于反映这些机制。Krippner（2005）在分析美国的金融化时所采用的就是金融业利润比重这一标准，他认为，在一个利润主要来源于金融活动的世界里，可以预期公司金融机制所反映的将是金融市场的规则；社会主体若在利润获取上占据战略性地位，可以预期它们也将获得政治和经济权力；可以预期金融创新和金融流量的增加，而这会阻碍实体经济活动。

② 2012 年底，16 家上市银行的总资产和净利润分别为 85.90 万亿元和 1.04 万亿元，分别占银行业资产总额和净利润总额的 64.30% 和 68.57%。2012 年全国规模以上工业企业利润总额 5.56 万亿元，扣除所得税后，净利润总额估计为 4.17 万亿元，即便将所有的非银行业上市公司均视为工业企业，其占规模以上工业企业净利润比重也仅为 25.04%。

额和全社会利润总额的直接数据，我们不能直接计算出这一指标的数值，而是需要基于一定假设，借助企业所得税数据对其进行估算[①]。

假设1：金融业、工业企业和非金融业的所得税平均税率相等；

假设2：所有企业均盈利；

假设3：税收征管强度在金融业与非金融业之间保持相对不变。

单独分析以上三个假设，似乎都有不符合现实之处。关于假设1，虽然企业所得税的基准税率为25%，但由于税收征管率以及税收优惠的存在（比如对于符合条件的小型微利企业，减按20%的税率征收企业所得税，对于国家需要重点扶持的高新技术企业减按15%征收企业所得税，对于西部大开发地区符合条件的企业，减按15%的税率征收企业所得税），金融业的平均税率可能高于非金融业，假设1会导致金融业利润的相对高估。关于假设2，金融业亏损企业亏损额占利润比重很低，但非金融业却不可忽略，比如2012年和2013年规模以上工业企业亏损企业亏损额占利润总额比重分别达到10.66%和9.12%，这一假设导致非金融业利润的高估。关于假设3，肖捷（2011）指出，以“金税工程”为代表的信息化建设提高了税收征管率；楼继伟（2013）认为，中国以收支平衡为核心的预算制度可能导致税收征管的“顺周期”问题，即经济比较热的时候，税收征管率相对较低，而经济比较冷的时候，税收征管率相对较高。由于金融业相对规范且对政府有较强的议价能力，以上两个因素可能会增加非金融业的税收征管强度，这会导致非金融业利润的低估。不过，存在相互抵消的情况，总体而言这三个假设还是相对合理的。

表22-1是我们的测算结果。可以看到，2013年金融业利润占全社会利润总额比重已达到28%，金融业利润与非金融业利润之比已经达到38.89%。Gautam Mukunda（2014）认为美国金融业发展过度，而美国2013年金融业利润与非金融业利润之比也仅为38%。2013年，金融业利

① 这一测算也存在两方面的缺陷，一是通过企业所得税所估算出的利润总额实际上是应纳税所得额，它通常与税前会计利润存在差异。二是由于企业所得税是在月末或季末终了15日之内预缴，这会导致当年12月乃至当年第四季度的利润难以完全反映在估算额中。

润与工业企业利润[1]之比为84.56%，比2011年大幅提高28.4个百分点。

表22-1　金融业利润占全社会利润总额比重　（单位：亿元）

	2011年	2012年	2013年	2014年前11月
金融业所得税	4022	5491	6276	7296
工业企业所得税	7162	7349	7422	7647
企业所得税	16770	19654	22416	25369
金融业占全社会利润比重（%）	23.98	27.94	28.00	28.76
金融业利润/非金融业利润（%）	31.54	38.77	38.89	40.37
金融业利润/工业企业利润（%）	56.16	74.72	84.56	95.41

资料来源：财政部，笔者测算。

金融业利润过高的另一个重要体现是金融业利润率过高。以A股上市公司为样本，我们可以发现银行业与非银行业之间利润率的巨大差异。2013年，银行和非银行上市公司的净资产收益率分别为20.21%和10.14%，两者相差10.07个百分点，前者接近后者的两倍（见图22-4）。

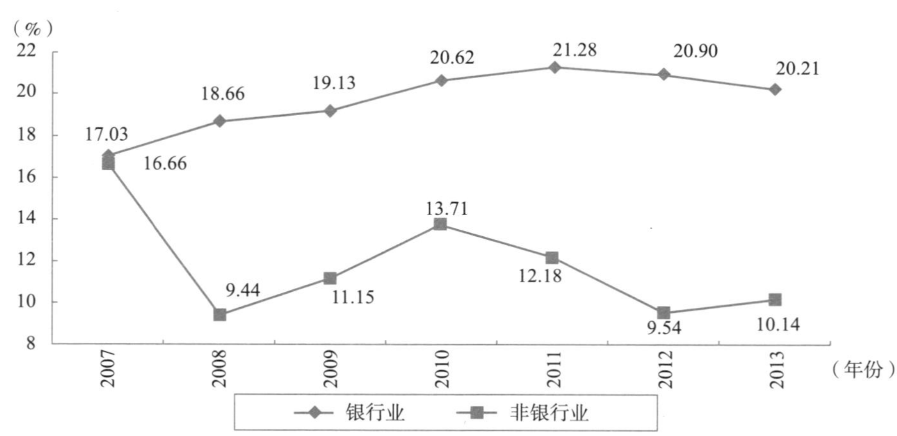

图22-4　上市公司净资产收益率：银行业VS非银行业

资料来源：Wind资讯。

① 需要说明的是，按工业企业所得税推算出的工业企业利润总额与国家统计局公布的规模以上工业企业利润总额数据存在显著差异。比如，根据国家统计局的数据，2013 年规模以上工业企业利润总额为 6.28 万亿元。

一些文献（杨凯生，2012，2013，2014）并不认同上文基于净资产收益率的比较所得出的结论，而是以总资产收益率为比较基准，得出银行收益率远远低于工业企业的收益率的结论。比如，杨凯生（2014）利用上市银行数据和国家统计局发布的规模以上工业企业数据，发现2013年规模以上工业企业总资产回报率达7.39%，而上市银行总资产回报率仅为1.23%。

净资产收益率与总资产收益率都是衡量企业利润率的重要指标。但本文认为净资产收益率是更具综合性、更有意义的指标。一方面，前者考虑了企业的杠杆率因素，而后者未考虑。另一方面，对于股东或资本的收益和决策行为而言，净资产收益率的重要性远远高于总资产收益率。因此，若两个指标不一致或相互背离，应以净资产收益率为准。

对于金融业利润过高，有两种颇具代表性的质疑。一种观点认为，银行业的利润虚高，仅仅是一种会计现象。廖强（2012）认为，“目前高的资产回报率背后还隐藏着信贷损失在会计意义上的滞后问题”[①]。吴卫军（2012）认为，“目前信贷成本的会计核算是有局限的，会计核算只是记录已经发生的信贷成本，并没有体现经济周期的预期信贷成本”[②]。牛锡明（2013）也认为，是“利润当期性和风险滞后性”的行业特征使得银行盈利看起来很高。持这种观点的人认为，银行业的高利润一定程度上是不合理的会计准则所造成的“假象”，因此社会不应过多关注或不应对银行进行苛责。

还有一种观点认为，金融业利润过高仅仅是周期性的、阶段性的短期现象，长期来看银行业利润并不高。换言之，所谓的银行业高利润仅仅是由于人们分析问题所选的时间跨度太小而得出的有缺陷的、甚至是片面的结论。周小川（2012）认为银行业的利润存在很大的周期性。向松祚（2012）认为，“从长时期来看，银行不存在高额利润或暴利”[③]。牛锡明（2013）也持相似观点。2013年6月，他在参加

① 银行业利润“虚”高未覆盖未来信贷损失 [J]. 第一财经日报，2012 年 4 月 26 日 .

② 同上。

③ 同上。

2013外滩国际金融峰会时也曾谈道："我们国家没有经历一个完整的经济周期，过去10年银行利润很多，大致算了一下，过去10年银行累计盈利3万亿元。但是，如果退回20年，1992年到2002年，银行则不是盈利，而是产生不良资产3万亿元。20年来，银行业盈利水平并没有超出平均利润率。"

以上两种观点的共同点在于将银行业高利润视为一种"幻象"或"假象"。不可否认的是，以上两种观点描述的均是事实，具有相当的合理性，有利于我们更全面地认识和解决金融业利润过高这一问题。但是，考虑到人们的决策习惯，无论是所谓的虚高的利润，还是所谓的短期的、暂时的高利润，它们对个人和企业决策的影响几乎都与真实的高利润、长期的高利润一致。"幻象"产生了与真实因素一致的资源配置效果。主要原因有以下几点。

（1）企业决策的信号主要是会计利润，而不是所谓的更合理的利润指标。何况，所谓的更合理的利润指标也有其弊端。

（2）企业决策和个人决策的时间视角从来就很难太长，一般不会超过企业的生命期，更难达到一个经济周期的长度，很难达到20年及以上时间跨度。根据国家工商总局①企业注册局、信息中心（2013）数据显示，截至2012年底，近五成企业的成立时间在5年以下。根据民建中央专题调研组（2010）数据显示，中国中小企业的寿命只有3.7年，即便是在美国，其平均寿命也只有8.2年。一定程度上讲，要求人们特别是企业家们从长期视角看待银行的利润问题，的确是有些苛求了。

2. 金融从业者收入过高

金融从业者收入过高是一个与金融业利润过高相关联的事实。为了论述这一基本事实，我们提供以下三组数据。

第一组数据是城镇单位就业人员平均工资。以城镇单位就业人员为样本，我们可以将城镇单位就业人员平均工资与金融业城镇单位就

① 现为国家市场监督管理总局。

业人员平均工资进行对比。近10年来，相对于城镇单位就业人员平均工资而言，金融业城镇单位就业人员平均工资显著提高。2013年，金融业城镇单位就业人员平均工资达到城镇单位就业人员平均工资的1.94倍（见图22-5）。

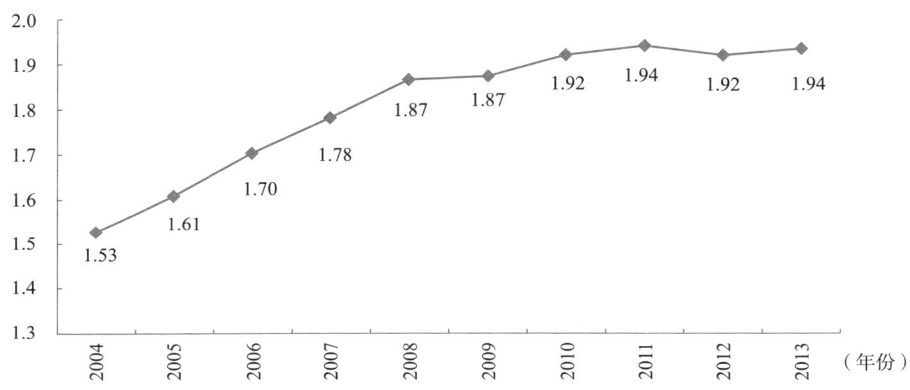

图22-5　金融业城镇单位就业人员平均工资与城镇单位就业人员平均工资之比

资料来源：国家统计局。

随着金融业从业人员平均工资的上升，从2009年开始，金融业替代了高新技术产业的典型代表——信息传输、计算机服务和软件业，成为平均收入最高的行业（见图22-6）[①]。

第二组数据是上市银行人均收入与非银行业上市公司人均收入。无论是从绝对数还是从相对数衡量，近年来上市银行人均收入与非银行业上市公司人均收入的差距都在拉大。2012年上市银行人均收入24.88万元，比非银行业上市公司人均收入高14.49万元，比起2008年，收入差距扩大了5.16万元。2012年上市银行人均收入是非银行业上市公司人均收入的2.39倍，而2008年和2009年分别为2.15倍和2.11倍（见图22-7）。

① 金融业从业人员中，有一半左右的从业人员是收入相对较低的保险业从业人员。若只考虑银行业和证券业从业人员，则金融业从业人员平均工资水平将大大高出信息传输、计算机服务和软件业的水平。

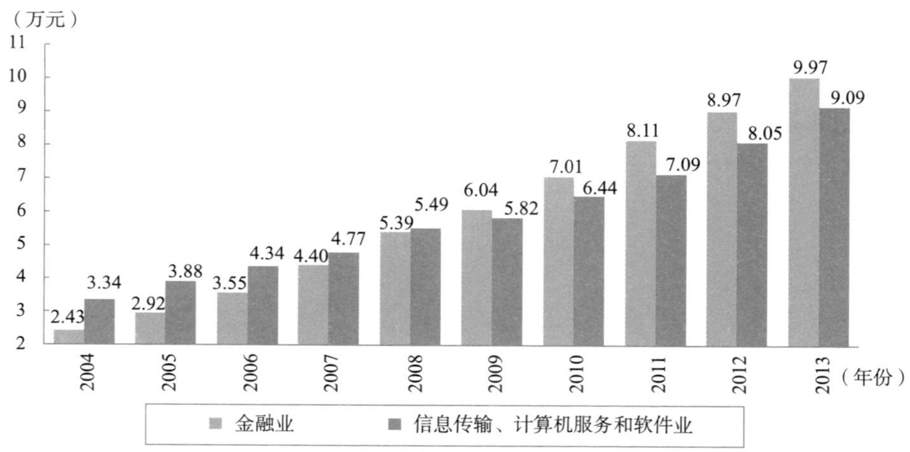

图22-6　金融业与信息传输、计算机服务和软件业平均工资

资料来源：国家统计局。

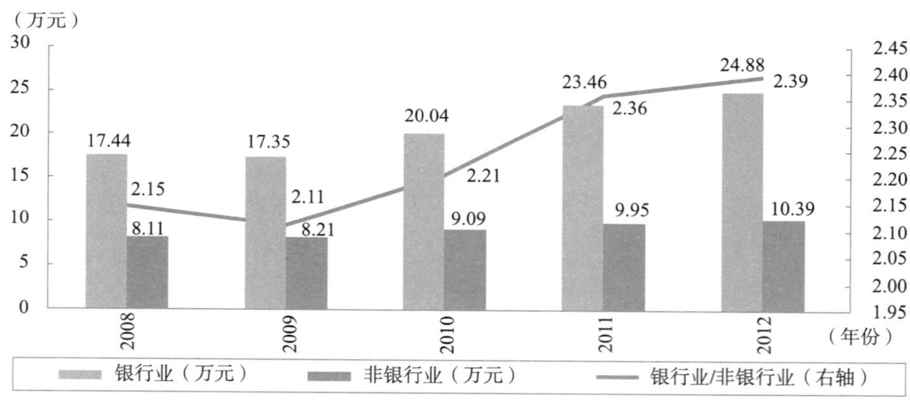

图22-7　上市公司人均年薪：银行业与非银行业的比较

注：从2008年开始比较，主要原因在于数据可获得性。比如，农业银行缺少2007年初（或2006年底）的员工数，难以计算出2007年的人均薪酬。若时间段再往前延伸，则上市银行样本不具代表性。

资料来源：Wind资讯。

第三组数据是上市银行和非银行业上市公司前三名高管平均年薪。尽管两者的绝对差距和相对差距均在缩小，但两者的差距依然非常巨大。2012年，上市银行前三名高管的平均年薪为275.6万元。这一数值仍为非银行业上市公司前三名高管平均年薪的5.02倍（见图22-8）。

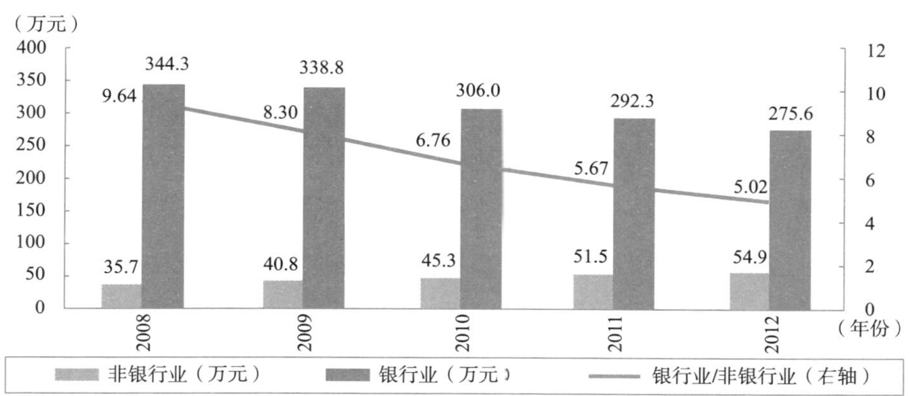

图22-8　上市公司前三名高管平均年薪：银行业与非银行业的比较

资料来源：Wind资讯。

3. 生产要素“脱实向虚”严重

生产要素“脱实向虚”严重是金融“发展过度”的另一个重要体现，也是金融“发展过度”最大的危害，可称之为“虹吸效应”。目前，无论是企业家才能、人才还是资本都存在着显著的“脱实向虚”现象。

一是企业家资源向金融业的过度配置，集中体现为制造业的“脱实向虚”。王东明（2014）在2014年清华五道口全球金融论坛上谈道，“大量人现在已经不愿意再做实体经济了”。陈道富（2014）也谈道，“从事实体经济的企业从实体经营者中退出，参与金融行业（如小额贷款公司、担保、典当、P2P等），还利用自身经营现金流，加大自身的财务杠杆，提供资金余缺调剂服务，如大量上升的委托贷款、信托贷款和民间借贷等”。企业家起着整合人才、技术、资本等创新要素，实施创新，优化生产函数的作用，是最稀缺的资源。可以说，企业家资源向金融业过度配置是“虹吸效应”最大的危害。

二是人才资源向金融业的过度配置。集中体现为就业“金融热”和高考“金融热”。由于金融业在薪酬水平方面很具竞争力，金融业对于优秀人才具有很强的吸引力，导致“金融热”。根据《清华大学2014

年毕业生就业质量年度报告》，2014年签三方就业[①]的清华大学硕士毕业生中，有22.4%的学生就职于金融业，比排名第二的行业——信息传输、软件和信息技术服务业高7个百分点。根据《北京大学2014年毕业生就业质量年度报告》，2014年签三方就业的北京大学硕士毕业生中，就职于金融业的比重更是高达29.29%，比排名第二的行业——IT/互联网/通信/电子高7.05个百分点。而2013年全国就业结构中，金融业就业人数仅占城镇就业人数比重的2.97%。根据启德国际教育研究院连续4年发布的《海归就业力调查报告》显示，金融业均位居海归归国所从事行业之首，其中2010—2012年从事金融业的海归比例均超过20%。

在以职业为导向的教育观（施一公，2014）背景下，高考“金融热”是就业“金融热”的必然结果。一方面，考生或家长对金融业的关注度很高。根据新浪教育的专业关注度排行榜，598个专业中金融业关注人数最多，关注度居于榜首（见图22-9）。另一方面，高校金

专业关注度排行

专业关注度排行　全部专业

排名	专业	类型	关注度
1	金融学	经济学	2916893人
2	土木工程	工学	2480224人
3	国际经济与贸易	经济学	2377221人
4	机械设计制造及其自动化	工学	2148936人
5	会计学	管理学	1994517人
6	经济学	经济学	1901665人
7	电气工程及其自动化	工学	1885464人
8	临床医学	医学	1557084人
9	法学	法学	1481936人
10	英语	文学	1458323人
11	电子信息工程	工学	1045797人
12	工商管理	管理学	1033652人
13	计算机科学与技术	工学	1021240人
14	通信工程	工学	957891人
15	自动化	工学	919772人
16	建筑学	工学	817597人
17	信息与计算科学	理学	710153人
18	财务管理	管理学	688921人
19	市场营销	管理学	664317人
20	信息管理与信息系统	管理学	653272人

图22-9　新浪教育专业关注度排行

资料来源：新浪教育。

① 毕业生去向包括就业、深造和未就业，其中就业又分为签三方就业、灵活就业和自主创业三种形式。签三方就业为就业的主要形式。

融学专业的竞争率高。2010—2012年，共有17所“985”高校将金融学及相关专业①作为独立专业在北京市招收理科毕业生。比较金融学与其他专业的平均录取率，可以发现金融学的竞争率很高（见图22-10、图22-11）。2012年，金融学的第一志愿报考录取率和上线录取率分别为17.68%和20.41%；同期各专业平均第一志愿报考录取率和上线录取率则分别高达48.25%和59.40%。

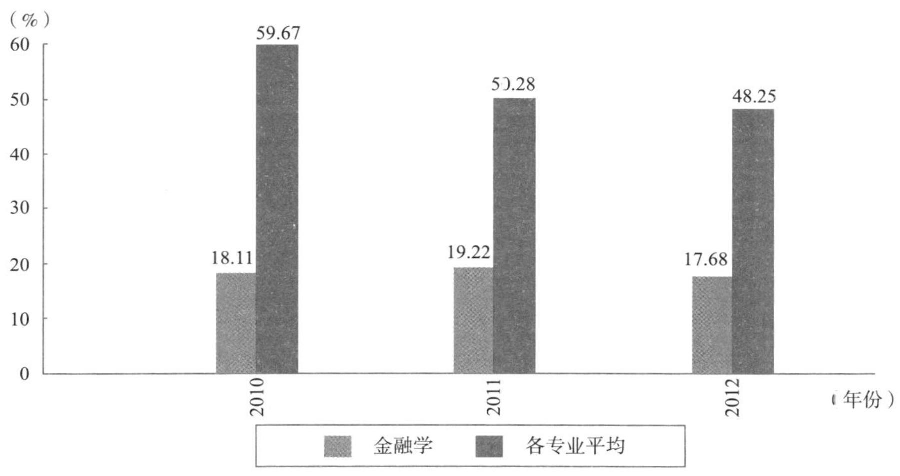

图22-10 金融学专业竞争率：第一志愿报考录取率

资料来源：全国普通高等学校在京招生录取分数分布统计（2010—2012）。

就对人才配置的影响而言，高考“金融热”比就业“金融热”的影响更为深远。高考“金融热”意味着金融业的虹吸效应已经从改变就业倾向延伸至对更深层次的人才结构或教育结构的影响上。而一旦影响到人才结构或教育结构，则意味着当前和未来都会造成人才资源的错配。消除金融业的“虹吸效应”，扭转人才资源错配的格局将具有较长的滞后性。仅从高等教育的年限看，这一滞后期至少是4年。

① 这17所高校分别为清华大学、中国人民大学、北京航空航天大学、北京师范大学、中央民族大学、南开大学、天津大学、华东师范大学、厦门大学、武汉大学、华中科技大学、四川大学、重庆大学、湖南大学、东北大学、吉林大学、中国海洋大学。金融相关专业是指专业名称包含“金融”两个字的专业。

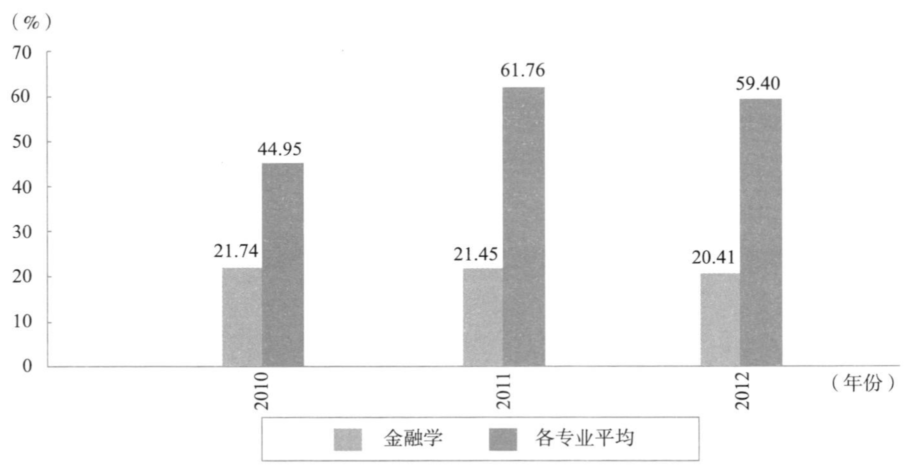

图22-11　金融学竞争率：第一志愿上线录取率

资料来源：全国普通高等学校在京招生录取分数分布统计（2010—2012）。

对于整个社会而言，人才过度向金融业配置的情况是存在重大问题的。Baumol（1990），Murphy、Shleifer和Vishny（1991）都谈到，优秀人才过度向金融业配置对于整个经济而言并不是件好事，因为优秀人才配置到其他行业可能会带来更多的社会效益。正如中国科学院院士施一公教授所言："清华70%至80%的高考状元去哪儿了？去了经济管理学院。连我最好的学生，我最想培养的学生都告诉我说，老师，（我）想去金融公司。不是说金融不能创新，但当这个国家所有的精英都想往金融上转的时候，我认为是有问题的。"

三是资本向金融业的过度配置。这首先体现为产融结合热。以央企的产融结合情况为例，截至2011年底，由国资委履行出资人责任、正常运营且金融业为非主业的117家央企中，高达68.38%的央企实施了不同程度的产融结合（赵昌文、朱鸿鸣，2012）。此外，民营银行热、互联网金融热和民间金融泡沫也体现了金融业对资本的强大吸引力。

三、中国金融业既“发展不足”，也“发展过度”，但首先是“发展过度”

关于中国金融业的发展状态，本文的观点是既存在“发展过度”，也存在“发展不足”，但首先体现为“发展过度”。对于“发展过度”的金融体系，由于其对实体经济会产生很大的负外部性，可以称之为“攫取性”或汲取性金融体系（extractive financial system）。考虑到本文第二部分已经给出了金融“发展不足”和金融“发展过度”的事实性证据，要论证此处的观点，我们只需要回应以下两个质疑。

（一）质疑一：“发展过度”和“发展不足”是两种相互对立的状态，为什么可以在整体层面上得以共存[①]

要回应这一质疑，需要引入一种新的金融观——金融竞合观[②]。所谓人们对金融与实体经济之间关系的总的看法和根本观点。金融竞合观是一种基于矛盾论的金融观，它认为，金融与实体经济是一对矛盾，两者对立统一，是竞合关系。一方面，金融和实体经济之间具有合作关系。两者相互依存，互为存在条件，可以通过对方的发展使自己获得发展。另一方面，金融和实体经济之间又具有竞争关系。两者相互竞争、相互排斥，对方的发展会阻碍自己的发展。作为两大类独立的部门，金融与实体经济在生产要素、政策、企业利润和企业决策

① 论证“发展过度”与“发展不足”在非整体层面意义上的并存，是容易的。比如，从金融业内部格局或金融结构看，很好理解发展过度与发展不足的并存。与主要经济体相比，无论是市场主导型还是银行主导型，做出以下判断都是毋庸置疑的，即银行体系发展过度，资本市场发展不足。从金融产品结构或金融创新类别看，中国也是发展过度与发展不足并存。一方面，金融体系内充斥着大量的制度套利型金融创新（李剑阁，2013），以加长交易链条，增强不透明性，增加交易成本的形式体现，于实体经济无益，属于金融创新过度；另一方面，又缺乏有利于提高服务实体经济效率的金融产品，缺乏基本的金融衍生工具，属于金融创新不足。

② 除金融竞合观，还有两类金融观，可分别称之为金融中心主义和金融合作观。其中，金融中心主义可以以邓小平同志 1991 年初视察上海时的讲话来概括，即“金融很重要，是现代经济的核心。金融搞好了，一着棋活，全盘皆活”。

行为等方面都存在广泛竞争。

根据金融竞合观，“发展过度”与“发展不足”两者归属于不同的范畴。“发展过度”属于金融与实体经济竞争性意义上的金融发展状态。与“发展过度”所对立的状态是“没有发展过度”[①]。若金融发展与创新及经济增长呈负向关系，金融体系具有较强负外部性，对实体经济构成明显的“挤出效应”，此时的金融体系便处于“发展过度”的状态。若金融发展与创新及经济增长呈正向关系，金融体系对实体经济并不构成明显的“挤出效应”，此时金融体系便处于“没有发展过度”的状态。

“发展不足”属于金融与实体经济合作性意义上的金融发展状态[②]。与“发展不足”所对立的状态是“没有发展不足”。若金融服务实体经济效率不高，实体经济融资成本居高不下，金融可得性也不高，此时的金融体系便处于“发展不足”的状态。若金融服务实体经济效率较高，实体经济融资成本合理，金融可得性也达到较高水平，此时的金融体系便处于“没有发展不足”的状态。

因此，金融竞合观下，“发展过度”与“发展不足”并不必然对立，金融效率不高和金融具有较大的负外部性可以并存。人们之所以容易将两者作为对立状态看待，是因为这符合人们的思维习惯及语言习惯，而将其作为并存的状态看待，则是反直觉的。

① 这一划分得到了赫兹伯格（Fredrick Herzberg，1966）的双因素理论（two factor theory）或激励保健理论（motivator-hygiene theory）的启发。双因素理论是美国心理学家赫兹伯格提出的一种工作动机理论。在该理论中，赫兹伯格区分了“满意”和“没有满意”，“不满意”和“没有不满意”，认为“满意”的对立面不是“不满意”，而是“没有满意”，“不满意”的对立面不是“满意”，而是“没有不满意”。

② 更准确的表述是金融效率意义上的发展状态。在金融稳定意义上发展状态的划分与竞争性意义上的划分相似，也是“创新过度”和“没有创新过度”。如果金融监管与金融创新基本协调，则“没有创新过度”，反之，若两者不协调，金融体系内充斥着制度套利型金融创新（李剑阁，2013），则称之为“创新过度”。

（二）质疑二：为什么当前中国金融体系的主要特征是“发展过度”，而非“发展不足”

金融竞合观下，金融与实体经济这对矛盾有主要方面和次要方面之分。如果“发展过度”和“发展不足”并存，肯定具有主次之别，要么“发展过度”是主要特征，要么“发展不足”是主要特征。

那么，到底“发展过度”是矛盾的主要方面，还是“发展不足”是矛盾的主要方面？这是一个见仁见智的问题。本文之所以做出“发展过度”是矛盾主要方面的判断，主要有两个方面的原因：一是金融“发展过度”与经济下行存在时间上的吻合；二是可以从理论上解释金融“发展过度”与中国经济下行的相关性。根据Baumol（1990）的分析框架，可以找到金融“发展过度”对经济产生负向作用的机制，即大量的生产要素被吸附到金融业这类非生产性领域，从而降低了整体的资源配置效率。

四、几点启示

全面辩证地把握中国金融业的发展状态，既要看到中国金融业“发展不足”的问题，也要看到中国金融业“发展过度”的问题，不能将两者对立起来。

中国金融改革不仅要着力于解决金融服务实体经济能力不足的问题，更要着力于解决金融与实体经济报酬结构失衡的格局，从根本上破除生产要素“脱实向虚”的机制，创造一个可以使创新要素更容易配置到生产性领域的创新环境。

在金融改革举措的优先顺序确定上，有助于同时解决以上两个问题的金融改革举措宜优先推进。这意味着，利率市场化和放宽市场准入需要继续积极推进。

参考文献

［1］蔡昉.历史规律与万有引力：中国经济增长的十字路口［J］.人民论坛·学术前沿，2012（7）.

［2］陈道富.中国经济循环中的泡沫［J］.中国发展观察，2014（10）.

［3］国家工商总局企业注册局、信息中心.突破“瓶颈期”与“危险期”迎接成长关键期——全国内资企业生存时间分析报告［J］.中国发展观察，2013（9）.

［4］李剑阁.金融改革：从理念到行动［J］.经济导刊，2014（2）.

［5］刘世锦.中国经济增长十年展望（2013—2022）——寻找新的动力与平衡［M］.北京：中信出版社，2013.

［6］罗伯特·席勒著，束宇译.金融与好的社会［M］.北京：中信出版社，2012.

［7］民建中央专题调研组.后危机时代中小企业转型与创新的调查与建议，2012.

［8］牛锡明.互联网金融风险控制环节薄弱（2013外滩国际金融峰会上的讲话.和讯网，http：//bank.hexun.com/2013-06-03/154801761.html，2013年6月3日。

［9］施一公.研究型大学，从来就不以就业为导向.欧美同学会·中国留学人员联谊会第三届年会，2014年9月16日。

［10］肖捷.税收征管制度的改革与创新［N］.学习时报，2011年8月29日。

［11］杨凯生.中国银行业利差偏低，期望大家全面解读.中国经济网，http：//www.ce.cn/xwzx/gnsz/zg/201203/05/t20120305_23130427.shtml，2012年3月5日。

［12］杨凯生.刍议民间资本发起设立银行［J］.新世纪，2013

（48）.

［13］杨凯生.中国银行业应该澄清的几大误解.财新网，http：//finance.caixin.com/2014-06-02/100685015.html，2014年6月2日。

［14］William J Baumol，1990，Entrepreneurship：Productive，Unproductive，and Destructive，the Journal of Political Economy，Oct.，P893—921.

［15］银行业利润“虚”高未覆盖未来信贷损失［J］.第一财经日报，2012年4月26日。

［16］赵昌文，朱鸿鸣.产融结合是陷阱还是鲜花［J］.上海国资，2012（12）.

［17］Gautam Mukunda，2014，“The Price of Wall Street’s Power”，Harvard Business Review，June.

［18］Greta R. Krippner，2005，“The Financialization of the American Economy”，Socio-Economic Review，（3），173—208.

［19］Herzberg，Frederick，1966，Work and the Nature of Man，Cleveland：World Publishing.

［20］Jean-Louis Arcand，Enrico Berkes and Ugo Panizza，2012，Too Much Finance？ IMF Working Paper12/161，June.

［21］McKinnon，Ronald I.，1973，Money and Capital in Economic Development，Washington D.C.：Brookings Institute.

［22］Shaw，Edward S.，1973，Financial Deepening in Economic Development，New York：Oxford University Press.

［23］Stephen G Cecchetti and Enisse Kharroubi，2012，Reassessing the Impact of Finance on Growth，BIS Working Paper No 381，July.

［24］Thomas Hellmann，Kevin Murdock，Joseph Stiglitz，1998，Financial restraint：Towards a New Paradigm，In Masahiko Aoki，Hyung-Ki Kim，and Masahiro Okuno-Fujiwara（eds），The Role of Government in East Asian Economic Development：Comparative Institutional Analysis，New York：Oxford University Press.

第二十三章　“攫取性”金融体系及其危害①

——基于金融竞合观的分析

本文的目的在于弄清“攫取性”金融体系对创新及经济增长的负向作用机制。当前中国的金融体系有较强的‘攫取性”属性。金融竞合观下，资源配置可以分为两个环节。一是初次配置，即要素在金融与实体经济间的分配。二是再配置，即金融体系可支配的资源在不同实体经济部门间的分配。“攫取性”金融体系下，初次配置存在严重扭曲，过多创新要素“脱实向虚”，被过度配置到金融业，即存在“虹吸效应”，而再配置又无法消除这种扭曲，从而使得经济系统的资源配置效率下降。此外，“攫取性”金融体系还通过利益集团机制、侵蚀效应、公司金融机制和金融不稳定机制等负向作用于创新及经济增长。

① 本文发表于《国务院发展研究中心调查研究报告》2015年第58号（总4743号），与朱鸿鸣合作。

一、什么是"攫取性"金融体系

（一）"攫取性"金融体系（extractive financial system）是金融竞合观视角下的金融体系

金融竞合观下，金融与实体经济是一对矛盾，两者对立统一（朱鸿鸣和赵昌文，2015）。一方面，双方具有合作性，相互依存。经济增长需要以金融稳定为前提，经济健康发展有利于维护金融稳定；金融的可持续发展也要以实体经济的健康发展为前提，金融效率的提高可以促进经济增长。另一方面，双方具有竞争性，相互排斥。金融与实体经济在生产要素、利润、政策和公司决策行为等方面存在着广泛竞争。金融竞合观下，金融效率、金融稳定和"攫取性—共容性"是刻画金融体系的三个维度。从竞争性视角出发，可以将金融体系划分为"攫取性"金融体系和"共容性"金融体系。不过，目前主流的金融观是金融合作观。它只关注两者的合作性，忽略了两者可能存在的竞争性。金融合作观下，只存在金融效率和金融稳定两个维度，不存在"攫取性"金融体系。

（二）"攫取性"金融体系是金融"发展过度"的金融体系

全球金融危机后，人们开始反思金融发展与经济增长的关系。一类具有代表性的观点认为，金融发展与经济增长之间呈倒U形关系，金融"发展过度"会拖累创新和经济增长（Arcand等，2012；Cecchetti和Kharroubi，2012）。金融"发展过度"背景下，金融与实体经济的竞争性成为矛盾的主要方面，金融体系蜕化为"攫取性"金融体系。金融"发展过度"有多种体现，可以从多个维度去刻画，比如金融业规模过大（可用私人信贷占GDP比重、金融业增加值占GDP比重、金融业从业人员比重等指标度量）、金融业利润比重过高及金融从业者收入过高、金融市场影响力过大，等等。

目前，从竞争性视角看，中国金融体系具有较为明显的“攫取性”属性。从全社会利润结构看，2013年末和2014年上半年，16家A股上市银行净利润占A股全部两千多家上市公司净利润总额的比重分别为48.65%和51.51%。根据基于企业所得税数据的测算结果，2013年金融业利润与非金融业利润之比为38.89%，金融业企业与工业企业利润之比为84.56%。从就业人员报酬结构看，2013年金融业是收入最高的行业，金融业城镇单位就业人员平均工资为城镇单位就业人员平均工资的1.94倍，2012年上市银行就业人员人均收入为其他上市公司人均收入的2.39倍（朱鸿鸣和赵昌文，2015b）。“攫取性”金融体系不仅仅为中国独有。在全球金融危机及欧债危机爆发前，美国、英国、爱尔兰、冰岛等国均存为“攫取性”金融体系。

二、“攫取性”金融体系的主要作用机制：“虹吸效应”

（一）资源配置的两个环节：初次配置与再配置

资源配置功能是金融体系的一项颇为重要的功能。Levine（2005）更是将金融的资源配置功能列在金融体系的五项功能之首。因此，目前绝大多数的金融改革方案及建议均将改善金融的资源配置功能或提高金融服务实体经济能力作为改革的目标、原则和关键（李扬，2014；谢平和邹传伟，2013；巴曙松，2013）。

本文认为，有必要区分两类不同的资源配置。一类是金融合作观下的资源配置，另一类则是金融竞合观下的资源配置。金融合作观下，资源配置是基于金融系统视角的资源配置，指的是金融体系对其可支配资源在不同实体部门之间所进行的配置。在金融合作观语境下，金融服务实体经济效率不高，主要是指金融体系未能将金融资源配置到更具效益或效率的实体部门。突出表现为：以银行信贷为主的金融资源仍集中配置在原有的低效率部门，大量成长性良好的市场化部门和中小企业缺乏金融支持（巴曙松，2013）。目前绝大多数金融改革方案所关注的资源配置效率便是金融合作观意义下的资源配置效率的提高。

金融竞合观下，资源配置则是基于整个经济系统视角的资源配置，不仅包括金融体系内资源在实体部门之间的配置，还包括整个经济系统层面上的资源，即人才、资本和企业家才能等生产要素在金融与实体经济之间的配置。如果将金融合作观视角下的资源配置称为狭义的资源配置，则可将金融竞合观视角下的资源配置视为广义的资源配置。

为了便于理解金融竞合观视角下的资源配置，不妨从理论上将资源配置区分为初次配置和再配置两个环节。其中，初次配置是资源在金融和实体经济部门之间的配置，再配置是金融体系对其可支配资源在不同实体部门之间所进行的配置。比如，金融资源在不同所有制类型企业之间、在不同规模企业之间、在不同行业企业之间、在具有不同创新能力的企业之间的配置。

可见，金融竞合观下的资源配置既包括初次配置环节也包括再配置环节，而金融合作观下的资源配置仅包括再配置环节。

（二）再配置环节：乘数效应还是漏出效应

从资源配置视角看，金融竞合观与金融合作观的差异在于前者还关注资源配置的初次配置环节。那么，关注初次配置环节是否有必要呢？这取决于金融在再配置环节所发挥的作用。是“乘数效应”还是“漏出效应”？是“乘数效应”占优，还是“漏出效应”占优？

在再配置环节，金融可能具有“乘数效应”。在人才配置方面，初次配置中配置到金融部门的优秀人才可以通过金融这一“转换器”乃至“放大器”，间接将其才能配置于或作用于实体经济部门，从而发挥更大的作用。最典型的例子莫过于创业投资（venture capital）。创业投资部门吸纳了许多具有丰富管理经验、创业经验和行业背景的优秀企业家型人才。这些创业投资家可以被再次配置到实体经济部门。具体途径是作为被投资公司的董事、高管，协助甚至主导被投资公司的发展。他们具有丰富的经验，可以为创新型企业，特别是处于初创期的创新型企业提供大量的增值服务。此外，在创业投资家的职业生涯中，甚至在某个特定时段，他们可以供职于多家被投资公司，为多家公司提供增值服务。

在资本配置方面，初次配置环节中被配置到金融体系的资本可以增强金融业对实体经济的总体供给能力，可以进一步推动金融深化，更好地发挥动员储蓄的作用。比如，大量的资本涌入银行业，可以增强银行业的资本实力。在资本充足率的约束下，更多的资本意味着可以更多地吸收储蓄，更大程度地推进金融深化。同时，在准入放开的情况下，大量资本的涌入还意味着竞争的加剧，有利于金融服务供给方不断提升服务效率。

值得注意的是，金融在再配置环节中发挥乘数效应的条件是金融没有“发展过度”。若金融“发展过度”，则会呈现出另一番情景，即体现为“漏出效应”。

在人才要素的配置方面，金融可能产生“漏出效应”。比如，若创业投资部门过多地吸纳了优秀的人才，以至于实体经济部门没有足够多的企业可供投资，创业投资部门所吸收的人才将被闲置。再如，大量人才配置到银行等金融部门从事非生产性创新活动，意味着创新人才的闲置。

在资本配置方面，金融也可能产生“漏出效应”。比如，过多的资本流向银行，若实体经济部门的需求有限或无法提供金融部门所期望的收益，则可能会衍生出资本闲置、仅在金融体系体内循环的现象：一是可能会导致资金“空转”，这是目前中国已发生并正在产生的现象；二是可能导致自营部门过度膨胀，这是全球金融危机之前美国所产生的现象。

如果金融在再配置环节的作用不主要体现为“漏出效应”，即金融没有“发展过度”时，区分资源配置的初次配置和再配置并不具有实际意义。因为，即便在初次配置环节，要素被过多配置到金融部门，金融也可以通过再配置环节的“乘数效应”将它们合理配置到实体经济中去。

反之，若金融在再配置环节的作用主要体现为“漏出效应”，即当金融“发展过度”时，区分初次配置和再配置这两个资源配置环节便非常必要。

（三）初次配置环节的扭曲：“虹吸效应”

包括企业家在内的优秀人才的配置深受社会所提供的报酬结构（reward structure）的影响（Baumol，1990；Murphy等，1991；Acemoglu，1995）。在金融业利润过高以及金融从业者收入水平过高的背景下，在利润率引导资本配置、个人报酬引导职业选择的市场机制作用下，金融业犹如一个巨大的“磁场”，对包括企业家才能、资本和人才等在内的大量创新要素具有极大的吸引力，使它们过多地配置到金融业，导致金融业这一非生产性领域的资源超配。换言之，金融业的过度繁荣导致创新要素在资源配置的初次配置环节“脱实向虚”，过多地向金融业配置。一个不可避免的结果是，生产性领域及创新性领域所获得的创新要素不足，整个经济系统层面上出现系统性资源错配，全社会的创新动力和创新能力遭到削弱，资源配置效率降低，经济潜在增长率下降。

许多文献已经注意到了“脱实向虚”的危害。诺贝尔经济学奖得主托宾（Tobin，1984）曾谈道“我们正在使越来越多的包括青年精英在内的资源投身于与产品、服务生产关系不大的金融活动中去，投身于能获得与其社会生产力不匹配的私人收益高的活动中去”。Philippon（2010）认为，最优秀人才流向金融业对于全社会而言并不一定是合意的，因为如果流向其他行业可能会产生更高的社会收益。Kneer（2013）认为，高技能人才流出实体经济，流入银行业导致了劳动生产率降低，特别是对于高度依赖高技能人才的产业而言。Benoît Cœuré（2014）认为，国际金融危机前是一个太多银行家、太少工程师的世界，这种智力流失降低了实体经济的生产率。Murphy等（1991）更是认为，最优秀人才流向金融业等行业是美国生产率低增长的重要原因。Kedrosky和Stangler（2011）认为，金融部门的膨胀、金融从业人员高收入是美国新企业形成率（new business formation rate）下降或企业家精神受到侵蚀的重要原因。

目前，中国金融体系已经对实体经济构成了很强的“虹吸效应”。在企业家才能或企业家精神方面，集中体现为大量实业家已经转向金融领域（王东明，2014；陈道富，2014）。在优秀人才方面，集中体现为就业“金融热”和高考“金融热”（朱鸿鸣和赵昌文，2015b）。这一现象已经引起不少有识之士的担忧。在资本方面，集中体现为产融结合热、民间金融热和互联网金融热（朱鸿鸣和赵昌文，2015b）。

三、“攫取性”金融体系的其他作用机制

除“虹吸效应”外，“攫取性”金融体系还通过其他四种渠道或机制对创新和经济增长产生负向作用。

（一）利益集团机制

利益集团机制刻画的是金融与实体经济在政策上的竞争。金融业的“发展过度”必然会造就游说能力强大的金融利益集团。金融利益集团的形成，会导致该团体采取各方面的手段，对政府施加影响，使其维持或制定对金融业有利的政策。就一个发达经济体而言，金融业对政府或政策的影响通常有三种渠道：“旋转门”，理念灌输和竞选经费支持（Johnson，2009）。其中，“旋转门”是指金融业与政府部门之间的双向流动通道，既包括使金融从业人员向政府部门流动，也包括政府官员向金融业流动。由于“旋转门”的存在，一方面已在金融业就职的原政府官员仍可以通过关系对政府官员和政策产生影响；另一方面，已在政府部门就职的原金融从业人员可以将金融理念植入政府部门。理念灌输是一种与“旋转门”相互联系但也有一定差别的渠道，其结果是使金融中心主义这种金融观在政府部门乃至全社会成

为主流。事实上，在全球金融危机爆发之前的近30年里，这种金融观随着市场原教旨主义的传播而成为共识。以美国为例，当时的基本信念便是“对华尔街有利的就是对整个国家有利的”（Johnson，2009；斯蒂格利茨，2011）。

在多数情况下，两个产业的利益不可能完全一致。从矛盾论的视角看，金融业与实体经济之间的利益也不能完全一致，对金融业有利的政策对实体经济并不一定有利。最典型的例子莫过于英国的金融政策。强势英镑政策有利于金融业，但对实体经济造成的负面效应也是显而易见的（Chang，2013；Mukunda，2014）。另一个例子则是美国。无论是从全球金融危机前的管制过度放松，还是从金融危机后“沃尔克规则”的屡次延迟，我们都可以看到华尔街的影子。

（二）侵蚀效应

“侵蚀效应”刻画的是金融与实体经济在利润分配方面的竞争。利息来自利润，是对利润的课税（Schumpeter，1911）。当金融业处于优势地位时，金融体系可以凭借其议价能力在利润分配中获取均衡状态下本应属于企业部门的收益，从而侵蚀实体经济的利润，降低实体部门的发展可持续性。就中国金融体系而言，“侵蚀效应”的典型体现就是实体经济融资成本过高和金融业高利润并存，所造成的直接后果便是实体经济困难以及金融与实体经济利润结构的进一步失衡。

（三）公司金融机制

公司金融机制刻画的是金融与实体经济在企业决策行为方面的竞争。金融市场对企业决策行为会产生重要影响。尽管一些文献表明，资本市场可以在改善公司治理方面发挥积极作用（Jensen和Murphy，1990），但也可能会导致公司管理层在决策时更加短期化（Crotty，2005；Lazonick and O’Sullivan，2000），甚至会阻碍创新。Mukunda

（2014）认为，来自资本市场的短期业绩压力导致管理层过度关注短期财务绩效，不利于企业创新。Fang等（2014）发现，过于活跃的股票市场会阻碍企业创新。

（四）金融不稳定机制

金融不稳定机制是指通过侵蚀金融稳定来对创新和经济增长产生负向作用。“攫取性”金融体系在本质上就是一种不稳定的金融体系。一方面，规模过于庞大的金融体系本身可能就反映了风险追逐的增加，或意味着信贷投向了低效率领域（Benoît Cœuré，2014），蕴含了不稳定性。另一方面，由于“虹吸效应”“侵蚀效应”、利益集团机制和公司金融机制的存在，实体经济可持续发展的根基受到严重侵蚀，导致融资结构中对冲性融资比重的降低，投机性融资和庞氏融资比重的增加。这一变化会带来金融的不稳定性（明斯基，2010）。

四、结论及启示

金融发展与经济增长并不是简单的线性关系，金融“发展过度”不仅不会促进经济增长，反而会拖累经济增长。中国既存在金融服务实体经济效率不高的问题，也存在金融“发展过度”的问题，即金融在与实体经济的竞争中占据绝对优势地位。为此，金融改革不但要关注再配置环节上的资源配置，提高金融服务实体经济的效率，也要关注初次配置环节上的资源配置，消除金融体系的“虹吸效应”。

要消除金融体系对创新要素配置的扭曲，关键是要改变金融与实体经济失衡的利润格局，重塑金融与实体经济关系。考虑到目前的金融改革进程及金融形势，一方面可以考虑在审慎监管的前提下，进一步推动利率市场化和放开市场准入的改革，通过竞争的方式降低金融机构利润。另一方面，也需要有序推动风险释放，挤掉“虚高”利润。两者相较，后者的风险相对更小。

参考文献

［1］海曼·P.明斯基.稳定不稳定的经济——一种金融不稳定视角［M］.北京：清华大学出版社，2010.

［2］李扬.深水区的金融改革［J］. 中国金融，2014（19）.

［3］谢平，邹传伟.中国金融改革思路［M］. 北京：中国金融出版社，2013.

［4］约瑟夫·E.斯蒂格利茨.自由市场的坠落［M］. 北京：机械工业出版社，2011.

［5］Acemoglu，Daron，1995，“Reward Structures and the Allocation of Talent”，European Economic Review，Vol.39（1），PP17—33.

［6］Benoît Coeuré，2014，On the optimal size of the financial sector，ECB Conference“The optimal size of the financial sector”，Frankfurt am Main，2 September .

［7］Crotty，J.，2005，“The Neoliberal Paradox：The Impact of Destructive Product Market Competition and ‘Modern’ Financial Markets on Nonnancial Corporate Performance in the Neoliberal Era”，in Epstein，G.（ed.），Financialization and the World Economy，Northampton，MA，Edward Elgar.

［8］Ha—Joon Chang，Antonio Andreoni，Ming Leong Kuan，2013，International Industrial Policy Experiences and the Lessons for the UK，Centre for Business Research，University Of Cambridge Working Paper No. 450.

［9］Gautam Mukunda，2014，“The Price of Wall Street’s Power”，Harvard Business Review，June.

［10］Jean-Louis Arcand，Enrico Berkes and Ugo Panizza，2012，Too Much Finance? IMF Working Paper12/161，June.

[11] Kevin M. Murphy, Andrei Shleifer, Robert W. Vishny, 1991, “The Allocation of Talent: Implications for Growth” , The Quarterly Journal of Economics, Vol. CVI, PP503—530, May .

[12] Kneer, C., 2013, The absorption of talent into finance: Evidence from US banking deregulation, DNB Working Paper 391.

[13] Lazonick, W. and O' Sullivan, M. , 2000, “Maximizing shareholder value: a new ideology for corporate governance” , Economy and Society, vol 29, no. 1, PP13—35.

[14] Michael C. Jensen and Kevin J. Murphy, 1990, “Performance pay and top-management incentives” , The Journal of Political Economy, Vol. 98, No. 2, PP225—264.

[15] Nicholas Oulton, Must the growth rate decline? Baumol' s unbalanced growth revisited, 2000, Bank of England Working Paper Series No. 107 , January.

[16] Philippon, T., 2010, “Financiers versus Engineers: Should the Financial Sector Be Taxed or Subsidized? ” , American Economic Journal: Macroeconomics, 2 (3) .

[17] Ross Levine, 2005, “Finance and growth: theory and evidence” , Handbook of Economic Growth, Vol.1 , PP865—934.

[18] Schumpeter, J. A, 1911, A theory of Economic Development, Harvard University Press.

[19] Simon Johnson, “The Quiet Coup” , 2009, The Atlantic, May 1.

[20] Stephen Burgess, Measuring financial sector output and its contribution to UK GDP [R] , Bank of England Quarterly Bulletin, 2011 Q3.

[21] Stephen G Cecchetti and Enisse Kharroubi, 2012, Reassessing the Impact of Finance on Growth, BIS Working Paper No 381, July .

[22] Thomas I. Palley, 2007, Financialization: What It Is and

Why It Matters [R], Economics Working Paper Archivewp_525, Levy Economics Institute.

[23] Vivian W. Fang & Xuan Tian & Sheri Tice, 2014, "Does Stock Liquidity Enhance or Impede Firm Innovation?", Journal of Finance. October, PP2085—2125.

[24] William J Baumol, 1990, "Entrepreneurship: Productive, Unproductive, and Destructive", Journal of Business Venturing, Vol.11 (1), PP3—22.

第二十四章　关于推进金融业供给侧结构性改革的建议[①]

金融服务实体经济效率不高和支持经济转型能力不足已对未来几年经济持续健康发展和全面建成小康社会目标构成严峻挑战。当前，要顺应金融业主要矛盾已经由总量不足转为金融与实体经济失衡和有效供给不足的趋势性变化，着力推进金融业供给侧结构性改革，以解决金融供给自身、金融与实体经济之间的重大结构失衡，增加金融有效供给，抑制“脱实向虚”，提高金融服务实体经济的效率和支持经济转型的能力。

① 本文发表于《国务院发展研究中心调查研究报告择要》2017 年第 23 号（总 2734 号）。

一、推进金融业供给侧结构性改革的必要性

近年来，金融服务实体经济的效率仍然不高甚至有所下降，支持经济转型的能力有所退化。一方面，资金空转、加链条现象普遍，小微企业融资难尚未得到有效缓解，资金加速向房地产和地方政府融资平台等传统增长动力领域配置。2016年新增个人购房贷款占当年新增贷款的39.2%，分别比2012年和2015年增加27.5个和16.5个百分点。另一方面，创新要素“脱实向虚”进一步加剧，资本市场对实体企业转型升级的“扰动效应”开始凸显，创新驱动和振兴实体经济的根基遭到侵蚀。

（一）金融业主要矛盾已发生趋势性变化，提高金融服务实体经济效率和支持经济转型的能力需要新的政策思路

2016年末，银行业金融机构总资产和社会融资规模存量分别为232.25万亿元和155.99万亿元，与GDP之比达312.12%和209.63%。金融业主要矛盾已由改革开放前30年的总量不足（即金融深化不足）变为金融与实体经济失衡（即总量过度或过度金融化）和有效供给不足。两者的失衡表现为金融业增加值占比过高和金融相对收益过高。2016年，中国金融业增加值占GDP的比重仍高达8.4%，既显著高于英美，更远高于德日；金融业企业所得税已达工业企业所得税的1.2倍，而2011年仅为56.2%。有效供给不足体现为对小微企业和市场化部门的金融供给严重不足。在金融改革大幅推进的背景下，服务效率仍未显著改善，主要原因在于金融业主要矛盾已发生趋势性变化，而政策和监管未能及时顺应这一变化进行调整和改革。

（二）金融业主要矛盾是结构性和金融供给侧的问题，须全面推进金融业供给侧结构性改革

首先，金融业主要矛盾表现为两个层次的结构失衡。从整个经济

系统看，金融总量过度就是金融与实体经济的结构失衡。从资金配置结构看，有效供给不足表现为对房地产及享受政府隐性担保部门的供给过度，对实体经济中高生产率及市场化部门的供给不足。其次，矛盾的主要方面是金融供给侧，是金融过度繁荣和金融体系能力建设滞后。实体经济效益下滑、转型升级滞后也是重要因素，但仅是矛盾的次要方面。因此，须从金融供给侧着手，着力解决以上结构失衡问题，推进金融业供给侧结构性改革。

二、将金融与实体经济再平衡和增加有效供给作为主攻方向

（一）推动金融与实体经济再平衡

实体经济发展特别是创新驱动的基本前提是创新要素能够配置到实体经济和创新领域。金融与实体经济的严重失衡已导致包括人才、资金和企业家精神在内的创新要素“脱实向虚”，侵蚀了创新驱动和实体经济健康发展的根基。

首先，优秀人才过度配置到金融业。以清华大学和北京大学为例，2016年毕业生就业行业分布中，金融业高居第一，比重分别为21.20%和26.44%。

其次，企业金融化明显，资金和企业家精神过度配置到金融领域。一是企业大量投资金融类资产。二是企业利润结构中来自投资收益的比重显著提高。2015年上市公司投资净收益占净利润的比重达29.5%，比2011年和2014年分别高出16.2个和8.8个百分点。三是崇尚资本运作，谋求资本市场的估值溢价收益。四是生产资本纷纷涌入金融业。

为此，迫切需要将金融与实体经济再平衡作为主攻方向，抑制“脱实向虚”，扭转金融对实体经济的侵蚀效应。

（二）增加金融有效供给

提高金融服务实体经济效率，关键在于优化资金配置结构。当前的配置结构既侵蚀了经济增长的活力和潜力，也会导致杠杆率继续攀升和资产泡沫不断累积，危害金融稳定。

“三期叠加”背景下，实体经济效益下滑，风险暴露增加。资金过度配置到房地产领域和公共部门，表面上是实体经济缺乏符合标准的优质信贷客户，是有效需求不足。实际上，根本在于金融供给能力不足和供给意愿缺乏。

以银行业为例，供给能力方面，过度依赖土地、房产等抵押物和政府隐性担保，缺乏低成本收集和处理非财务数据的技术和能力，难以识别企业间的风险差异，无力提供风险可控、成本可行的小微企业融资服务。供给意愿方面，缺乏向小微企业提供服务的激励机制。

为此，需从供给能力及意愿着手，增加金融有效供给，优化资金配置结构，提升增长潜力并抑制杠杆率继续攀升。这就是金融业的供给侧结构性改革。

三、关于推进金融业供给侧结构性改革的几点建议

（一）要深刻认识推进金融业供给侧结构性改革的重要性

只有推进金融业供给侧结构性改革，才能有效解决当前已经存在并日趋严重的金融与实体经济失衡和金融有效供给不足这两大问题，提高金融服务实体经济效率和经济转型的能力。

（二）推进银行业供给侧结构性改革

一是将抑制“脱实向虚”和防控风险统一起来。金融国资管理部门及监管部门应降低业绩指标要求、抑制金融机构的“业绩锦标赛”，引导金融机构及时确认风险并拨备计提，既让风险有序释放，

以小震化大震，又可降低虚高的会计利润和从业者收入，推动行业报酬结构再平衡，抑制创新要素“脱实向虚”。二是优化制度环境和市场环境。一方面，深化金融改革，如继续放宽市场准入，推动金融机构股权结构和治理结构改革，完善尽职免责机制，研究提高房地产贷款和地方融资平台贷款风险权重。另一方面，着力整顿金融秩序，如打击银行不规范行为，打击银行从业人员与相关方面合伙侵害企业利益的行为。三是推动银行业的智能化转型，降低运营成本，增强风险控制能力。

（三）推动资本市场和保险业供给侧结构性改革

资本市场方面，着力整顿市场秩序和提升服务能力。加强监管协调并继续强化金融监管，规范参与主体行为，治理市场乱象，避免资本市场对实体经济转型造成干扰甚至破坏；着力推动债券市场去杠杆；尽早改革证券业存在的“风险社会化、收益个人化”的扭曲激励机制；探索非盈利优质企业上市，加强资本市场中介机构（如评级机构）能力建设。保险业方面，进一步优化保险参与自然灾害管理、社会保障、社会治理的制度环境；继续推进费率改革，加强监管能力建设；积极发展个人税收递延型养老保险，提高保障型、长期型保险产品比重。

（四）完善相关配套机制

一方面，同步解决金融需求侧存在的问题。进一步推进国资国企改革，强化地方政府举债约束，严格管理地方融资平台行为；要全方位降成本，推动产业转型升级，提高整体效益。另一方面，着力完善金融生态环境。要多部门合作有效打击“逃废债”，加强诚信体系和政府统一信息平台建设。

第二十五章　双循环战略需要创新友好型的金融体系[①]

加快构建以国内大循环为主体、国内国际双循环相互促进的新发展格局（以下简称“双循环战略”）是根据我国发展阶段、发展环境、发展条件变化做出的、引领“十四五”和未来一个时期我国经济社会发展的重大战略决策，与近年来中央制定的其他经济发展战略和政策具有一脉相承的指导思想。双循环战略的核心内涵是在我国进入新发展阶段后，如何更好地贯彻落实新发展理念，统筹发展与安全的关系，加快构建新发展格局。双循环战略中，科技创新具有极端的重要性。科技创新需要创新友好型的金融体系：要构建有助于适应新一轮工业革命的技术金融范式；要构建有助于解决好我国经济结构存在的实体经济内部供需失衡、金融和实体经济失衡、房地产和实体经济失衡问题的金融体制；要构建有助于激发微观市场主体创新活力和投融资需求的金融体系。

① 本文是作者在 2020 年 9 月 12 日召开的首届中国金融四十人“曲江论坛”上所作的主题演讲。

今年以来，党中央多次就如何科学认识和深刻把握国内外大势，统筹发展和安全做出重要论述，形成了关于构建形成以国内大循环为主体、国内国际双循环相互促进的新发展格局的理论，这是根据我国发展阶段、发展环境、发展条件变化作出的科学判断。加快构建新发展格局是贯彻落实新发展理念、推动高质量发展，促进质量变革、效率变革、动力变革，实现更高质量、更有效率、更加公平、更可持续、更为安全的发展的重大战略，是与时俱进提升我国经济发展水平、塑造我国国际经济合作和竞争新优势的必然选择。新发展格局理论的核心是双循环战略，这两个表述甚至在某种程度上可以互换。双循环战略将会是“十四五”和未来相当长一个时期引领我国经济社会发展的重大战略，是我们统筹中华民族伟大复兴战略全局和世界百年未有之大变局，谋划和开展经济工作的根本遵循和行动指南。

双循环战略是最新提出的，是适应我国进入新发展阶段后贯彻新发展理念、推动高质量发展的重大战略，但支撑这一战略的思想并不是才有的。如果我们历数这些年中央关于经济发展的重大战略，比如，2015年中央经济工作会议提出，供给侧结构性改革就是要“解决重大的结构性失衡所导致的经济循环不畅的问题”；2016年中央经济工作会议强调，必须从供给侧、结构性改革上想办法，努力实现供求关系新的动态均衡。2017年中央经济工作会议提出，主攻方向是提高供给质量，要减少无效供给、扩大有效供给，着力提升整个供给体系质量，提高供给结构对需求结构的适应性；2018年中央经济工作会议中强调，要深化供给侧结构性改革，明确提出了“巩固、增强、提升、畅通”八字方针，以畅通产业循环、市场循环和经济社会循环。2019年中央经济工作会议提出，要紧紧扭住新发展理念推动发展，把注意力集中到解决各种不平衡不充分的问题上，以创新驱动和改革开放为两个轮子，全面提高经济整体竞争力，加快现代化经济体系建设。由此可见，“循环论”是近年来中央指导经济工作基本的一贯的指导思想，双循环战略既是适应我国进入新发展阶段后国内外环境和条件变化的新战略，也与这些年经济发展的其他重大战略一脉相承。

一、科技创新在双循环战略中具有极端的重要性

双循环战略需要一个什么样的金融体系？要回答这个问题，首先要明确双循环战略要解决什么问题。如前所述，加快形成新发展格局是适应我国发展阶段、环境和条件三个方面的变化做出的重大决策。

（一）这是我国发展阶段变化带来的不断提高发展质量的需要

“十四五”时期，我国将进入新发展阶段。也就是说，我国在全面建成小康社会、实现第一个百年奋斗目标后，将开启全面建设社会主义现代化国家新征程、向第二个百年目标迈进的新阶段。进入新发展阶段，一定要深刻认识错综复杂的国际环境带来的新矛盾新挑战，深刻认识我国社会主要矛盾变化带来的新特征新要求。从国际环境看，主要是积极应对世界百年未有之大变局带来的不稳定性、不确定性，防范化解各类风险隐患，其关键在于办好自己的事，提高发展质量。从国内看，进入新发展阶段后的主要任务仍然是不断解决好人民日益增长的美好生活需要和不平衡不充分的发展之间的矛盾，推进高质量发展。

解决发展不平衡不充分问题，推动高质量发展，必须从各个环节、各个部门、各个领域全面畅通国内大循环。打通生产、流通、分配、消费等环节内部和相互之间的堵点，促进现代金融、科技创新与实体经济的良性循环，畅通产业循环、市场循环、经济社会循环，进而提升供给体系对国内需求的适配性，实现需求牵引供给、供给创造需求的更高水平的动态平衡，在更高水平、更高质量社会生产和再生产的循环中不断满足人民日益增长的美好生活的需要。解决发展不平衡不充分问题，推动高质量发展，必须立足国内国际双循环相互促进。畅通国内大循环，以国内促国际，可以为正在受保护主义上升、全球市场萎缩困扰的世界经济增添发展新动力，在推动全球复苏中畅通国际大循环。参与国际大循环，以国际促国内，可以进一步为我国

企业开拓更大的成长空间，实现更高水平的国内大循环。国内国际双循环相互促进，必将推动国内市场和国际市场更好联通，必将推动国内资源和国外资源更有效利用，促进国民经济实现更加强劲更可持续更高质量的发展。

我国发展不平衡不充分的主要表现是创新能力不适应高质量发展要求、农业基础还不稳固、城乡区域发展和收入分配差距较大、民生保障存在短板、生态环保任重道远、社会治理还有弱项，等等。上述每个方面都很重要，都需要下大力气来解决，但我想特别强调创新能力不适应高质量发展要求这个方面。如何来解决这个问题呢？根本在于坚持新发展理念，把创新特别是科技创新放在更加重要的位置，促进我国经济发展的质量变革、效率变革和动力变革。

双循环战略高度重视科技创新对高质量发展和国内大循环的关键作用，把科技自立自强作为国家发展的战略支撑。科技革命和产业变革一直是历史上驱动国际经济政治格局变迁的基础性变量。跨越“中等收入陷阱”，实现现代化“两步走”战略目标和中华民族伟大复兴的“中国梦”，必须要深度参与和引领科技革命和产业变革。当前，全球新一轮科技革命和产业变革正在加速演变，既凸显了加快提高我国科技创新能力的紧迫性，也给我们提供了在科技创新方面迎头赶上的历史性机遇。通过打好关键核心技术攻坚战，以科技创新提升产业链水平，维护产业链安全。通过科技创新全面提升经济发展科技含量、劳动生产率和资本回报率，解决发展中不充分、不平衡、不可持续的问题，实现经济增长从要素驱动向创新驱动的动能转换。也就是说，通过科技创新牢牢把握创新主动权、发展主动权，实现动能更加强劲、发展更为安全的国内大循环，实现国内循环和国际循环的相互促进。

（二）这是我国发展环境变化带来的更加重视经济安全的需要

这些年我国发展环境的变化大大超过了以往，今后一个时期，我们还将面对更复杂的外部环境，必须做好应对一系列新的风险挑战的准备。这次人类历史上百年未有的大疫情，尚未得到完全控制，疫情后全球大变局还可能会出现一些新趋势新特点。比如，经济复苏的大分化。历史经验表明，无论何种冲击，冲击之后的恢复和复苏过程一般都会出现显著的分化，这次新冠肺炎疫情后的分化主要取决于抗疫能力，谁能够更好地控制住疫情，谁就更有机会在经济复苏中占得先机。还比如，疫情之后全球供应链的重构几乎是不可避免的。疫情之前，由于经贸摩擦等原因，全球供应链已经出现了调整的趋势，在原来“成本和效率”导向的分工逻辑之上又多了市场和技术的可获得性、国家经济安全等因素。对于我国来说，在全球产业链和供应链重构过程中可能会有更多新的压力，需要考虑如何在产业转移和产业升级之间保持合理平衡。此外，我国一些高技术企业上了美国的实体清单，一些领域面临关键核心技术“卡脖子”问题等，这都对我国经济社会稳定发展造成了冲击。所以，一定要统筹好发展与安全的关系，这是现在的一件大事。怎么解决安全问题？没有别的答案，只能是加速科技创新。

中国经济是一片大海，而不是一个小池塘。经历了无数次狂风骤雨，大海依旧在那儿。只要我们集中力量办好自己的事，发挥巨大市场需求潜力，用超大规模市场容量容纳更多市场主体提供的产品和服务，激发上亿市场主体活力，尽快突破关键核心技术，推动经济持续健康发展，就能持续提升我国在世界经济中的地位和影响力，就能在全球供应链大重构、全球复苏进程大分化、新一轮科技革命和产业变革加速演变中占据主动。实现国内国际双循环相互促进，顺应和引领全球化历史潮流，就能在推动构建人类命运共同体中实现更为安全的发展。经济全球化仍是历史潮流，各国分工合作、互利共赢是长期趋势。畅通国内大循环，以国内促国际，可以为其他国家提供更广阔的市场机会，为更多的外资外企提供更大的成长空间，有助于推动建设开放型世界经济，在促进全球包容性增长中维护经济全球化。参与国际大循环，以国际促国内，将进一步增强国内国际经济联动效应，使我国成为吸引国际商品和要素资源的巨大引力场。国内国际双循环相互促进将使我国既深度参与国际分工，又牢牢掌握发展主动权，实现安全与发展的相互增进。

（三）这是发展条件变化带来的加快形成新发展动力的需要

经过改革开放40多年的发展，我们的资源禀赋和要素条件正在发生很大的变化，劳动人口数量的减少和工资水平的上升，环保要求的不断提高，使得要素成本低、环境容量大等传统优势正在逐步削弱。新的优势在哪里？2018年我们和世界银行做了一个关于经济转型期增长新动能的联合研究，当时提出了一条主线和新的三大动力。一条主线是提高全要素生产率。新的三大动力，一是把技术前沿持续向前推进，要做原始创新；二是解决好技术或成果商业化与产业化的问题；三是通过深化改革解决各类资源错配问题。所以，发展条件变化下重塑竞争新优势的关键也在于科技创新。

畅通国内大循环，实现以国内大循环为主体，是加快形成竞争新优势的基础。关键核心技术是要不来、买不来的。突破关键核心技术，提升自主创新能力，必须要依托我国超大规模市场和完备产业体系，打通阻碍产业与科技、需求与供给高水平循环的淤点堵点，创造有利于新技术快速大规模应用和迭代升级的独特优势，加速科技成果向现实生产力转化。同时，国内循环越顺畅，越能形成对全球资源要素的引力场，越有利于构建以国内大循环为主体、国内国际双循环相互促进的新发展格局，越有利于形成参与国际竞争和合作新优势。国内国际双循环相互促进，才能不断巩固和增强竞争新优势。中国经济要发展，就要敢于到世界市场的汪洋大海中去游泳。在游泳中才能学会游泳，在竞争中才能获得竞争优势。畅通国内大循环，以国内促国际，可以增强全球产业链供应链创新链的韧性，国内市场越大、创新能力越强，就越有利于畅通创新资源的国际大循环。参与国际大循环，以国际促国内，可以更好地学习和吸收全球先进技术、管理经验、创新文化，在开放中推进自主创新。国内国际双循环相互促进，将在更高起点上、更大空间内推动科技创新和优势的转换，在竞争中不断提升我国在全球产业链、供应链、价值链、创新链中的地位和竞争力。

二、双循环战略需要创新友好型的金融体系

既然科技创新是双循环战略的核心内涵，那么，双循环战略需要怎样的金融体系呢？答案就是创新友好型的金融体系。接下来的问题是，什么是创新友好型的金融体系？如果我们从个案出发，比较好回答，因为凡是创新做得好的城市和地区，比如深圳，大体上就应该是创新友好型的金融体系。但是，也有很多金融资源比较好的城市，创新做得并不是很好。

（一）创新友好型金融体系要适应新一轮工业革命的技术—金融范式

英国的Perez提出了“技术—经济范式”，我稍微做了一些改变，即“技术—金融范式”。那么，创新和技术—金融范式有什么关系呢？技术—金融范式又和新工业革命有什么关系呢？

实际上，创新与金融之间的关系非常密切。历史上每一次重大的科技创新背后都有金融创新的因素。剑桥大学教授李约瑟博士在其所著的《中国的科学与文明》（即《中国科学技术史》）中指出，一方面，中国古代对人类科技发展做出了很多重要贡献，在科学、技术方面处于领先地位，甚至出现了“四大发明”，另一方面，中国却没有继续往前迈进，因此当17世纪西方的进步加快之后，中国就远远落后了。特别是鸦片战争之后，中国人就一直被光荣的历史回忆和现实落后的屈辱所困扰。这一矛盾被李约瑟博士归纳为具有极大挑战性的两个难题：第一，为什么中国历史上一直远远领先于其他文明？第二，为什么中国现在不再领先于外部世界，工业革命为什么没有发源于中国？这就是著名的“李约瑟之谜”。对“李约瑟之谜”，有许多不同的解释。李约瑟博士本人的解释是：因为“封建官僚制度”使得一种新观念很难被社会接受，新技术开发领域几乎没有竞争。中国古代的

官僚体制最初非常适宜于科学的成长，然而，它却阻碍了重商主义价值观的形成，它没有能力把工匠们的技艺和学者们发明的数学和逻辑推理方法结合在一起。李约瑟预言，如果欧美和中国的环境条件对调，那么所有其他方面也会对调——科学史上所有伟大的名字，像伽利略、马尔皮基、哈维、波义耳都会是中国人而不是西方人。林毅夫教授的解释是：在前现代时期，技术的发明基本上源于实践经验，而在现代，技术发明主要是从科学和实验中得到的。中国早期在技术上独领风骚，主要原因在于，在以经验为基础的技术发明过程中，人口规模是技术发明率的主要决定因素。中国在现代时期落后于西方世界，则是由于中国并没有从以经验为基础的发明方式转化到基于科学和实验的创新上来，而同时期的欧洲，至少经由18世纪的科学革命已经成功实现了这种转变。美国北伊利诺伊大学经济学博士陈强建立了一个“发明者选择模型”，说明持续技术进步对工商产权保护的依赖性，并用高实际税率及其不可预测性、随意性与累进性来衡量古代中国“工商产权的薄弱”对技术创新的影响。

以上解释从不同的角度看，都是非常有意义的。但是，这些解释都忽视了一个非常重要甚至最重要的方面，即金融制度对科学发现和技术创新的巨大作用。我认为，中国古代的金融制度是工业革命没有发源于中国的决定性原因。因为工业革命的本质是持续不断的技术进步和先进技术在生产中长期、大规模的使用，技术创新机制及技术扩散机制非常重要。从技术创新机制看，与农业社会低成本的偶然发明不同，工业革命所要求的许多技术发明成本很高，不是一种生产过程中的“副产品”，而是一种类似于当代企业的R&D（Research And Development，开发与研究）投资行为。从技术扩散机制看，从偶然的科学技术发明到先进技术在生产过程中大规模的使用，也需要巨大的资金投入。与此相应，中国当时的信用制度、货币制度、金融制度还很不完善，存在着货币流通、资本供给在结构和总量上与技术投资需求之间的矛盾，存在着由于不完善信用制度而产生的交易成本太高与先进技术开发、使用的收益分享和保护制度不健全之间的矛盾。所以，中国古代的金融制度一方面推动了农业文明的发展，另一方面又制约了农业文明向工业文明的转变。

过去的两百多年中，从第一次工业革命到第二次工业革命，再到第三次工业革命，一直到今天的新一轮工业革命或者第四次工业革命，不同的时代都有不同的技术—经济范式，也有与这个技术—经济范式相适应的技术—金融范式。技术—金融范式就是当时技术经济背景下最能推动创新、技术进步和新兴产业发展的基本金融体系和模式。Perez把历史上的技术—经济范式分为五个阶段，与我们一般认为的工业革命阶段大体上也是一致的。为了保持一致性，本文也把技术—金融范式分为五个阶段。始于1771年的英国第一次技术革命，技术—经济范式的主要特征是企业规模普遍较小，固定资本比例较低，与之相适应的技术—金融范式的主要特征是区域性银行、短期和小额信贷、家庭及朋友融资、开放性的合伙企业以及企业的内部利润积累。始于1829年以蒸汽与铁路为代表，从英国逐步扩散到欧洲大陆和美国的第二次技术革命，技术—经济范式的主要特征是企业规模较大，固定资本比例较高，已经形成全国范围的市场，与之相适应的技术—金融范式的主要特征是股份银行、全国性银行，中长期、大额信贷，集中化和制度化的资本市场等。始于1875年以钢铁、电力等重工业为代表，主要发生在美国和德国等的第三次技术革命，技术—经济范式的主要特征是企业规模大，固定资本比例高，已经形成世界范围的市场网络等，与之相适应的技术—金融范式的主要特征是与工业资本联系紧密的大银行、全能银行、投资银行及规范化的资本市场，以及长期融资、出口融资等。始于1908年以石油、汽车和大规模生产为代表，先美国后扩散到欧洲的第四次技术革命，技术—经济范式的主要特征是企业规模大，固定资本比例较高，大规模生产和全球市场，与之相适应的技术—金融范式的主要特征是消费信贷（分期付款）、融资能力很强的资本市场等。始于1971年以信息和远程通信为代表，先美国后扩散到欧洲和亚洲的第五次技术革命，技术—经济范式的主要特征是新创企业规模小，轻资产化（无形资产、非固定资产比例较高），知识成为资本/无形价值的附加值，与之相适应的技术—金融范式的主要特征是具有生产资本属性的创业投资，包括创业板市场的多层次资本市场，以及科技银行、科技保险等。

那么，适应当前新一轮工业革命、与双循环战略相匹配的技术—金融范式又是什么呢？我们可以从多方面进行思考。比如，从反面讲，我们不能简单地认为工业化快速推进时期的大商业银行模式就一定能够适应现在以数字经济为主要特征的技术经济环境。从正面讲，我们看到数字经济时代有很多创新，各类新技术新业态新模式层出不穷。比如，平台经济就是一种主要的商业模式。据测算，我国平台经济规模已经占GDP的10%左右。平台经济已经深深地融入工业、零售、交通、物流、能源、金融等诸多领域中。平台是不同于传统企业与市场的一种组织形态，平台外部的连接性及其网络效应决定了平台的发展空间。不同于传统企业强调内部资产的重要性，平台企业更强调外部的连接性及其网络效应。平台的价值和利润来源不仅是“存量资产”，更主要的是“增量资产”。企业的资金和资产总是有限的，传统企业增长的最大约束就是资金和资产。因此，平台企业的技术—金融范式和传统企业不是完全一样的。如果我们不能研究清楚一些新经济形态的技术—金融范式，仍用传统的大工业时代的理念去思考问题，那么金融家很可能会犯错误。

（二）创新友好型金融体系要有助于解决我国经济结构的三大失衡问题

三大失衡主要包括实体经济内部供需失衡、金融和实体经济失衡、房地产和实体经济失衡。实体经济内部的供需失衡主要表现在低水平产能过剩、高端产品供给不足等方面，解决问题的关键在于提高供给体系的质量和效益；房地产和实体经济的失衡主要表现在房价房租已经成为这些年企业商务成本不断上升和竞争力下降的主要原因之一，必须坚持“房住不炒”的基本原则和加快形成房地产市场健康稳定发展的长效机制。而金融与实体经济的失衡是需要重点关注的。我们通常讲，金融是经济的“血液”，金融与实体经济是一衣带水、相互依存的关系，但是如果从矛盾论或金融竞合观的视角来观察两者之间的关系，金融与实体经济之间既有相互依存、相互促进的关系，也有相互竞争、相互排斥的关系。目前，中国金融业既存在服务实体经济效率不高的问题，也存在“攫取”实体经济即对实体经济发展产生负外部性的问题，具体表现为金融与实体经济利润结构严重失衡和金融业从业人员收入过高。我们利用上市公司的数据进行了测算，2019年，金融类上市公司净利润为2.15万亿元，占全部上市公司利润的51.2%。金融类与非金融类上市公司之比为1.04：1。收入严重失衡导致最聪明的人都往金融业跑，人才从实体经济流到金融业，最终导致资本、人才、企业家精神等所有支撑实体经济发展的创新要素“脱实向虚”，流到金融业。

创新友好型金融体系一定要有助于解决金融与实体经济的失衡，至少不能加剧问题的严重性。反过来讲，只要存在这种失衡问题，那么要建立一种创新导向型的经济结构就非常困难。为什么世界上大多数金融中心与创新中心都难以兼容？最主要的金融中心一般都不是最主要的创新中心，最主要的创新中心一般也不是最主要的金融中心。比如，美国的金融中心在纽约，但创新中心却在硅谷；英国的金融中心在伦敦，但创新中心却在剑桥地区；印度的金融中心在孟买，但创新中心却在班加罗尔；等等。

理论上金融中心与创新中心是可以兼容的。经典的金融发展理论表明，金融发展与经济增长是正相关关系，甚至可以是因果关系。由于经济持续增长的源泉是技术创新带来的全要素生产率的提高，金融发展理论的一个推论便是金融有利于技术创新。因此，作为金融机构、金融要素、金融人才或金融家的集聚之地，作为金融创新的活跃之地，金融中心与非金融中心相比，具有更强的企业家筛选效率和资本支撑能力，有利于推动生产性创新，从而使该区域更可能成为创新中心。但也有一种观点认为，金融发展与经济发展之间存在倒U形关系，即金融发展存在一个最优点/区间，超过此点/区间，金融发展与经济发展之间呈负相关关系。对华尔街有利的并不一定是对美国有利的，也就是说，有利于金融的不一定有利于整个经济。由此看来，金融并不必然促进创新，金融是异质的，不同的金融体系在促进创新方面具有不同的绩效。判断一个金融体系是否有利于创新的标准在于其金融安排是否与创新部门中各类企业的需求特征和风险收益属性相匹配。我们需要平衡好金融与创新的关系。否则，金融很可能与创新之间形成更强的竞争性，主要表现在四个方面：一是对创新要素的竞争（虹吸效应），二是对政策的竞争（利益集团），三是对实体经济收益分配的竞争（侵蚀效应），四是公司金融机制，也就是创新行为的短期化。

推动解决金融与实体经济失衡的问题关键是破除金融中心主义，以推动金融与实体经济报酬结构的再平衡为核心，构建金融与实体经济和谐共生关系。政府的职能主要是通过完善科技金融基础设施和以公共金融的方式将财政嵌入金融交易结构，从而改善资金提供者和创业者之间的风险收益结构，为发挥市场的决定性作用创造环境。此外，要进一步深化金融改革，创造一个统一开放、竞争有序的金融体系。具体可从下述三方面着手：一是要大力发展多层次资本市场；二是要进一步放开市场准入，增强银行体系内的竞争；三是强化银行体系与多层次资本市场的竞争，在竞争机制下，实现金融资源向创新部门配置的结果。

（三）创新友好型金融体系要有助于激发微观主体活力和投融资需求

我们设想一下，如果地球没有摩擦力，世界会变成什么样？同样的道理，如果企业都不愿意贷款和投资，如果企业不再新增融资，那意味着什么？金融体系会怎么样？企业是价值创造的主体，企业的投融资需求是金融发展的前提和基础。所以，创新友好型金融体系一定要符合企业和其他微观市场主体的投融资需求而不是压抑其发展活力。

企业的债务融资需求下降实际上是已经发生过的故事。比如1998年以来，日本非金融企业部门债务余额总体保持下降态势。从日本的情况看，是通缩和资产泡沫破灭带来的修复企业资产负债表的要求，使得企业不再新增融资。企业不再新增融资的结果，能够看到的就是，政府替代企业，不断进行融资，由此导致近些年来政府部门杠杆率已经远超过200%。

从杠杆率的角度来看，一般而言，资本市场主导型的经济体杠杆率比较低，银行主导型的经济体都比较高，比较英美（市场主导型金融体系）和中日（银行主导型金融体系）似乎也可得出类似结论。的确，英美的企业部门杠杆率的确要大幅低于中日。比如，2017年，美国和英国的企业部门杠杆率分别为73.2%和83.5%，而中国和日本却分别高达162.5%和103.2%。但是，如果考察德国的经验，则会呈现出另一番景象。德国是典型的银行主导型国家，但杠杆率显著低于美国和英国这种资本市场主导型的经济体。2016年德国证券化率仅为49.3%，2017年德国企业部门杠杆率仅为54.4%，分别比美国和英国低18.8个百分点和29.1个百分点。一个很重要的原因是，德国企业的活力更强、绩效更好，依靠自身的发展和内源融资就能够获得更大的发展，而外源融资比例通常较低。近些年来，在德国和日本的很多企业中，内源融资已经占主体地位，银行贷款的比例在下降，至少增长速度在下降。

这里还有一个观点需要说明，就是通过大力发展股票市场来去杠杆。毫无疑问，多层次资本市场对于中国的创新创业和企业发展起到了积极作用，这一点从国内主要行业的龙头企业基本上都是上海深圳的主板、中小企业板或者创业板的上市公司就可以看出。此外，我国企业的直接融资比例总体上偏低也是事实。这里只是想指出，不能简单地把发展股票市场、直接融资和去杠杆关联起来。我们可以对法国和德国做一番比较。2016年法国证券化率达到87.5%，较2008年提高了37.1个百分点，但2017年法国企业部门杠杆率也上升了25.5个百分点，达到133.4%。德国证券化率上升幅度相对较低，企业部门杠杆率却下降了3.8个百分点。近些年来，我国企业海内外上市数大幅增加，但企业杠杆率也在同步上升。可见，股票市场发展状况并不是决定企业部门杠杆率的最主要因素。

将股票市场作为去杠杆主要手段的观点，一定程度上忽略了公司金融的基本原理。公司融资首先分内源融资和外源融资，外源融资再分股权融资和债权融资。对于正常的企业而言，内源融资（主要是盈利）往往是第一融资来源。德国作为一个银行主导型国家，企业杠杆率之所以长期维持在主要经济体的最低水平，主要原因在于企业保持了较高的盈利能力。由于盈利能力强，德国企业融资结构中，内源融资占主导地位，近年来外源融资甚至为负。实际上，中国2004～2008年间企业部门杠杆率也在快速下降，原因不在于股市发展了，而在于这一时期随着市场空间的快速扩展，企业保持了较强的盈利能力和内源融资能力。中国企业部门杠杆率高且在过去一段时间内快速增长，一方面在于盈利能力快速下降，另一方面在于投资冲动和过度投资。

所以，创新友好型金融体系一定要让微观主体有更强的活力，有更强的发展动力，有更强的投融资能力，有更科学理性的投资观念。否则，就会出现企业与银行之间的非正常依存关系，当下我国银行体系的风险在很大程度上正是因为企业的风险。只有当企业的内源融资占主导地位后，金融体系才会更健康。在三角形支撑框架中，微观主体活力就占有极其重要的地位，这正是其中的含义。